皿 121 198	立 119 191	穴 119 190	禾 118 190	禸 118 190	示 118 189	石 117 188	矢 117 188	矛 117 188	目 117 187	皿 117 186
老 121 199	羽 121 199	羊 121 199	网 121 198	缶 121 198	糸 120 195	米 120 194	竹 119 191	瓜 116 183	**六画**	ネ 126 212
舛 122 203	舌 122 203	臼 122 202	至 122 202	自 122 202	臣 122 202	肉 121 200	聿 121 200	耳 121 200	耒 121 200	而 121 200
七画	襾 126 214	衣 126 212	行 126 212	血 126 212	虫 125 209	虍 125 208	艸 122 203	色 122 203	艮 122 203	舟 122 203
走 127 218	赤 127 218	貝 127 217	豸 127 217	豕 127 217	豆 127 217	谷 127 217	言 126 214	角 126 214	見 126 214	臣 122 202
麦 134 241	里 129 225	釆 129 225	酉 129 224	邑 128 223	辵 128 222	辰 128 222	辛 128 222	車 128 221	身 127 221	足 127 219
食 131 232	非 131 230	靑 131 230	雨 131 229	隹 130 229	隶 130 229	阜 130 228	門 130 227	長 130 227	金 129 225	**八画**
飠 13[illegible] 23[illegible]	[illegible]	[illegible]	[illegible]	[illegible]	[illegible] [illegible]1 [illegible]	韋 131 231	革 131 230	面 131 230	**九画**	斉 134 242
鬼 132 235	[illegible] 235	[illegible] 235	[illegible] 235	[illegible] 132 235	[illegible] 132 235	骨 132 234	馬 132 233	**十画**	香 131 233	首 131 233
亀 134 242	黒 134 241	黄 134 241	麻 134 241	麥 134 241	鹿 134 240	鹵 134 240	鳥 133 238	魚 132 236	**十一画**	竜 134 242
鼠 134 241	鼓 134 241	鼎 134 241	黽 134 241	**十三画**	歯 134 242	黹 134 241	黑 134 241	黍 134 241	黃 134 241	**十二画**
	龠 134 242	**十七画**	龜 134 242	龍 134 242	**十六画**	齒 134 242	**十五画**	齊 134 242	鼻 134 242	**十四画**

漢字は日本文化を支える

長い日本文化の発展過程において、
漢字はその根幹となってきました。
現代を生きる私たちの漢字・日本語を学ぶことは、
次世代へ日本文化を受け継ぎ、
発展させていくために欠くことができません。
日本人の歴史とともにあった漢字学習は、
楽しい生涯学習のひとつとして、
多くの人に取り組まれています。

「漢検」級別 主な出題内容

10級 …対象漢字数 80字
漢字の読み/漢字の書取/筆順・画数

9級 …対象漢字数 240字
漢字の読み/漢字の書取/筆順・画数

8級 …対象漢字数 440字
漢字の読み/漢字の書取/部首・部首名/筆順・画数/送り仮名/対義語/同じ漢字の読み

7級 …対象漢字数 642字
漢字の読み/漢字の書取/部首・部首名/筆順・画数/送り仮名/対義語/同音異字/三字熟語

6級 …対象漢字数 835字
漢字の読み/漢字の書取/部首・部首名/筆順・画数/送り仮名/対義語・類義語/同音・同訓異字/三字熟語/熟語の構成

5級 …対象漢字数 1026字
漢字の読み/漢字の書取/部首・部首名/筆順・画数/送り仮名/対義語・類義語/同音・同訓異字/誤字訂正/四字熟語/熟語の構成

4級 …対象漢字数 1339字
漢字の読み/漢字の書取/部首・部首名/送り仮名/対義語・類義語/同音・同訓異字/誤字訂正/四字熟語/熟語の構成

3級 …対象漢字数 1623字
漢字の読み/漢字の書取/部首・部首名/送り仮名/対義語・類義語/同音・同訓異字/誤字訂正/四字熟語/熟語の構成

準2級 …対象漢字数 1951字
漢字の読み/漢字の書取/部首・部首名/送り仮名/対義語・類義語/同音・同訓異字/誤字訂正/四字熟語/熟語の構成

2級 …対象漢字数 2136字
漢字の読み/漢字の書取/部首・部首名/送り仮名/対義語・類義語/同音・同訓異字/誤字訂正/四字熟語/熟語の構成

準1級 …対象漢字数 約3000字
漢字の読み/漢字の書取/故事・諺/対義語・類義語/同音・同訓異字/誤字訂正/四字熟語

1級 …対象漢字数 約6000字
漢字の読み/漢字の書取/故事・諺/対義語・類義語/同音・同訓異字/誤字訂正/四字熟語

※ここに示したのは出題分野の一例です。毎回すべての分野から出題されるとは限りません。また、このほかの分野から出題されることもあります。

日本漢字能力検定採点基準 最終改定:平成25年4月1日

❶ 採点の対象

筆画を正しく、明確に書かれた字を採点の対象とし、くずした字や、乱雑に書かれた字は採点の対象外とする。

❷ 字種・字体

① 2~10級の解答は、内閣告示「常用漢字表」(平成二十二年)による。ただし、旧字体での解答は正答とは認めない。

② 1級および準1級の解答は、『漢検要覧 1/準1級対応』(公益財団法人日本漢字能力検定協会発行)に示す「標準字体」「許容字体」「旧字体一覧表」による。

❸ 読み

① 2~10級の解答は、内閣告示「常用漢字表」(平成二十二年)による。

② 1級および準1級の解答には、①の規定は適用しない。

❹ 仮名遣い

仮名遣いは、内閣告示「現代仮名遣い」による。

❺ 送り仮名

送り仮名は、内閣告示「送り仮名の付け方」による。

❻ 部首

部首は、『漢検要覧 2~10級対応』(公益財団法人日本漢字能力検定協会発行)収録の「部首一覧表と部首別の常用漢字」による。

❼ 筆順

筆順の原則は、文部省編『筆順指導の手びき』(昭和三十三年)による。常用漢字一字一字の筆順は、『漢検要覧 2~10級対応』収録の「常用漢字の筆順一覧」による。

❽ 合格基準

級	満点	合格
1級/準1級/2級	二〇〇点	八〇%程度
準2級/3級/4級/5級/6級/7級	二〇〇点	七〇%程度
8級/9級/10級	一五〇点	八〇%程度

※部首、筆順は『漢検 漢字学習ステップ』など公益財団法人日本漢字能力検定協会発行図書でも参照できます。

日本漢字能力検定審査基準

10級

程度 小学校第1学年の学習漢字を理解し、文や文章の中で使える。

領域・内容

《読むことと書くこと》 小学校学年別漢字配当表の第1学年の学習漢字を読み、書くことができる。

《筆順》 点画の長短、接し方や交わり方、筆順および総画数を理解している。

9級

程度 小学校第2学年までの学習漢字を理解し、文や文章の中で使える。

領域・内容

《読むことと書くこと》 小学校学年別漢字配当表の第2学年までの学習漢字を読み、書くことができる。

《筆順》 点画の長短、接し方や交わり方、筆順および総画数を理解している。

8級

程度 小学校第3学年までの学習漢字を理解し、文や文章の中で使える。

領域・内容

《読むことと書くこと》 小学校学年別漢字配当表の第3学年までの学習漢字を読み、書くことができる。

- 音読みと訓読みとを理解していること
- 送り仮名に注意して正しく書けること（食べる、楽しい、後ろ　など）
- 対義語の大体を理解していること（勝つ―負ける、重い―軽い　など）
- 同音異字を理解していること（反対、体育、期待、太陽　など）

《筆順》 筆順、総画数を正しく理解している。

《部首》 主な部首を理解している。

7級

程度 小学校第4学年までの学習漢字を理解し、文章の中で正しく使える。

領域・内容

《読むことと書くこと》 小学校学年別漢字配当表の第4学年までの学習漢字を読み、書くことができる。

- 音読みと訓読みとを正しく理解していること
- 送り仮名に注意して正しく書けること（等しい、短い、流れる　など）
- 熟語の構成を知っていること
- 対義語の大体を理解していること（入学―卒業、成功―失敗　など）
- 同音異字を理解していること（健康、高校、公共、外交　など）

《筆順》 筆順、総画数を正しく理解している。

《部首》 部首を理解している。

6級

程度　小学校第5学年までの学習漢字を理解し、文章の中で漢字が果たしている役割を知り、正しく使える。

領域・内容

《読むことと書くこと》　小学校学年別漢字配当表の第5学年までの学習漢字を読み、書くことができる。

・音読みと訓読みとを正しく理解していること
・送り仮名や仮名遣いに注意して正しく書けること（求める、失う　など）
・熟語の構成を知っていること（上下、絵画、大木、読書、不明　など）
・対義語、類義語の大体を理解していること（禁止―許可、平等―均等　など）
・同音・同訓異字を正しく理解していること

《筆順》　筆順、総画数を正しく理解している。

《部首》　部首を理解している。

5級

程度　小学校第6学年までの学習漢字を理解し、文章の中で漢字が果たしている役割に対する知識を身に付け、漢字を文章の中で適切に使える。

領域・内容

《読むことと書くこと》　小学校学年別漢字配当表の第6学年までの学習漢字を読み、書くことができる。

・音読みと訓読みとを正しく理解していること
・送り仮名や仮名遣いに注意して正しく書けること
・熟語の構成を知っていること
・対義語、類義語を正しく理解していること
・同音・同訓異字を正しく理解していること

《四字熟語》　四字熟語を正しく理解している（有名無実、郷土芸能　など）。

《筆順》　筆順、総画数を正しく理解している。

《部首》　部首を理解し、識別できる。

4級

程度　常用漢字のうち約1300字を理解し、文章の中で適切に使える。

領域・内容

《読むことと書くこと》　小学校学年別漢字配当表のすべての漢字と、その他の常用漢字約300字の読み書きを習得し、文章の中で適切に使える。

・音読みと訓読みとを正しく理解していること
・送り仮名や仮名遣いに注意して正しく書けること
・熟語の構成を正しく理解していること
・熟字訓、当て字を理解していること（小豆／あずき、土産／みやげ　など）
・対義語、類義語、同音・同訓異字を正しく理解していること

《四字熟語》　四字熟語を理解している。

《部首》　部首を識別し、漢字の構成と意味を理解している。

3級

程度　常用漢字のうち約1600字を理解し、文章の中で適切に使える。

領域・内容

《読むことと書くこと》　小学校学年別漢字配当表のすべての漢字と、その他の常用漢字約600字の読み書きを習得し、文章の中で適切に使える。

・音読みと訓読みとを正しく理解していること
・送り仮名や仮名遣いに注意して正しく書けること
・熟語の構成を正しく理解していること
・熟字訓、当て字を理解していること（乙女／おとめ、風邪／かぜ　など）
・対義語、類義語、同音・同訓異字を正しく理解していること

《四字熟語》　四字熟語を理解している。

《部首》　部首を識別し、漢字の構成と意味を理解している。

※常用漢字とは、平成22年（2010年）11月30日付内閣告示による「常用漢字表」に示された2136字をいう。

準2級

程度　常用漢字のうち1951字を理解し、文章の中で適切に使える。

領域・内容

《読むことと書くこと》　1951字の漢字の読み書きを習得し、文章の中で適切に使える。

- 音読みと訓読みとを正しく理解していること
- 送り仮名や仮名遣いに注意して正しく書けること
- 熟語の構成を正しく理解していること
- 熟字訓、当て字を理解していること（硫黄／いおう、相撲／すもう　など）
- 対義語、類義語、同音・同訓異字を正しく理解していること

《四字熟語》　典拠のある四字熟語を理解している（驚天動地、孤立無援　など）。

《部首》　部首を識別し、漢字の構成と意味を理解している。

※1951字とは、昭和56年（1981年）10月1日付内閣告示による旧「常用漢字表」の1945字から「勺」「錘」「銑」「脹」「匁」の5字を除いたものに、現行の「常用漢字表」のうち、「茨」「媛」「岡」「熊」「埼」「鹿」「栃」「奈」「梨」「阪」「阜」の11字を加えたものを指す。

2級

程度　すべての常用漢字を理解し、文章の中で適切に使える。

領域・内容

《読むことと書くこと》　すべての常用漢字の読み書きに習熟し、文章の中で適切に使える。

- 音読みと訓読みとを正しく理解していること
- 送り仮名や仮名遣いに注意して正しく書けること
- 熟語の構成を正しく理解していること
- 熟字訓、当て字を理解していること（海女／あま、玄人／くろうと　など）
- 対義語、類義語、同音・同訓異字などを正しく理解していること

《四字熟語》　典拠のある四字熟語を理解している（鶏口牛後、呉越同舟　など）。

《部首》　部首を識別し、漢字の構成と意味を理解している。

準1級

程度　常用漢字を含めて、約3000字の漢字の音・訓を理解し、文章の中で適切に使える。

領域・内容

《読むことと書くこと》　常用漢字の音・訓を含めて、約3000字の漢字の読み書きに慣れ、文章の中で適切に使える。

- 熟字訓、当て字を理解していること
- 対義語、類義語、同音・同訓異字などを理解していること
- 国字を理解していること（峠、凧、畠　など）
- 複数の漢字表記について理解していること（國―国、交叉―交差　など）

《四字熟語・故事・諺》　典拠のある四字熟語、故事成語・諺を正しく理解している。

《古典的文章》　古典的文章の中での漢字・漢語を理解している。

※約3000字の漢字は、JIS第一水準を目安とする。

1級

程度　常用漢字を含めて、約6000字の漢字の音・訓を理解し、文章の中で適切に使える。

領域・内容

《読むことと書くこと》　常用漢字の音・訓を含めて、約6000字の漢字の読み書きに慣れ、文章の中で適切に使える。

- 熟字訓、当て字を理解していること
- 対義語、類義語、同音・同訓異字などを理解していること
- 国字を理解していること（怺える、毟る　など）
- 地名・国名などの漢字表記（当て字の一種）を知っていること
- 複数の漢字表記について理解していること（鹽―塩、颱風―台風　など）

《四字熟語・故事・諺》　典拠のある四字熟語、故事成語・諺を正しく理解している。

《古典的文章》　古典的文章の中での漢字・漢語を理解している。

※約6000字の漢字は、JIS第一・第二水準を目安とする。

※常用漢字とは、平成22年（2010年）11月30日付内閣告示による「常用漢字表」に示された2136字をいう。

個人受検の申し込みについて　申し込みから合否の通知まで

1 受検級を決める

受検資格　制限はありません

実施級　1、準1、2、準2、3、4、5、6、7、8、9、10級

検定会場　全国主要都市約170か所に設置
（実施地区は検定の回ごとに決定）

2 検定に申し込む

●インターネットで申し込む

ホームページ https://www.kanken.or.jp/ から申し込む
（クレジットカード決済、コンビニ決済等が可能です）。

下記バーコードから日本漢字能力検定協会ホームページへ簡単にアクセスできます。

●コンビニエンスストアで申し込む

・ローソン「Loppi」
・セブン-イレブン「マルチコピー」
・ファミリーマート「Famiポート」
・ミニストップ「MINISTOP Loppi」

検定料は各店舗のレジカウンターで支払う。

●取扱書店（大学生協含む）を利用する

取扱書店（大学生協含む）で検定料を支払い、願書と書店払込証書を協会へ郵送する。

●取扱新聞社などへ申し込む

取扱新聞社で検定料を支払い、願書を渡す。

注意

①家族・友人と同じ会場での受検を希望する方は次の手続きをお願いします。
［取扱書店・取扱新聞社での申し込みの場合］
　願書等を1つの封筒に同封してください。
［インターネット、コンビニエンスストアでの申し込みの場合］
　検定料のお支払い完了後、申込締切日の3営業日後までに協会（お問い合わせフォーム）までお知らせください。

②車いすで受検される方や、身体的・精神的な理由で配慮が必要な方は、申込締切日までに協会（お問い合わせフォーム）までご相談ください（申込締切日以降のお申し出には対応できかねます）。

③検定料を支払われた後は、受検級・受検地を含む内容変更および取り消し・返金は、いかなる場合もできません。また、次回以降の振り替え、団体受検や漢検CBTへの変更もできません。

3 受検票が届く

●受検票は検定日の約1週間前にお届けします。4日前になっても届かない場合、協会までお問い合わせください。

お問い合わせ窓口

電話番号　フリーコール 0120-509-315（無料）
（海外からはご使用になれません。ホームページよりメールでお問い合わせください。）

お問い合わせ時間　月～金　9時00分～17時00分
（祝日・お盆・年末年始を除く）
※検定日とその前日の土、日は開設
※検定日と申込締切日は9時00分～18時00分

4 検定日当日

検定時間

2級：10時00分〜11時00分（60分間）
準2級：11時50分〜12時50分（60分間）
8・9・10級：11時50分〜12時30分（40分間）
1・3・5・7級：13時40分〜14時40分（60分間）
準1・4・6級：15時30分〜16時30分（60分間）

持ち物

受検票、鉛筆（HB、B、2Bの鉛筆またはシャープペンシル）、消しゴム

※ボールペン、万年筆などの使用は認められません。ルーペ持ち込み可。

注意

①**会場への車での来場（送迎を含む）は、周辺の迷惑になりますのでご遠慮ください。**
②検定開始時刻の15分前を目安に受検教室までお越しください。答案用紙の記入方法などを説明します。
③携帯電話やゲーム、電子辞書などは、電源を切り、かばんにしまってから入場してください。
④検定中は受検票を机の上に置いてください。
⑤答案用紙には、あらかじめ名前や受検番号などが印字されています。
⑥検定日の約5日後に漢検ホームページにて標準解答を公開します。

5 合否の通知

検定日の約40日後に、受検者全員に「検定結果通知」を郵送します。合格者には「合格証書」・「合格証明書」を同封します。欠席者には検定問題と標準解答をお送りします。

受検票は検定結果が届くまで大切に保管してください。

注目

進学・就職に有利！ 合格者全員に合格証明書発行

大学・短大の推薦入試の提出書類に、また就職の際の履歴書に添付してあなたの漢字能力をアピールしてください。合格者全員に、合格証書と共に合格証明書を2枚、無償でお届けいたします。

合格証明書が追加で必要な場合は有償で再発行できます。

次の❶〜❹を同封して、協会までお送りください。約1週間後、お手元にお届けします。

❶合格証明書再発行依頼書（漢検ホームページよりダウンロード可能）もしくは氏名・住所・電話番号・生年月日、および受検年月日・受検級・認証番号（合格証書の左上部に記載）を明記したもの
❷本人確認資料（学生証、運転免許証、健康保険証など）のコピー
❸住所・氏名を表に明記し切手を貼った返信用封筒
❹証明書1枚につき発行手数料として500円の定額小為替

団体受検の申し込み

学校や企業などで志願者が一定以上まとまると、団体申込ができ、自分の学校や企業内で受検できる制度もあります。団体申込を扱っているかどうかは先生や人事関係の担当者に確認してください。

【字の書き方】

問題の答えは楷書で大きくはっきり書きなさい。乱雑な字や続け字、また、行書体や草書体のようにくずした字は採点の対象とはしません。

特に漢字の書き取り問題では、答えの文字は教科書体をもとにして、はねるところ、とめるところなどもはっきり書きましょう。また、画数に注意して、一画一画を正しく、明確に書きなさい。

《例》

○熱　×埶

○言　×言

○糸　×糸

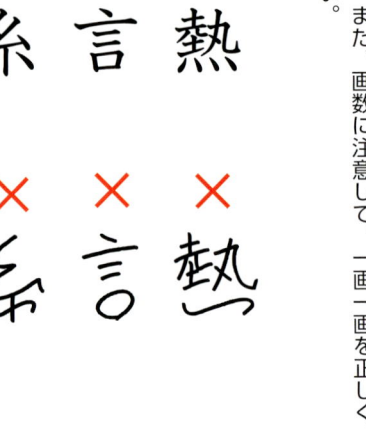

漢検要覧

公益財団法人 日本漢字能力検定協会

はじめに

本書は、日本漢字能力検定（漢検）1級・準1級を受検される方のための必修参考書として編集しました。1級・準1級の審査基準に対応しており、また、日本漢字能力検定採点基準に記載があるとおり、検定の解答に用いることのできる字種・字体は本書に収録している「標準字体」「許容字体」「旧字体一覧表」掲載のものです。

常用漢字の表内外音訓表

平成22年11月の内閣告示で改定された「常用漢字表」をもとに、すべての常用漢字を音読みの五十音順に配列しました。読みは、常用漢字表に示されている音・訓のほかに、1級・準1級で出題の対象とする表外読み（訓読みは字義も含む）を掲載し、また、旧字体の欄を設けて新字体と対照しやすくしています。

また、これとは別に、「常用漢字表」に含まれる重要な情報をまとめた資料「二とおりの読み」「注意すべき読み」も掲載しました。

準1級用漢字音訓表／1級用漢字音訓表

出題の対象とする「標準字体」を部首順に配列し、その音読みと訓読み（字義も含む）を掲載しました。また、解答に用いても正解とする字体があるものは、「許容字体」の欄にそれを併せて示しました。

旧字体一覧表

常用漢字及び人名用漢字の旧字体のうち、主要なものを一覧にまとめました。

国字（和字）

出題の対象とする国字（和字）を一覧にまとめました。

参考資料

国語審議会報告「同音の漢字による書きかえ」や、内閣告示「常用漢字表」のなかにある「（付）字体についての解説」、国語審議会答申「表外漢字字体表」のなかにある「表外漢字における字体の違いとデザインの違い」など、学習に際し参考となる資料を掲載しました。

漢検Q&A

受検者からいただくことの多いご質問とその答えを、Q&A形式でまとめました。「表記と読みに関すること」「準1級用漢字音訓表・1級用漢字音訓表に関すること」「検定問題の解答のしかた」の三つに分類して収録しています。

付録

付録として、「1/準1級用漢字音順索引」を掲載しました。「準1級用漢字音訓表」「1級用漢字音訓表」に掲げた漢字の音順（音のない漢字のみ訓による）の索引で、約四千字のなかから、調べたい漢字を音によって検索できるようにしました。

以上が、本書の概要です。いずれも、見やすさ・使いやすさを追求し、学習の便に供することを目指しています。

本書を十分に活用され、「漢検」に挑戦していただくとともに、実社会で役立つ漢字能力を身につけられることを切に願っています。

目次

出題の対象となる常用漢字の表内外音訓表

一、**漢字の字種**（第一段）

内閣告示**「常用漢字表」**（平成22年）による。

※「漢検」の解答に用いても正解とする字体があるものは、〔　〕に入れて併せ示した。

また、このほかにも、デザインなどの差異があっても正解とする場合がある。デザイン差については、**「(付) 字体についての解説」**（本書269頁）を参照。

二、**旧字体**（第二段）

「旧字体一覧表」（本書243頁）に掲載しているものを掲げた。

※「旧字体一覧表」において、部首「礻・襾・辶・飠」でまとめて掲載し、個々の漢字としては取り上げていないものについては、ここでも掲載しない。

三、**読み**

①**音読み**（第三段）**「常用漢字表」**に示された音読み。

②**訓読み**（第四段）**「常用漢字表」**に示された訓読み。

③**表外読み**（第五段）**「常用漢字表」に示されたもの以外**の音・訓。

※表外の訓読みについては、**字義**も含む。

※表外の訓読みについて、自動詞・他動詞がある場合、その一方を省略したものがある。

※表外読みのうち、**▲**をつけたものは**1級用の音・訓**とする。

漢字	亜	哀	挨	愛	曖	悪	握	圧
旧字体	亞					惡		壓
音読み	ア	アイ	アイ	アイ	アイ	アク オ	アク	アツ
訓読み		あわ(れ) あわ(れむ)				わる(い)	にぎ(る)	
表外読み	つ(ぐ)	かな(しい) かな(しむ)	お(す) ひら(く)	いと(しい) かな(しい) お(しむ) め(でる) まな ▲う(い)	▲くら(い) ▲おお(う) ▲かげ(る)	にく(む) あ(し) いずく(んぞ)		オウ お(さえる) お(す) ▲へ(す)

漢字	扱	宛	嵐	安	案	暗	以	衣
旧字体	扱							
音読み				アン	アン	アン	イ	イ
訓読み	あつか(う)	あ(てる)	あらし	やす(い)		くら(い)		ころも
表外読み	キュウ ソウ こ(く) しご(く)	エン あたか(も) さなが(ら) あて ずつ	ラン もや	やす(んじる) いずく(んぞ)	つくえ かんが(える)	やみ そら(んじる)	もち(いる) もっ(て)	エ きぬ き(る)

漢字	位	囲	医	依	委	威	為	畏
旧字体		圍	醫				爲	
音読み	イ	イ	イ	イ エ	イ	イ	イ	イ
訓読み	くらい	かこ(む) かこ(う)			ゆだ(ねる)			おそ(れる)
表外読み			▲い(やす) くすし	よ(る)	まか(せる) くわ(しい) お(く) す(てる)	おど(す)	ため な(す) な(る) す(る) つく(る)	かしこ(い) かしこ(まる)

漢字	旧字体	音読み	訓読み	表外読み
胃		イ		
尉		イ		じょう
異	異	イ	こと	あや(しい)
移		イ	うつ(る) うつ(す)	
萎		イ	な(える)	しぼ(む) しお(れる) しな(びる) つか(れる)
偉	偉	イ	えら(い)	すぐ(れる)
椅		イ		こしかけ
彙		イ		▲はりねずみ ▲あつ(める) ▲たぐい

漢字	旧字体	音読み	訓読み	表外読み
意		イ		こころ おも(う)
違	違	イ	ちが(う) ちが(える)	たが(う) たが(える) ▲さ(る) ▲よこしま ▲か(い)
維		イ		これ つな(ぐ)
慰		イ	なぐさ(める) なぐさ(む)	
遺		イ ユイ		のこ(す) のこ(る) わす(れる) す(てる)
緯	緯	イ		よこいと ぬき
域		イキ		さかい ところ
育		イク	そだ(つ) そだ(てる) はぐく(む)	

漢字	旧字体	音読み	訓読み	表外読み
一		イチ イツ	ひと ひと(つ)	はじ(め)
壱	壹	イチ		イツ ひと(つ)
逸	逸	イツ		イチ はし(る) うしな(う) そ(れる) そ(らす) ▲はぐ(れる) はや(る) すぐ(れる)
茨			いばら	シ くさぶき
芋			いも	ウ
引		イン	ひ(く) ひ(ける)	
印		イン	しるし	しる(す)
因		イン	よ(る)	ちな(む) ちなみ ▲よすが

漢字	旧字体	音読み	訓読み	表外読み
咽		イン		エツ エン のど むせ(ぶ) の(む)
姻		イン		とつ(ぐ)
員		イン		かず
院		イン		かき かこい
〔淫〕淫		イン	みだ(ら)	ふけ(る) あふ(れる) ほしいまま みだら みだ(す) おお(きい) ながあめ
陰		イン	かげ かげ(る)	オン アン くら(い) ひそ(か)
飲		イン	の(む)	オン

漢字	旧字体	音読み	訓読み	表外読み
隠	隱	イン	かく(す) かく(れる)	オン
韻		イン		ひびき おもむき
右		ウ ユウ	みぎ	たす(ける)
宇		ウ		のき いえ
羽	羽	ウ	は はね	
雨		ウ	あめ あま	
唄			うた	バイ
鬱		ウツ		しげ(る) ふさ(ぐ) さか(ん) かお(り)
畝			うね	ホ ボウ せ

漢字	旧字体	音読み	訓読み	表外読み
浦			うら	ホ
運		ウン	はこ(ぶ)	めぐ(る) ▲さだめ
雲		ウン	くも	そら
永		エイ	なが(い)	ヨウ とこしえ
泳		エイ	およ(ぐ)	
英		エイ		はなぶさ はな ひい(でる)
映		エイ	うつ(る) うつ(す) は(える)	▲は(やす)
栄	榮	エイ	さか(える) は(え) は(える)	▲は(やす)
営	營	エイ	いとな(む)	

漢字	旧字体	音読み	訓読み	表外読み
詠		エイ	よ(む)	うた(う) なが(める)
影		エイ	かげ	ヨウ すがた まぼろし
鋭	銳	エイ	するど(い)	はや(い)
衛	衞	エイ		エ まも(る)
易		エキ イ	やさ(しい)	か(える) か(わる) やす(い) あなど(る)
疫		エキ ヤク		
益	益	エキ ヤク		ま(す) ますます
液		エキ		しる わき
駅	驛	エキ		うまや

漢字	旧字体	音読み	訓読み	表外読み
悦	悅	エツ		よろこ(ぶ)
越		エツ	こ(す) こ(える)	オチ オツ こし
謁	謁	エツ		まみ(える)
閲		エツ		けみ(する) へ(る)
円	圓	エン	まる(い)	まど(か) つぶら(か) ▲まろ(やか)
延	延	エン	の(びる) の(べる) の(ばす)	ひ(く) の(べ) ▲は(え)
沿		エン	そ(う)	ふち
炎		エン	ほのお	も(える)
怨		エン オン		うら(む) うら(み)

漢字	旧字体	音読み	訓読み	表外読み
宴		エン		うたげ たの(しむ)
媛	媛	エン		ひめ
援	援	エン		ひ(く) たす(ける)
園		エン	その	オン にわ
煙	煙	エン	けむ(る) けむり けむ(い)	けぶ(る) ▲けむ
猿		エン	さる	ましら
遠		エン オン	とお(い)	おち
鉛		エン	なまり	おしろい
塩	鹽	エン	しお	アン

漢字	旧字体	音読み	訓読み	表外読み
演		エン		の(べる) おこな(う)
縁	緣	エン	ふち	へり よ(る) えにし ゆかり ▲よすが
艶	艷	エン	つや	なまめ(かしい) あで(やか) うらや(む)
汚		オ	けが(す) けが(れる) けが(らわしい) よご(す) よご(れる) きたな(い)	
王		オウ		きみ
凹		オウ		へこ(む) へこ(ます) くぼ(む)
央		オウ		なか(ば)

漢字	旧字体	音読み	訓読み	表外読み
応	應	オウ	こた(える)	まさ(に) …(べし)
往		オウ		ゆ(く) いにしえ
押		オウ	お(す) お(さえる)	
旺		オウ		さか(ん)
欧	歐	オウ		は(く)
殴	毆	オウ	なぐ(る)	う(つ) たた(く)
桜	櫻	オウ	さくら	
翁	翁	オウ		おきな
奥	奧	オウ	おく	くま

漢字	旧字体	音読み	訓読み	表外読み
横	橫	オウ	よこ	コウ よこ(たわる) あふ(れる)
岡			おか	コウ
屋		オク	や	いえ やね
億		オク		おしはか(る)
憶		オク		おも(う) おぼ(える)
臆		オク		おしはか(る) おく(する)
虞			おそれ	グ
乙		オツ		イツ おと きのと
俺			おれ	エン われ

漢字	旧字体	音読み	訓読み	表外読み
卸			おろ(す) おろし	シャ
音		オン イン	おと ね	たよ(り)
恩		オン		めぐ(み)
温	溫	オン	あたた(か) あたた(かい) あたた(まる) あたた(める)	ウン ぬく(い) ぬる(い) ぬく(める) ぬく(まる) たず(ねる) つつ(む)
穏	穩	オン	おだ(やか)	やす(らか)
下		カ ゲ	した しも もと さ(げる) さ(がる) くだ(る) くだ(す) くだ(さる) お(ろす) お(りる)	

漢字	旧字体	音読み	訓読み	表外読み
化		カ ケ	ば(ける) ば(かす)	か(わる) か(える)
火		カ	ひ ほ	▲コ
加		カ	くわ(える) くわ(わる)	
可		カ		コク よ(い) べ(し)
仮	假	カ ケ	かり	か(す)
何		カ	なに なん	いず(く) いず(れ)
花		カ	はな	ケ
佳		カ		よ(い)
価	價	カ	あたい	

漢字	旧字体	音読み	訓読み	表外読み
果		カ	は(たす) は(てる) は(て)	くだもの おお(せる) ▲はか
河		カ	かわ	
苛		カ		きび(しい) むご(い) さいな(む) いじ(める) わずら(わしい) いら(だつ) から(い)
科		カ		とが しな しぐさ
架		カ	か(ける) か(かる)	たな
夏		カ ゲ	なつ	
家		カ ケ	いえ や	うち
荷		カ	に	はす にな(う)

漢字	旧字体	音読み	訓読み	表外読み
華		カ ケ	はな	ゲ しろ(い)
菓		カ		くだもの
貨		カ		たから
渦		カ	うず	
過		カ	す(ぎる) す(ごす) あやま(つ) あやま(ち)	とが よぎ(る)
嫁		カ	よめ とつ(ぐ)	
暇		カ	ひま	いとま
禍		カ		▲わざわ(い) まが
靴		カ	くつ	
寡		カ		すく(ない) やもめ
歌		カ	うた うた(う)	
箇		カ		コ
稼		カ	かせ(ぐ)	みの(り) う(える)
課		カ		はか(る) こころ(みる) わりあ(てる)
蚊			か	ブン
牙〔牙〕		ガ ゲ	きば	は さいとり
瓦		ガ	かわら	かわらけ グラム
我		ガ	われ わ	
画	畫	ガ カク		か(く) えが(く) かぎ(る) はか(る) え
芽	芽	ガ	め	めぐ(む)
賀		ガ		よろこ(ぶ)
雅	雅	ガ		みやび みやび(やか) つね
餓		ガ		う(える)
介		カイ		すけ たす(ける)
回		カイ エ	まわ(る) まわ(す)	▲めぐ(らす)
灰	灰	カイ	はい	

漢字	旧字体	音読み	訓読み	表外読み
会	會	カイ エ	あ(う)	あつ(まる) あつ(める)
快		カイ	こころよ(い)	ケ
戒		カイ	いまし(める)	
改		カイ	あらた(める) あらた(まる)	
怪		カイ	あや(しい) あや(しむ)	ケ
拐		カイ		かた(る) かどわか(す)
悔	悔	カイ	く(いる) く(やむ) くや(しい)	ケ
海	海	カイ	うみ	
界		カイ		さかい
皆		カイ	みな	
械		カイ		かせ からくり
絵	繪	カイ エ		
開		カイ	ひら(く) ひら(ける) あ(く) あ(ける)	▲はだ(かる) ▲はだ(ける)
階		カイ		はしご きざはし しな
塊		カイ	かたまり	つちくれ
楷		カイ		▲のり ▲のっと(る)
解		カイ ゲ	と(く) と(かす) と(ける)	さと(る) わか(る) ほど(く) ほど(ける) ほぐ(れる) ▲ほつ(れる)
潰		カイ	つぶ(す) つぶ(れる)	つい(える) みだ(れる) つぶ(し)
壊	壞	カイ	こわ(す) こわ(れる)	エ やぶ(る) やぶ(れる)
懐	懷	カイ	ふところ なつ(かしい) なつ(かしむ) なつ(く) なつ(ける)	いだ(く) おも(う)
諧		カイ		▲かな(う) ▲ととの(う) ▲やわ(らぐ) ▲たわむ(れ)
貝			かい	バイ
外		ガイ ゲ	そと ほか はず(す) はず(れる)	ウイ と
劾		ガイ		あば(く) しら(べる)
害	害	ガイ		カイ そこ(なう) わざわ(い)

漢字	旧字体	音読み	訓読み	表外読み
崖		ガイ	がけ	かどだ(つ)
涯		ガイ		みぎわ はて
街		ガイ カイ	まち	ちまた
慨	慨	ガイ		カイ なげ(く) いきどお(る)
蓋		ガイ	ふた	コウ おお(う) おお(い) けだ(し) かさ
該		ガイ		カイ そな(わる) そ(の) か(ねる)
概	槪	ガイ		カイ おおむ(ね)
骸		ガイ		カイ むくろ ほね

漢字	旧字体	音読み	訓読み	表外読み
垣			かき	エン
柿			かき	シ
各		カク	おのおの	
角		カク	かど つの	すみ くら(べる)
拡	擴	カク		ひろ(がる) ひろ(げる)
革		カク	かわ	あらた(める) あらた(まる)
格		カク コウ		キャク ゴウ う(つ) ただ(す) いた(る)
核		カク		さね

漢字	旧字体	音読み	訓読み	表外読み
殻	殼	カク	から	
郭		カク		くるわ
覚	覺	カク	おぼ(える) さ(ます) さ(める)	さと(る) さと(り)
較		カク		コウ くら(べる)
隔		カク	へだ(てる) へだ(たる)	はな(れる)
閣		カク		たかどの たな
確		カク	たし(か) たし(かめる)	かた(い) しか(と) ▲しっか(り)
獲	獲	カク	え(る)	
嚇		カク		いか(る) おど(す) おど(かす)

漢字	旧字体	音読み	訓読み	表外読み
穫	穫	カク		か(る) とりい(れる)
学	學	ガク	まな(ぶ)	
岳	嶽	ガク	たけ	
楽	樂	ガク ラク	たの(しい) たの(しむ)	ギョウ ゴウ かな(でる) この(む)
額		ガク	ひたい	ぬか(ずく)
顎		ガク	あご	
掛			か(ける) か(かる) かかり	
潟			かた	セキ
括		カツ		くく(る) くび(る) くび(れる)

漢字	旧字体	音読み	訓読み	表外読み
活		カツ		い(きる) い(ける) い(かす)
喝	喝	カツ		しか(る) おど(す)
渇	渴	カツ	かわ(く)	むさぼ(る)
割	割	カツ	わ(る) わり わ(れる) さ(く)	▲は(やす)
葛〔葛〕		カツ	くず	かずら かたびら つづら
滑		カツ コツ	すべ(る) なめ(らか)	ぬめ(る)
褐	褐	カツ		ぬのこ
轄	轄	カツ		くさび とりし(まる)

漢字	旧字体	音読み	訓読み	表外読み
且			か(つ)	ショ まさ(に)…(す) しばら(く)
株			かぶ	シュ
釜			かま	フ
鎌	鐮		かま	レン
刈			か(る)	カイ ガイ
干		カン	ほ(す) ひ(る)	おか(す) もと(める) かか(わる) たて
刊		カン		けず(る) きざ(む)
甘		カン	あま(い) あま(える) あま(やかす)	うま(い)
汗		カン	あせ	

漢字	旧字体	音読み	訓読み	表外読み
缶	罐	カン		かま
完		カン		まっと(うする)
肝		カン	きも	
官		カン		つかさ おおやけ
冠		カン	かんむり	かむ(る)
巻	卷	カン	ま(く) まき	ケン
看		カン		み(る)
陥	陷	カン	おちい(る) おとしい(れる)	
乾		カン	かわ(く) かわ(かす)	ケン ほ(す) ▲ひ いぬい

漢字	旧字体	音読み	訓読み	表外読み
勘		カン		かんが(える)
患		カン	わずら(う)	▲ゲン うれ(える) うれ(い)
貫		カン	つらぬ(く)	ワン ひ(く) ▲ぬき ▲ぬ(く)
寒		カン	さむ(い)	いや(しい) まず(しい) さび(しい)
喚		カン		さけ(ぶ) わめ(く) よ(ぶ)
堪		カン	た(える)	タン こら(える) こた(える) ▲たま(る)
換		カン	か(える) か(わる)	
敢		カン		あ(えて)
棺		カン		ひつぎ

漢字	旧字体	音読み	訓読み	表外読み
款		カン		まこと たた(く) しる(す) よろこ(ぶ)
間		カン ケン	あいだ ま	しず(か) ひそ(かに) うかが(う) はざま あい
閑		カン		しず(か) ▲なら(う) ▲ひま
勧	勸	カン	すす(める)	ケン
寛	寬	カン		くつろ(ぐ) ひろ(い) ゆる(やか)
幹		カン	みき	わざ ▲から
感		カン		
漢	漢	カン		おとこ から

漢字	慣	管	関	歓	監	緩	憾	還	館
旧字体			闗	歡					
音読み	カン	カン	カン	カン	カン	カン	カン	カン	カン
訓読み	な(れる) な(らす)	くだ	せき かか(わる)			ゆる(い) ゆる(やか) ゆる(む) ゆる(める)			やかた
表外読み	ならわし	ふえ つかさど(る)	かんぬき からくり	よろこ(ぶ)	ケン かんがみ(る) み(る) しら(べる)	▲ぬる(い)	うら(む)	ゲン かえ(す) かえ(る) ▲また	たて たち

漢字	環	簡	観	韓	艦	鑑	丸	含	岸
旧字体			觀						
音読み	カン	カン	カン	カン	カン	カン	ガン	ガン	ガン
訓読み						かんが(みる)	まる まる(い) まる(める)	ふく(む) ふく(める)	きし
表外読み	わ たまき めぐ(る)	ケン ふだ えら(ぶ) つづま(しい)	み(る)	から	いくさぶね	かがみ	たま	カン ゴン	かどだ(つ)

漢字	岩	玩	眼	頑	顔	願	企	伎	危
旧字体					顏				
音読み	ガン	ガン	ガン ゲン	ガン	ガン	ガン	キ	キ	キ
訓読み	いわ		まなこ		かお	ねが(う)	くわだ(てる)		あぶ(ない) あや(うい) あや(ぶむ)
表外読み		もてあそ(ぶ) あじ(わう)	め	かたくな	かんばせ		たくら(む)	ギ わざ たくみ	ただ(す) たか(い) ▲あや(める)

漢字	旧字体	音読み	訓読み	表外読み
机		キ	つくえ	
気	氣	キ ケ		いき
岐		キ		ギ わか(れる) ▲ちまた
希		キ		ケ まれ こいねが(う)
忌		キ	い(む) い(まわしい)	
汽		キ		ゆげ
奇		キ		く(し) めずら(しい) あや(しい)
祈		キ	いの(る)	
季		キ		すえ
紀		キ		おさ(める) のり しる(す)
軌		キ		わだち
既	旣	キ	すで(に)	
記		キ	しる(す)	
起		キ	お(きる) お(こる) お(こす)	た(つ)
飢		キ	う(える)	
鬼		キ	おに	
帰	歸	キ	かえ(る) かえ(す)	とつ(ぐ) おく(る)
基		キ	もと もとい	
寄		キ	よ(る) よ(せる)	
規		キ		のり ただ(す)
亀	龜	キ	かめ	キュウ キン あかぎれ
喜		キ	よろこ(ぶ)	
幾		キ	いく	きざ(し) こいねが(う) ほとん(ど)
揮		キ		ふる(う)
期		キ ゴ		とき ちぎ(る) き(める)
棋		キ		ゴ
貴		キ	たっと(い) とうと(い) たっと(ぶ) とうと(ぶ)	たか(い)

漢字	旧字体	音読み	訓読み	表外読み
棄		キ		す(てる)
毀		キ		▲こぼ(つ) ▲やぶ(る) ▲やぶ(れる) ▲そし(る) ▲や(せる)
旗		キ	はた	
器	器	キ	うつわ	
畿		キ		みやこ
輝		キ	かがや(く)	て(る)
機		キ	はた	からくり おり きざ(し) ▲はずみ
騎		キ		の(る)

漢字	旧字体	音読み	訓読み	表外読み
技		ギ	わざ	
宜		ギ		よろ(しく) …(べし) よろ(しい) よ(い) ▲むべ
偽	僞	ギ	いつわ(る) にせ	
欺		ギ	あざむ(く)	キ
義		ギ		よ(い)
疑		ギ	うたが(う)	うたぐ(る)
儀		ギ		よ(い) のり
戯	戲	ギ	たわむ(れる)	ゲ ざ(れる) たわ(ける)

漢字	旧字体	音読み	訓読み	表外読み
擬		ギ		なぞら(える) ▲に(る) はか(る) まがい もどき
犠	犧	ギ		キ いけにえ
議		ギ		はか(る)
菊		キク		
吉		キチ キツ		よ(い)
喫	喫	キツ		く(う) の(む) す(う)
詰		キツ	つ(める) つ(まる) つ(む)	なじ(る)
却		キャク		しりぞ(く) しりぞ(ける) かえ(って)

漢字	旧字体	音読み	訓読み	表外読み
客		キャク カク		まろうど たび
脚		キャク キャ	あし	カク
逆		ギャク	さか さか(らう)	ゲキ むか(える) あらかじ(め)
虐		ギャク	しいた(げる)	むご(い)
九		キュウ ク	ここ ここの(つ)	あまた
久		キュウ ク	ひさ(しい)	
及	及	キュウ	およ(ぶ) およ(び) およ(ぼす)	
弓		キュウ	ゆみ	
丘		キュウ	おか	

漢字	旧字体	音読み	訓読み	表外読み
旧	舊	キュウ		もと ふる(い) ふ(る) ふる(びる)
休		キュウ	やす(む) やす(まる) やす(める)	さいわ(い) よ(い) いこ(う) や(める)
吸	吸	キュウ	す(う)	
朽		キュウ	く(ちる)	すた(れる)
臼		キュウ	うす	
求		キュウ	もと(める)	グ
究		キュウ	きわ(める)	ク きわ(まる)
泣		キュウ	な(く)	
急	急	キュウ	いそ(ぐ)	せ(く)

漢字	旧字体	音読み	訓読み	表外読み
級	級	キュウ		しな くび
糾		キュウ		ただ(す) あざな(う)
宮		キュウ グウ ク	みや	いえ
救		キュウ	すく(う)	グ ク たす(ける)
球		キュウ	たま	
給		キュウ		たま(う) たまわ(る)
嗅〔嗅〕		キュウ	か(ぐ)	
窮		キュウ	きわ(める) きわ(まる)	

漢字	旧字体	音読み	訓読み	表外読み
牛		ギュウ	うし	ゴ
去		キョ コ	さ(る)	▲ゆ(く) ▲のぞ(く)
巨	巨	キョ		コ おお(きい) おお(い)
居		キョ	い(る)	コ お(る) お(く)
拒	拒	キョ	こば(む)	ふせ(ぐ)
拠	據	キョ コ		よ(る) ▲よりどころ
挙	擧	キョ	あ(げる) あ(がる)	こぞ(る) こぞ(って)
虚	虛	キョ コ		むな(しい) うつ(ろ) うろ ▲うつ(ける)
許		キョ	ゆる(す)	コ ばか(り) もと

漢字	旧字体	音読み	訓読み	表外読み
距	距	キョ		けづめ ふせ(ぐ) へだ(てる)
魚		ギョ	うお さかな	
御		ギョ ゴ	おん	おさ(める) お み
漁		ギョ リョウ		すなど(る) あさ(る) いさ(り)
凶		キョウ		わる(い) わざわ(い) おそ(れる)
共		キョウ	とも	
叫		キョウ	さけ(ぶ)	
狂		キョウ	くる(う) くる(おしい)	ふ(れる)
京		キョウ ケイ		キン みやこ

漢字	旧字体	音読み	訓読み	表外読み
享		キョウ		う(ける) ▲あ(たる)
供		キョウ ク	そな(える) とも	
協		キョウ		かな(う)
況		キョウ		いわ(んや) ありさま
峡	峽	キョウ		はざま
挟	挾	キョウ	はさ(む) はさ(まる)	さしはさ(む)
狭	狹	キョウ	せま(い) せば(める) せば(まる)	コウ さ
恐		キョウ	おそ(れる) おそ(ろしい)	こわ(い)
恭		キョウ	うやうや(しい)	つつし(む)

漢字	旧字体	音読み	訓読み	表外読み
胸		キョウ	むね、むな	こころ
脅		キョウ	おびや(かす)、おど(す)、おど(かす)	おび(える)
強		キョウ、ゴウ	つよ(い)、つよ(まる)、つよ(める)、し(いる)	つと(める)、こわ(い)、したた(か)
教	敎	キョウ	おし(える)、おそ(わる)	
郷	鄕	キョウ、ゴウ		さと
境		キョウ、ケイ	さかい	
橋		キョウ	はし	
矯		キョウ	た(める)	いつわ(る)
鏡		キョウ	かがみ	

漢字	旧字体	音読み	訓読み	表外読み
競		キョウ、ケイ	きそ(う)、せ(る)	きお(う)、くら(べる)
響	響	キョウ	ひび(く)	
驚		キョウ	おどろ(く)、おどろ(かす)	
仰		ギョウ、コウ	あお(ぐ)、おお(せ)	▲あおの(く)、▲の(く)
暁	曉	ギョウ	あかつき	さと(る)
業		ギョウ、ゴウ	わざ	
凝		ギョウ	こ(る)、こ(らす)	しこ(り)、▲こご(る)
曲		キョク	ま(がる)、ま(げる)	かね、くせ、くま、▲まが
局		キョク		つぼね

漢字	旧字体	音読み	訓読み	表外読み
極		キョク、ゴク	きわ(める)、きわ(まる)、きわ(み)	き(まる)、き(める)
玉		ギョク	たま	
巾		キン		ふきん、かぶりもの、きれ
斤		キン		おの
均		キン		ひと(しい)、ととの(える)、なら(す)
近		キン	ちか(い)	コン
金		キン、コン	かね、かな	こがね
菌		キン		きのこ、▲たけ、かび
勤	勤	キン、ゴン	つと(める)、つと(まる)	いそ(しむ)

漢字	旧字体	音読み	訓読み	表外読み
琴		キン	こと	ゴン
筋		キン	すじ	
〔僅〕僅		キン	わず(か)	
禁		キン		い(む) いさ(める) とど(める)
緊		キン		かた(い) し(める) ちぢ(む) きび(しい)
錦		キン	にしき	
謹	謹	キン	つつし(む)	
襟		キン	えり	むね

漢字	旧字体	音読み	訓読み	表外読み
吟		ギン		うた(う) うめ(く)
銀		ギン		しろがね
区	區	ク		
句		ク		コウ あ(たる) ▲ま(がる)
苦		ク	くる(しい) くる(しむ) くる(しめる) にが(い) にが(る)	にがな ▲はなは(だ)
駆	驅	ク	か(ける) か(る)	お(う)
具		グ		つぶさ(に) そな(える) そな(わる) そろ(い) ▲つま

漢字	旧字体	音読み	訓読み	表外読み
〔惧〕惧		グ		▲ク ▲おそ(れる)
愚		グ	おろ(か)	
空		クウ	そら あ(く) あ(ける) から	あな うろ うつ(ろ) むな(しい) す(く) ▲うつ(ける)
偶		グウ		たぐい たまたま ひとがた
遇		グウ		グ あ(う) たまたま もてな(す)
隅		グウ	すみ	
串			くし	セン カン つらぬ(く) な(れる)

漢字	旧字体	音読み	訓読み	表外読み
屈		クツ		かが(む) ▲くぐ(まる) ▲こご(まる)
掘		クツ	ほ(る)	
窟		クツ		いわや ほらあな
熊			くま	ユウ
繰			く(る)	ソウ
君		クン	きみ	
訓		クン		キン よ(む) おし(える)
勲	勳	クン		いさお いさおし
薫	薰	クン	かお(る)	かおりぐさ た(く)

漢字	旧字体	音読み	訓読み	表外読み
軍		グン		クン つわもの いくさ
郡		グン		クン こおり
群		グン	む(れる) む(れ) むら	
兄		ケイ キョウ	あに	え
刑		ケイ		ギョウ しおき
形		ケイ ギョウ	かた かたち	なり
系		ケイ		つな(ぐ) すじ
径	徑	ケイ		さしわたし ただ(ちに) みち こみち
茎	莖	ケイ	くき	▲なかご

漢字	旧字体	音読み	訓読み	表外読み
係		ケイ	かか(る) かかり	つな(ぐ) かか(わる)
型		ケイ	かた	
契	契	ケイ	ちぎ(る)	キツ ケツ きざ(む) わりふ
計		ケイ	はか(る) はか(らう)	かぞ(える)
恵	惠	ケイ エ	めぐ(む)	
啓	啓	ケイ		ひら(く) もう(す)
掲	揭	ケイ	かか(げる)	
渓	溪	ケイ		たに
経	經	ケイ キョウ	へ(る)	キン たていと おさ(める) ▲た(つ)

漢字	旧字体	音読み	訓読み	表外読み
蛍	螢	ケイ	ほたる	
敬		ケイ	うやま(う)	キョウ つつし(む)
景		ケイ		エイ
軽	輕	ケイ	かる(い) かろ(やか)	キン
傾		ケイ	かたむ(く) かたむ(ける)	かた(げる) かし(ぐ) くつがえ(る)
携		ケイ	たずさ(える) たずさ(わる)	はな(れる)
継	繼	ケイ	つ(ぐ)	まま
詣		ケイ	もう(でる)	いた(る) まい(る)
慶		ケイ		キョウ よろこ(ぶ) よ(い)

漢字	旧字体	音読み	訓読み	表外読み
憬		ケイ		▲あこが(れる)
〔稽〕稽		ケイ		とど(める) とどこお(る) かんが(える)
憩		ケイ	いこ(い) いこ(う)	
警		ケイ		キョウ いまし(める)
鶏	鷄	ケイ	にわとり	とり
芸	藝	ゲイ		う(える) わざ
迎		ゲイ	むか(える)	ギョウ ゴウ
鯨		ゲイ	くじら	ケイ

漢字	旧字体	音読み	訓読み	表外読み
隙		ゲキ	すき	ケキ ひま
劇		ゲキ		はげ(しい)
撃	擊	ゲキ	う(つ)	ケキ
激		ゲキ	はげ(しい)	はげ(ます)
桁			けた	コウ
欠	缺	ケツ	か(ける) か(く)	
穴		ケツ	あな	
血		ケツ	ち	ケチ
決		ケツ	き(める) き(まる)	さ(ける)

漢字	旧字体	音読み	訓読み	表外読み
結		ケツ	むす(ぶ) ゆ(う) ゆ(わえる)	ケチ ケイ ▲す(く)
傑	傑	ケツ		すぐ(れる)
潔	潔	ケツ	いさぎよ(い)	きよ(い)
月		ゲツ ガツ	つき	
犬		ケン	いぬ	
件		ケン		くだん くだり ことがら
見		ケン	み(る) み(える) み(せる)	ゲン まみ(える) あらわ(れる)
券	劵	ケン		わりふ てがた
肩	肩	ケン	かた	

漢字	旧字体	音読み	訓読み	表外読み
建		ケン コン	た(てる) た(つ)	くつがえ(す)
研	硏	ケン	と(ぐ)	ゲン みが(く)
県	縣	ケン		あがた
倹	儉	ケン		つづま(やか) ▲つま(しい)
兼	兼	ケン	か(ねる)	あわ(せる)
剣	劍	ケン	つるぎ	
拳	拳	ケン	こぶし	ゲン
軒		ケン	のき	くるま てすり たか(い) と(ぶ)
健		ケン	すこ(やか)	たけ(し) したた(か)

漢字	旧字体	音読み	訓読み	表外読み
険	險	ケン	けわ(しい)	
圏	圈	ケン		かこ(い)
堅		ケン	かた(い)	
検	檢	ケン		しら(べる) ▲あらた(める)
嫌	嫌	ケン ゲン	きら(う) いや	うたが(う)
献	獻	ケン コン		たてまつ(る) ▲まつ(る) ささ(げる)
絹		ケン	きぬ	
遣		ケン	つか(う) つか(わす)	や(る)
権	權	ケン ゴン		おもり はか(る) いきお(い) かり

漢字	旧字体	音読み	訓読み	表外読み
憲		ケン		のり のっと(る)
賢		ケン	かしこ(い)	さか(しい) まさ(る)
謙	謙	ケン		へりくだ(る) ▲うやうや(しくする)
鍵		ケン	かぎ	
繭	繭	ケン	まゆ	
顕	顯	ケン		あらわ(れる) あき(らか)
験	驗	ケン ゲン		しるし あかし ため(す)
懸		ケン ケ	か(ける) か(かる)	へだ(たる)
元		ゲン ガン	もと	はじ(め)

漢字	旧字体	音読み	訓読み	表外読み
幻		ゲン	まぼろし	まど(わす)
玄		ゲン		くろ くろ(い)
言		ゲン ゴン	い(う) こと	ことば
弦		ゲン	つる	
限		ゲン	かぎ(る)	▲きり
原		ゲン	はら	もと たず(ねる) ゆる(す)
現		ゲン	あらわ(れる) あらわ(す)	うつつ
舷		ゲン		ふなばた ふなべり
減		ゲン	へ(る) へ(らす)	

漢字	旧字体	音読み	訓読み	表外読み
源		ゲン	みなもと	
厳	嚴	ゲン ゴン	おごそ(か) きび(しい)	いかめ(しい) ▲いか(つい)
己		コ キ	おのれ	つちのと
戸	戶	コ	と	へ
古		コ	ふる(い) ふる(す)	いにしえ ふる(びる)
呼		コ	よ(ぶ)	
固		コ	かた(める) かた(まる) かた(い)	もと(より)
股		コ	また	もも
虎		コ	とら	

漢字	孤	弧	故	枯	個	庫	湖	雇	誇
旧字体	孤	弧							
音読み	コ	コ	コ	コ	コ	コ ク	コ	コ	コ
訓読み			ゆえ	か(れる) か(らす)			みずうみ	やと(う)	ほこ(る)
表外読み	みなしご ひと(り) そむ(く)	きゆみ	ことさら(に) ふる(い) もと	▲から(びる)	カ	くら			

漢字	鼓	錮	顧	五	互	午	呉	後	娯
旧字体									
音読み	コ	コ	コ	ゴ	ゴ	ゴ	ゴ	ゴ コウ	ゴ
訓読み	つづみ		かえり(みる)	いつ いつ(つ)	たが(い)			のち うし(ろ) あと おく(れる)	
表外読み		▲ふさ(ぐ) ▲とじこ(める) ▲かた(い) ▲ながわずら(い)			▲かたみ(に)	ひる うま	くれ く(れる)	▲しり	たの(しむ)

漢字	悟	碁	語	誤	護	口	工	公	勾
旧字体					護				
音読み	ゴ	ゴ	ゴ	ゴ	ゴ	コウ ク	コウ ク	コウ	コウ
訓読み	さと(る)		かた(る) かた(らう)	あやま(る)		くち		おおやけ	
表外読み		キ	ギョ ことば つ(げる)	まど(わす)	まも(る) まも(り)		わざ たくみ たく(む)	ク きみ	ま(がる) とら(える)

漢字	旧字体	音読み	訓読み	表外読み
孔		コウ		ク あな はなは(だ)
功		コウ ク		いさお
巧		コウ	たく(み)	たく(む) うま(い)
広	廣	コウ	ひろ(い) ひろ(まる) ひろ(める) ひろ(がる) ひろ(げる)	
甲		コウ カン		かぶと よろい きのえ つめ
交		コウ	まじ(わる) まじ(える) ま(じる) ま(ざる) ま(ぜる) か(う) か(わす)	こもごも
光		コウ	ひか(る) ひかり	

漢字	旧字体	音読み	訓読み	表外読み
向		コウ	む(く) む(ける) む(かう) む(こう)	キョウ さき(に)
后		コウ		ゴ のち きみ きさき
好		コウ	この(む) す(く)	よ(い) よしみ
江		コウ	え	
考		コウ	かんが(える)	
行		コウ ギョウ アン	い(く) ゆ(く) おこな(う)	みち し(ぬ) ▲や(る)
坑		コウ		あな
孝		コウ		キョウ
抗		コウ		あらが(う) ふせ(ぐ) はりあ(う) こば(む)

漢字	旧字体	音読み	訓読み	表外読み
攻		コウ	せ(める)	おさ(める) みが(く)
更		コウ	さら ふ(ける) ふ(かす)	か(える) あらた(める)
効	效	コウ	き(く)	なら(う) いた(す) ▲かい
幸		コウ	さいわ(い) さち しあわ(せ)	みゆき
拘		コウ		とど(める) とら(える) かか(わる) こだわ(る)
肯		コウ		がえん(じる) うなず(く) うべな(う) あ(えて)
侯		コウ		まと きみ
厚		コウ	あつ(い)	
恒	恆	コウ		つね つね(に)

漢字	旧字体	音読み	訓読み	表外読み
洪		コウ		おおみず
皇		コウ オウ		きみ すめらぎ
紅		コウ ク	べに くれない	グ あか(い) ▲もみ
荒		コウ	あら(い) あ(れる) あ(らす)	すさ(む) すさ(ぶ)
郊		コウ		まつ(る)
香		コウ キョウ	か かお(り) かお(る)	かんば(しい)
候		コウ	そうろう	うかが(う) さぶら(う) ま(つ)
校		コウ		キョウ かせ かんが(える) くら(べる) あぜ

漢字	旧字体	音読み	訓読み	表外読み
耕		コウ	たがや(す)	
航		コウ		わた(る)
貢		コウ ク	みつ(ぐ)	
降	降	コウ	お(りる) お(ろす) ふ(る)	ゴウ くだ(る) くだ(す)
高		コウ	たか(い) たか たか(まる) たか(める)	
康		コウ		やす(い)
控		コウ	ひか(える)	つ(げる) ▲のぞ(く)
梗		コウ		キョウ ふさ(がる) おおむ(ね) でく かた(い) つよ(い)

漢字	旧字体	音読み	訓読み	表外読み
黄	黃	コウ オウ	き こ	
喉		コウ	のど	
慌		コウ	あわ(てる) あわ(ただしい)	
港	港	コウ	みなと	
硬		コウ	かた(い)	
絞		コウ	しぼ(る) し(める) し(まる)	くび(る)
項		コウ		うなじ
溝	溝	コウ	みぞ	▲どぶ
鉱	鑛	コウ		あらがね

漢字	旧字体	音読み	訓読み	表外読み
構	構	コウ	かま(える) かま(う)	
綱		コウ	つな	
酵		コウ		もと こうじ
稿		コウ		わら したがき
興		コウ キョウ	おこ(る) おこ(す)	
衡		コウ		はかり はか(る) ▲くびき
鋼		コウ	はがね	
講	講	コウ		
購	購	コウ		あがな(う)

漢字	旧字体	音読み	訓読み	表外読み
乞			こ(う)	キツ コツ
号	號	ゴウ		さけ(ぶ) よびな
合		ゴウ ガッ カッ	あ(う) あ(わす) あ(わせる)	コウ
拷		ゴウ		コウ う(つ)
剛		ゴウ		コウ つよ(い) かた(い)
傲		ゴウ		▲おご(る) ▲あなど(る) ▲あそ(ぶ)
豪		ゴウ		コウ えら(い) つよ(い)
克		コク		か(つ) よ(く)
告		コク	つ(げる)	

漢字	旧字体	音読み	訓読み	表外読み
谷		コク	たに	▲ロク きわ(まる) や
刻		コク	きざ(む)	とき
国	國	コク	くに	
黒	黑	コク	くろ くろ(い)	
穀	穀	コク		
酷		コク		きび(しい) はなは(だしい) むご(い)
獄		ゴク		うった(える) ひとや
骨		コツ	ほね	
駒			こま	ク

漢字	旧字体	音読み	訓読み	表外読み
込			こ(む) こ(める)	
頃			ころ	ケイ キョウ しばら(く) かたあし
今		コン キン	いま	
困		コン	こま(る)	くる(しむ)
昆		コン		あに
恨		コン	うら(む) うら(めしい)	
根		コン	ね	
婚		コン		
混		コン	ま(じる) ま(ざる) ま(ぜる) こ(む)	
痕		コン	あと	
紺		コン		
魂		コン	たましい	たま
墾		コン		ひら(く)
懇		コン	ねんご(ろ)	
左		サ	ひだり	
佐		サ		すけ たす(ける)
沙		サ		シャ みぎわ すな よな(げる)
査		サ		しら(べる)
砂		サ シャ	すな	いさご
唆		サ	そそのか(す)	
差		サ	さ(す)	シ たが(う) つか(わす)
詐		サ		いつわ(る)
鎖		サ	くさり	とざ(す) ▲さ(す)
座		ザ	すわ(る)	いま(す)
挫		ザ		くじ(く) くじ(ける)
才		サイ		ざえ ▲かど
再		サイ サ	ふたた(び)	

漢字	旧字体	音読み	訓読み	表外読み
災		サイ	わざわ(い)	
妻		サイ	つま	セイ めあ(わす)
采		サイ		と(る) いろどり すがた うね
砕	碎	サイ	くだ(く) くだ(ける)	
宰		サイ		つかさど(る)
栽		サイ		う(える)
彩		サイ	いろど(る)	あや
採		サイ	と(る)	
済	濟	サイ	す(む) す(ます)	セイ わた(る) すく(う) な(す)

漢字	旧字体	音読み	訓読み	表外読み
祭		サイ	まつ(る) まつ(り)	
斎	齋	サイ		ものいみ つつし(む) いつ(く) とき
細		サイ	ほそ(い) ほそ(る) こま(か) こま(かい)	ささ(やか) くわ(しい)
菜		サイ	な	
最		サイ	もっと(も)	も
裁		サイ	た(つ) さば(く)	
債		サイ		か(り) か(し)
催		サイ	もよお(す)	▲もよ(い) うなが(す)
塞		サイ ソク	ふさ(ぐ) ふさ(がる)	せ(く) み(ちる) とりで

漢字	旧字体	音読み	訓読み	表外読み
歳		サイ セイ		とし とせ よわい
載		サイ	の(せる) の(る)	しる(す) とし
際		サイ	きわ	まじ(わる) あい
埼			さい	キ さき
在		ザイ	あ(る)	いま(す) ▲ましま(す)
材		ザイ		サイ まるた
剤	劑	ザイ		セイ ま(ぜる)
財		ザイ サイ		たから
罪		ザイ	つみ	

漢字	旧字体	音読み	訓読み	表外読み
崎			さき	キ
作		サク、サ	つく(る)	な(す)
削		サク	けず(る)	そ(ぐ)、はつ(る)
昨		サク		きのう
柵		サク		やらい、しがらみ、とりで
索		サク		つな、なわ、もと(める)、さが(す)
策		サク		むち、つえ、はかりごと、ふだ
酢		サク	す	ソ、す(い)
搾		サク	しぼ(る)	

漢字	旧字体	音読み	訓読み	表外読み
錯		サク		ソ、まじ(る)、あやま(る)、お(く)
咲			さ(く)	ショウ
冊	册	サツ、サク		ふみ、た(てる)
札		サツ	ふだ	さね、わかじに
刷		サツ	す(る)	は(く)
刹		サツ、セツ		▲てら
拶		サツ		せま(る)
殺	殺	サツ、サイ、セツ	ころ(す)	そ(ぐ)、そ(げる)、けず(る)
察		サツ		し(る)、み(る)、あき(らか)

漢字	旧字体	音読み	訓読み	表外読み
撮		サツ	と(る)	つま(む)
擦		サツ	す(る)、す(れる)	こす(る)、なす(る)、さす(る)、かす(れる)
雑	雜	ザツ、ゾウ		ま(じる)、ま(ぜる)
皿			さら	▲ベイ
三		サン	み、み(つ)、みっ(つ)	
山		サン	やま	セン
参	參	サン	まい(る)	シン、まじ(わる)
桟	棧	サン		かけはし、たな
蚕	蠶	サン	かいこ	▲こ

漢字	旧字体	音読み	訓読み	表外読み
惨	慘	サン ザン	みじ(め)	いた(む) いた(ましい) むご(い)
産	產	サン	う(む) う(まれる) うぶ	
傘		サン	かさ	
散		サン	ち(る) ち(らす) ち(らかす) ち(らかる)	ばら
算		サン		かず かぞ(える)
酸		サン	す(い)	す つら(い)
賛	贊	サン		たす(ける) たた(える) ほ(める)
残	殘	ザン	のこ(る) のこ(す)	そこ(なう)
斬		ザン	き(る)	サン

漢字	旧字体	音読み	訓読み	表外読み
暫		ザン		しばら(く) ▲しば(し)
士		シ		さむらい
子		シ ス	こ	み おとこ ね
支		シ	ささ(える)	つか(える) か(う)
止		シ	と(まる) と(める)	とど(まる) とど(める) や(む) や(める) ▲さ(す) ▲よ(す)
氏		シ	うじ	
仕		シ ジ	つか(える)	つかまつ(る)
史		シ		ふみ

漢字	旧字体	音読み	訓読み	表外読み
司		シ		ス つかさ つかさど(る)
四		シ	よ よ(つ) よっ(つ) よん	
市		シ	いち	
矢		シ	や	
旨		シ	むね	うま(い)
死		シ	し(ぬ)	
糸	絲	シ	いと	
至		シ	いた(る)	
伺		シ	うかが(う)	

漢字	旧字体	音読み	訓読み	表外読み
志		シ	こころざ(す) こころざし	しる(す)
私		シ	わたくし わたし	ひそ(か)
使		シ	つか(う)	つか(わす)
刺		シ	さ(す) さ(さる)	セキ とげ そし(る) なふだ
始		シ	はじ(める) はじ(まる)	
姉		シ	あね	
枝		シ	えだ	
祉		シ		さいわ(い)
肢		シ		てあし

漢字	旧字体	音読み	訓読み	表外読み
姿		シ	すがた	
思		シ	おも(う)	おぼ(しい) こころ
指		シ	ゆび さ(す)	
施		シ セ	ほどこ(す)	し(く)
師		シ		みやこ いくさ かしら
恣		シ		▲ほしいまま
紙		シ	かみ	
脂		シ	あぶら	やに べに
視	視	シ		み(る)

漢字	旧字体	音読み	訓読み	表外読み
紫		シ	むらさき	
詞		シ		ことば
歯	齒	シ	は	よわい
嗣		シ		つ(ぐ)
試		シ	こころ(みる) ため(す)	
詩		シ		うた
資		シ		たから もと たち たす(ける)
飼		シ	か(う)	やしな(う)
誌		シ		しる(す)

漢字	旧字体	音読み	訓読み	表外読み
雌		シ	め めす	めん
摯		シ		▲と(る) ▲にえ ▲まこと ▲あら(い)
賜		シ	たまわ(る)	たま(う) たまもの
諮		シ	はか(る)	と(う)
示		ジ シ	しめ(す)	
字		ジ	あざ	はぐく(む) あざな
寺		ジ	てら	
次		ジ シ	つ(ぐ) つぎ	やど(る) つい(ず)
耳		ジ	みみ	のみ

漢字	旧字体	音読み	訓読み	表外読み
自		ジ シ	みずか(ら)	おのずか(ら) よ(り)
似		ジ	に(る)	シ ▲ごと(し) ▲そぐ(う)
児	兒	ジ ニ		こ
事		ジ ズ	こと	つか(える)
侍		ジ	さむらい	シ さぶら(う) はべ(る)
治		ジ チ	おさ(める) おさ(まる) なお(る) なお(す)	
持		ジ	も(つ)	チ
時		ジ	とき	
滋		ジ		シ しげ(る) ま(す)

漢字	旧字体	音読み	訓読み	表外読み
慈		ジ	いつく(しむ)	
辞	辭	ジ	や(める)	ことば ことわ(る)
磁		ジ		シ やきもの
餌〔餌〕		ジ	えさ え	たべもの く(う) く(わせる)
璽		ジ		しるし
鹿			しか か	ロク
式		シキ		ショク のり のっと(る) きまり ▲ああ

漢字	旧字体	音読み	訓読み	表外読み
識		シキ		シ ショク し(る) しる(す)
軸		ジク		チク しんぎ かなめ
七		シチ	なな なな(つ) なの	シツ
叱		シツ	しか(る)	シチ
失		シツ	うしな(う)	う(せる)
室		シツ	むろ	いえ つま へや
疾		シツ		やまい や(む) ▲やま(しい) にく(む) はや(い) ▲と(し) ▲と(く)
執		シツ シュウ	と(る)	とら(える)

漢字	旧字体	音読み	訓読み	表外読み
湿	濕	シツ	しめ(る) しめ(す)	うるお(い) うるお(す)
嫉		シツ		ねた(む) そね(む) にく(む)
漆		シツ	うるし	
質		シツ シチ チ		シ もと たち ただ(す)
実	實	ジツ	み みの(る)	み(ちる) まこと まめ ▲さね
芝			しば	シ
写	寫	シャ	うつ(す) うつ(る)	
社		シャ	やしろ	ジャ
車		シャ	くるま	

漢字	旧字体	音読み	訓読み	表外読み
舎	舍	シャ		セキ いえ やど やど(る) お(く)
者	者	シャ	もの	
射		シャ	い(る)	セキ ▲ヤ う(つ) あ(てる) さ(す)
捨	捨	シャ	す(てる)	ほどこ(す)
赦		シャ		ゆる(す)
斜		シャ	なな(め)	はす
煮	煮	シャ	に(る) に(える) に(やす)	

漢字	遮	謝	邪	蛇	尺	借	酌	釈
旧字体			邪				酌	釋
音読み	シャ	シャ	ジャ	ジャ ダ	シャク	シャク	シャク	シャク
訓読み	さえぎ(る)	あやま(る)		へび		か(りる)	く(む)	
表外読み		ことわ(る) さ(る)	シャ ヤ よこしま	イ タ	セキ さし ものさし わず(か)	シャ		セキ と(く) と(かす) ゆる(す) お(く)

漢字	爵	若	弱	寂	手	主	守	朱
旧字体	爵		弱					
音読み	シャク	ジャク ニャク	ジャク	ジャク セキ	シュ	シュ ス	シュ ス	シュ
訓読み		わか(い) も(しくは)	よわ(い) よわ(る) よわ(まる) よわ(める)	さび さび(しい) さび(れる)	て た	ぬし おも	まも(る) も(り)	
表外読み	さかずき	ニャ なんじ も(し) し(く) ごと(し)	ニャク	しず(か) さ(びる)	ズ	あるじ つかさど(る)	かみ	ス あか ▲あけ

漢字	取	狩	首	殊	珠	酒	腫	種	趣
旧字体									
音読み	シュ	シュ	シュ	シュ	シュ	シュ	シュ	シュ	シュ
訓読み	と(る)	か(る) か(り)	くび	こと		さけ さか	は(れる) は(らす)	たね	おもむき
表外読み			▲こうべ はじ(め) かしら もう(す)		たま		ショウ はれもの	ショウ う(える) くさ	ソク おもむ(く) うなが(す)

漢字	寿	受	呪	授	需	儒	樹	収	囚
旧字体	壽							收	
音読み	ジュ	ジュ	ジュ	ジュ	ジュ	ジュ	ジュ	シュウ	シュウ
訓読み	ことぶき	う(ける) う(かる)	のろ(う)	さず(ける) さず(かる)				おさ(める) おさ(まる)	
表外読み	ス ことほ(ぐ) ひさ(しい) とし	ズ	シュウ のろ(い) まじな(う) まじな(い)		もと(める)		う(える) た(てる) き		とら(える) とら(われる)

漢字	州	舟	秀	周	宗	拾	秋	臭	修
旧字体				周				臭	
音読み	シュウ	シュウ	シュウ	シュウ	シュウ ソウ	シュウ ジュウ	シュウ	シュウ	シュウ シュ
訓読み	す	ふね ふな	ひい(でる)	まわ(り)		ひろ(う)	あき	くさ(い) にお(う)	おさ(める) おさ(まる)
表外読み	ス くに しま	シュ		ス めぐ(る) あまね(く)	むね	とお	とき	キュウ	かざ(る) なが(い)

漢字	袖	終	羞	習	週	就	衆	集
旧字体		終		習				
音読み	シュウ	シュウ	シュウ	シュウ	シュウ	シュウ ジュ	シュウ シュ	シュウ
訓読み	そで	お(わる) お(える)		なら(う)		つ(く) つ(ける)		あつ(まる) あつ(める) つど(う)
表外読み		▲しま(う) つい(に)	▲すす(める) ▲そなえもの ▲は(じる) ▲はずかし(める) ▲はじ ▲はずかし(め)	ジュウ	めぐ(る)	な(す) な(る)	おお(い)	すだ(く) たか(る)

漢字	旧字体	音読み	訓読み	表外読み
愁		シュウ	うれ(える) うれ(い)	
酬		シュウ		むく(いる)
醜		シュウ	みにく(い)	にく(む) たぐい ▲しこ
蹴		シュウ	け(る)	シュク ふみつ(ける)
襲		シュウ	おそ(う)	かさ(ねる) ▲かさね つ(ぐ)
十		ジュウ ジッ	とお と	
汁		ジュウ	しる	シュウ つゆ
充	充	ジュウ	あ(てる)	シュウ み(つ) み(ちる) み(たす)
住		ジュウ	す(む) す(まう)	とど(まる)

漢字	旧字体	音読み	訓読み	表外読み
柔		ジュウ ニュウ	やわ(らか) やわ(らかい)	やわ(らげる) やさ(しい)
重		ジュウ チョウ	え おも(い) かさ(ねる) かさ(なる)	おも(んじる)
従	從	ジュウ ショウ ジュ	したが(う) したが(える)	
渋	澁	ジュウ	しぶ しぶ(い) しぶ(る)	シュウ
銃		ジュウ		つつ
獣	獸	ジュウ	けもの	けだもの ▲しし
縦	縱	ジュウ	たて	ショウ はな(つ) ゆる(す) ゆる(める) ほしいまま ▲よし(んば)
叔		シュク		わか(い)

漢字	旧字体	音読み	訓読み	表外読み
祝		シュク シュウ	いわ(う)	の(る) のろ(う) た(つ)
宿		シュク	やど やど(る) やど(す)	スク
淑		シュク		よ(い) しと(やか)
粛	肅	シュク		つつし(む)
縮		シュク	ちぢ(む) ちぢ(まる) ちぢ(める) ちぢ(れる) ちぢ(らす)	
塾		ジュク		
熟		ジュク	う(れる)	に(る) に(える) う(む) な(れる) つらつら ▲つくづく こな(す) こな(れる)

漢字	出	述	術	俊	春	瞬	旬	巡
旧字体						瞬		巡
音読み	シュツ スイ	ジュツ	ジュツ	シュン	シュン	シュン	ジュン シュン	ジュン
訓読み	で(る) だ(す)	の(べる)			はる	またた(く)		めぐ(る)
表外読み	い(づ) いだ(す)		シュツ スイ すべ わざ むらざと	すぐ(れる)		▲まばた(く) ▲まじろ(ぐ) しばた(く) ▲しばたた(く)		まわ(る)

漢字	盾	准	殉	純	循	順	準	潤	遵
旧字体									遵
音読み	ジュン	ジュン	ジュン	ジュン	ジュン	ジュン	ジュン	ジュン	ジュン
訓読み	たて							うるお(う) うるお(す) うる(む)	
表外読み		シュン なぞら(える) ゆる(す)	したが(う)	きいと	めぐ(る) したが(う)	したが(う) すなお	シュン セツ なぞら(える) はなすじ	ほと(びる)	シュン したが(う)

漢字	処	初	所	書	庶	暑	署	緒
旧字体	處		所			暑	署	緒
音読み	ショ	ショ	ショ	ショ	ショ	ショ	ショ	ショ チョ
訓読み		はじ(め) はじ(めて) はつ うい そ(める)	ところ	か(く)		あつ(い)		お
表外読み	ソ ところ お(る) お(く)	ソ うぶ	ソ	ふみ	おお(い) もろもろ こいねが(う)		やくわり しる(す)	いとぐち

漢字	旧字体	音読み	訓読み	表外読み
諸	諸	ショ		もろ もろもろ
女		ジョ ニョ ニョウ	おんな め	むすめ めあ(わせる) なんじ
如		ジョ ニョ		し(く) ゆ(く) ごと(し) ▲も(し)
助		ジョ	たす(ける) たす(かる) すけ	
序		ジョ		はしがき つい(で) まなびや
叙	敍	ジョ		の(べる)
徐		ジョ		おもむろ
除		ジョ ジ	のぞ(く)	はら(う) ▲つ(きる) ▲の(ける) よ(ける)
小		ショウ	ちい(さい) こ お	さ

漢字	旧字体	音読み	訓読み	表外読み
升		ショウ	ます	のぼ(る)
少		ショウ	すく(ない) すこ(し)	しばら(く) ▲まれ わか(い)
召		ショウ	め(す)	
匠		ショウ		たくみ
床		ショウ	とこ ゆか	
抄		ショウ		ソウ かすめ(る) うつ(す) す(く) すく(う)
肖	肖	ショウ		に(る) かたど(る) あやか(る)
尚	尙	ショウ		くわ(える) とうと(ぶ) たっと(ぶ) なお

漢字	旧字体	音読み	訓読み	表外読み
招		ショウ	まね(く)	
承		ショウ	うけたまわ(る)	う(ける)
昇		ショウ	のぼ(る)	
松		ショウ	まつ	
沼		ショウ	ぬま	
昭		ショウ		あき(らか)
宵	宵	ショウ	よい	
将	將	ショウ		ひき(いる) まさ(に)…(す) はた
消	消	ショウ	き(える) け(す)	

漢字	旧字体	音読み	訓読み	表外読み
症		ショウ		しるし
祥		ショウ		さち さいわ(い) きざ(し)
称	稱	ショウ		▲はか(る) とな(える) ▲あ(げる) たた(える) ▲かな(う)
笑		ショウ	わら(う) え(む)	
唱		ショウ	とな(える)	うた うた(う)
商		ショウ	あきな(う)	はか(る)
渉	涉	ショウ		わた(る) かか(わる)
章		ショウ		あや しるし ふみ

漢字	旧字体	音読み	訓読み	表外読み
紹		ショウ		つ(ぐ)
訟		ショウ		ジュ うった(える)
勝	勝	ショウ	か(つ) まさ(る)	すぐ(れる) ▲た(える)
掌		ショウ		たなごころ ▲てのひら つかさど(る) にな(う)
晶		ショウ		あき(らか)
焼	燒	ショウ	や(く) や(ける)	▲く(べる)
焦		ショウ	こ(げる) こ(がす) こ(がれる) あせ(る)	や(く) じ(れる) じ(らす)
硝	硝	ショウ		
粧		ショウ		ソウ よそお(う) ▲めか(す)

漢字	旧字体	音読み	訓読み	表外読み
詔		ショウ	みことのり	
証	證	ショウ		あか(し)
象		ショウ ゾウ		かたち かたど(る)
傷		ショウ	きず いた(む) いた(める)	そこ(なう)
奨	奬	ショウ		ソウ すす(める)
照		ショウ	て(る) て(らす) て(れる)	
詳		ショウ	くわ(しい)	つまび(らか)
彰		ショウ		あき(らか) あらわ(す) あらわ(れる)
障		ショウ	さわ(る)	へだ(てる) ▲ふせ(ぐ)

漢字	旧字体	音読み	訓読み	表外読み
憧		ショウ	あこが(れる)	ドウ
衝		ショウ		つ(く)
賞		ショウ		ほ(める) め(でる)
償		ショウ	つぐな(う)	
礁		ショウ		かくれいわ
鐘		ショウ	かね	シュ
上		ジョウ ショウ	うえ うわ かみ あ(げる) あ(がる) のぼ(る) のぼ(せる) のぼ(す)	ほとり たてまつ(る)

漢字	旧字体	音読み	訓読み	表外読み
丈		ジョウ	たけ	
冗		ジョウ		むだ
条	條	ジョウ		えだ すじ
状	狀	ジョウ		かたち かきつけ
乗	乘	ジョウ	の(る) の(せる)	ショウ
城	城	ジョウ	しろ	セイ き
浄	淨	ジョウ		きよ(い)
剰	剩	ジョウ		あま(る) あま(す) あまつさ(え)
常		ジョウ	つね とこ	

漢字	旧字体	音読み	訓読み	表外読み
情	情	ジョウ セイ	なさ(け)	こころ おもむき
場		ジョウ	ば	
畳	疊	ジョウ	たた(む) たたみ	チョウ かさ(ねる)
蒸		ジョウ	む(す) む(れる) む(らす)	ふ(かす) ふ(ける) おお(い)
縄	繩	ジョウ	なわ	ただ(す)
壌	壤	ジョウ		つち
嬢	孃	ジョウ		むすめ
錠		ジョウ		テイ
譲	讓	ジョウ	ゆず(る)	せ(める)

漢字	旧字体	音読み	訓読み	表外読み
醸	釀	ジョウ	かも(す)	
色		ショク シキ	いろ	
拭		ショク	ふ(く) ぬぐ(う)	シキ
食		ショク ジキ	く(う) く(らう) た(べる)	シ ▲は(む)
植		ショク	う(える) う(わる)	▲チ た(てる)
殖		ショク	ふ(える) ふ(やす)	
飾		ショク	かざ(る)	
触	觸	ショク	ふ(れる) さわ(る)	ソク
嘱	囑	ショク		たの(む)

漢字	旧字体	音読み	訓読み	表外読み
織		ショク シキ	お(る)	
職		ショク		シキ つかさ つかさど(る) つと(め)
辱		ジョク	はずかし(める)	ニク はじ はずかし(め) かたじけな(い)
尻			しり	コウ
心		シン	こころ	▲うら
申		シン	もう(す)	かさ(ねる) さる
伸		シン	の(びる) の(ばす) の(べる)	の(す) ▲の(る)
臣		シン ジン		おみ
芯		シン		とうしんぐさ

漢字	旧字体	音読み	訓読み	表外読み
身		シン	み	
辛		シン	から(い)	かのと つら(い)
侵	侵	シン	おか(す)	みにく(い)
信		シン		まこと たよ(り) まか(せる)
津		シン	つ	しる
神		シン ジン	かみ かん こう	たましい
唇		シン	くちびる	
娠		シン		はら(む) みごも(る)
振		シン	ふ(る) ふ(るう) ふ(れる)	すく(う)

漢字	旧字体	音読み	訓読み	表外読み
浸		シン	ひた(す) ひた(る)	つ(く) つ(かる) し(みる)
真	眞	シン	ま	まこと
針		シン	はり	
深		シン	ふか(い) ふか(まる) ふか(める)	ふ(ける) み
紳		シン		おおおび
進		シン	すす(む) すす(める)	
森		シン	もり	
診		シン	み(る)	
寝	寢	シン	ね(る) ね(かす)	みたまや や(める) みにく(い)

漢字	旧字体	音読み	訓読み	表外読み
慎	愼	シン	つつし(む)	つつま(しい) つつま(しやか)
新		シン	あたら(しい) あら(た) にい	▲さら
審		シン		つまび(らか)
震		シン	ふる(う) ふる(える)	
薪		シン	たきぎ	まき
親		シン	おや した(しい) した(しむ)	みずか(ら)
人		ジン ニン	ひと	
刃		ジン	は	ニン やいば き(る)
仁		ジン ニ		ニン

漢字	旧字体	音読み	訓読み	表外読み
尽	盡	ジン	つ(くす) つ(きる) つ(かす)	ことごと(く) ▲すが(れる)
迅		ジン		はや(い) はげ(しい)
甚		ジン	はなは(だ) はなは(だしい)	▲いた(く)
陣		ジン		チン じんだて ひとしき(り)
尋	尋	ジン	たず(ねる)	つね ひろ
腎		ジン		シン かなめ
須		ス		シュ ま(つ) もち(いる) もと(める) しばら(く) すべか(らく) …(べし)
図	圖	ズ ト	はか(る)	え

漢字	水	吹	垂	炊	帥	粋	衰	推	酔
旧字体						粹			醉
音読み	スイ	スイ	スイ	スイ	スイ	スイ	スイ	スイ	スイ
訓読み	みず	ふ(く)	た(れる) た(らす)	た(く)		いき	おとろ(える)	お(す)	よ(う)
表外読み			▲しだ(れる) ▲しで なんなん(とする)	かし(ぐ)	ソツ ひき(いる)		サイ		

漢字	遂	睡	穂	随	髄	枢	崇	数
旧字体	遂		穗	隨	髓	樞		數
音読み	スイ	スイ	スイ	ズイ	ズイ	スウ	スウ	スウ ス
訓読み	と(げる)		ほ					かず かぞ(える)
表外読み	おお(せる) つい(に)	ねむ(る)		したが(う)		とぼそ かなめ	▲シュウ たか(い) たっと(ぶ) とうと(ぶ) あが(める) お(わる)	サク シュ ソク しばしば

漢字	据	杉	裾	寸	瀬	是	井	世	正
旧字体					瀨				
音読み				スン		ゼ	セイ ショウ	セイ セ	セイ ショウ
訓読み	す(える) す(わる)	すぎ	すそ		せ		い	よ	ただ(しい) ただ(す) まさ
表外読み	キョ	サン	キョ	ソン わず(か) き	ライ	シ これ ▲こ(の) ただ(しい)	いげた まち		

漢字	旧字体	音読み	訓読み	表外読み
生		セイ ショウ	い(きる) い(かす) い(ける) う(まれる) う(む) お(う) は(える) は(やす) き なま	いのち うぶ な(る) な(す)
成	成	セイ ジョウ	な(る) な(す)	
西		セイ サイ	にし	スイ
声	聲	セイ ショウ	こえ こわ	
制		セイ		おさ(える)
姓		セイ ショウ		かばね
征		セイ		う(つ) ゆ(く) と(る)

漢字	旧字体	音読み	訓読み	表外読み
性		セイ ショウ		さが たち
青	靑	セイ ショウ	あお あお(い)	
斉	齊	セイ		サイ ととの(える) ひと(しい) ものいみ おごそ(か)
政		セイ ショウ	まつりごと	
星		セイ ショウ	ほし	
牲		セイ		いけにえ
省		セイ ショウ	かえり(みる) はぶ(く)	
凄		セイ		すご(む) すご(い) すさ(まじい) さむ(い)

漢字	旧字体	音読み	訓読み	表外読み
逝		セイ	ゆ(く) い(く)	
清	淸	セイ ショウ	きよ(い) きよ(まる) きよ(める)	シン さや(か) す(む)
盛		セイ ジョウ	も(る) さか(る) さか(ん)	
婿	壻	セイ	むこ	
晴	晴	セイ	は(れる) は(らす)	
勢		セイ	いきお(い)	セ
聖		セイ		ショウ ひじり
誠	誠	セイ	まこと	ジョウ
精	精	セイ ショウ		しら(げる) くわ(しい) もののけ

漢字	旧字体	音読み	訓読み	表外読み
製		セイ		つく(る)
誓		セイ	ちか(う)	ゼイ
静	靜	セイ ジョウ	しず しず(か) しず(まる) しず(める)	
請	請	セイ シン	こ(う) う(ける)	ショウ
整		セイ	ととの(える) ととの(う)	
醒		セイ		さ(める) さ(ます)
税	稅	ゼイ		セイ みつぎ
夕		セキ	ゆう	ゆう(べ)
斥		セキ		しりぞ(ける) うかが(う)

漢字	旧字体	音読み	訓読み	表外読み
石		セキ シャク コク	いし	ジャク
赤		セキ シャク	あか あか(い) あか(らむ) あか(らめる)	
昔		セキ シャク	むかし	
析		セキ		さ(く) わ(ける) わ(かれる)
席		セキ		むしろ
脊		セキ		せ せい
隻		セキ		ひと(つ)
惜		セキ	お(しい) お(しむ)	シャク
戚		セキ		みうち いた(む) うれ(える)

漢字	旧字体	音読み	訓読み	表外読み
責		セキ	せ(める)	シャク
跡		セキ	あと	シャク
積		セキ	つ(む) つ(もる)	シ シャク たくわ(える)
績		セキ		つむ(ぐ) ▲う(む) いさお
籍		セキ		ジャク ふみ し(く) ふ(む)
切		セツ サイ	き(る) き(れる)	
折		セツ	お(る) おり お(れる)	シャク くじ(ける) ▲さだ(める)
拙		セツ	つたな(い)	まず(い)
窃	竊	セツ		ぬす(む) ひそ(かに)

漢字	旧字体	音読み	訓読み	表外読み
接		セツ	つ(ぐ)	ショウ ▲は(ぐ) まじ(わる) もてな(す)
設		セツ	もう(ける)	セチ しつら(える)
雪		セツ	ゆき	すす(ぐ) そそ(ぐ)
摂	攝	セツ		ショウ か(ねる) か(わる) と(る)
節	節	セツ セチ	ふし	みさお ノット
説		セツ ゼイ	と(く)	エツ よろこ(ぶ)
舌		ゼツ	した	セツ ことば
絶		ゼツ	た(える) た(やす) た(つ)	ゼチ セツ はなは(だ) わた(る)
千		セン	ち	

漢字	旧字体	音読み	訓読み	表外読み
川		セン	かわ	
仙		セン		
占		セン	し(める) うらな(う)	
先		セン	さき	ま(ず)
宣		セン		の(べる) のたま(う)
専	專	セン	もっぱ(ら)	ほしいまま
泉		セン	いずみ	
浅	淺	セン	あさ(い)	
洗		セン	あら(う)	

漢字	旧字体	音読み	訓読み	表外読み
染		セン	そ(める) そ(まる) し(みる) し(み)	ゼン
扇	扇	セン	おうぎ	あお(ぐ) おだ(てる)
栓		セン		
旋		セン		めぐ(る)
船		セン	ふね ふな	
戦	戰	セン	いくさ たたか(う)	おのの(く) そよ(ぐ)
煎〔煎〕		セン	い(る)	に(る) せん(じる) せま(る)
羨		セン	うらや(む) うらや(ましい)	ゼン エン あま(る) はかみち

漢字	旧字体	音読み	訓読み	表外読み
腺		セン		すじ
〔詮〕詮		セン		あきらか、そな(わる)、しら(べる)、えら(ぶ)
践	踐	セン		ふ(む)
〔箋〕箋		セン		▲ふだ、▲はりふだ、▲なふだ、▲ときあ(かし)、▲てがみ、▲かきもの
銭	錢	セン	ぜに	ゼン、すき
潜	潛	セン	ひそ(む)、もぐ(る)	くぐ(る)
線		セン		いと、すじ

漢字	旧字体	音読み	訓読み	表外読み
遷		セン		うつ(す)、うつ(る)
選		セン	えら(ぶ)	え(る)、よ(る)、すぐ(る)
薦		セン	すす(める)	こも、▲し(く)、しき(りに)
繊	纖	セン		チン、すじ、ほそ(い)、ちい(さい)、しな(やか)
鮮		セン	あざ(やか)	あたら(しい)、すく(ない)
全	全	ゼン	まった(く)、すべ(て)	セン
前		ゼン	まえ	セン、さき
善		ゼン	よ(い)	セン

漢字	旧字体	音読み	訓読み	表外読み
然		ゼン、ネン		▲も(える)、しか(し)、しか(り)、しか(も)
禅	禪	ゼン		セン、ゆず(る)
漸		ゼン		ザン、ようや(く)、すす(む)、やや
膳		ゼン		セン、そな(える)、かしわ
繕		ゼン	つくろ(う)	セン
狙		ソ	ねら(う)	さる
阻		ソ	はば(む)	けわ(しい)、へだ(たる)
祖		ソ		おや、じじ、はじ(め)
租		ソ		みつぎ、ちんが(り)

漢字	旧字体	音読み	訓読み	表外読み
素		ソ ス		もと もと(より) しろ(い)
措		ソ		お(く) はか(らう)
粗		ソ	あら(い)	ほぼ あら
組		ソ	く(む) くみ	くみひも
疎		ソ	うと(い) うと(む)	ショ おろそ(か) とお(る) とお(す) ▲まば(ら) ▲おろ(か) ▲うろ ▲おろ
訴		ソ	うった(える)	
塑		ソ		でく

漢字	旧字体	音読み	訓読み	表外読み
遡〔遡〕		ソ	さかのぼ(る)	む(かう)
礎		ソ	いしずえ	
双	雙	ソウ	ふた	ふた(つ) ▲もろ なら(ぶ) たぐい
壮	壯	ソウ		さか(ん)
早		ソウ サッ	はや(い) はや(まる) はや(める)	さ
争	爭	ソウ	あらそ(う)	いさ(める)
走		ソウ	はし(る)	
奏		ソウ	かな(でる)	すす(める)

漢字	旧字体	音読み	訓読み	表外読み
相		ソウ ショウ	あい	ありさま ▲さが うらな(う) たす(ける)
荘	莊	ソウ		ショウ しもやしき おごそ(か)
草		ソウ	くさ	
送		ソウ	おく(る)	
倉		ソウ	くら	にわ(か)
捜	搜	ソウ	さが(す)	
挿	插	ソウ	さ(す)	▲はさ(む) さしはさ(む) ▲す(げる)
桑		ソウ	くわ	
巣	巢	ソウ	す	

漢字	旧字体	音読み	訓読み	表外読み
掃	掃	ソウ	は(く)	はら(う)
曹		ソウ		ゾウ つかさ ともがら
曽	曾	ソウ ゾ		ソ ゾウ かさ(なる) ま(す) かつ(て) すなわ(ち)
爽		ソウ	さわ(やか)	あき(らか) たが(う)
窓		ソウ	まど	
創		ソウ	つく(る)	はじ(める) きず
喪		ソウ	も	うしな(う) ▲ほろ(びる) ▲ほろ(ぼす)
痩	瘦	ソウ	や(せる)	シュウ こ(ける) ほそ(い)

漢字	旧字体	音読み	訓読み	表外読み
葬		ソウ	ほうむ(る)	
装	裝	ソウ ショウ	よそお(う)	▲よそ(う)
僧	僧	ソウ		
想		ソウ ソ		おも(う)
層	層	ソウ		かさ(なる)
総	總	ソウ		す(べる) すべ(て) ふさ
遭		ソウ	あ(う)	
槽		ソウ		おけ ▲かいばおけ ▲ふね
踪		ソウ		▲シュウ ▲あと ▲あしあと ▲ゆくえ

漢字	旧字体	音読み	訓読み	表外読み
操		ソウ	みさお あやつ(る)	と(る)
燥		ソウ		かわ(く) はしゃ(ぐ)
霜		ソウ	しも	
騒	騷	ソウ	さわ(ぐ)	うれ(い) ▲ざわ(つく) ▲ぞめ(く)
藻		ソウ	も	あや かざり
造		ゾウ	つく(る)	いた(る) な(る) はじ(める) みやつこ
像		ゾウ		ショウ かたち かたど(る)
増	增	ゾウ	ま(す) ふ(える) ふ(やす)	ソウ
憎	憎	ゾウ	にく(む) にく(い) にく(らしい) にく(しみ)	ソウ

漢字	旧字体	音読み	訓読み	表外読み
蔵	藏	ゾウ	くら	ソウ かく(れる) おさ(める)
贈	贈	ゾウ ソウ	おく(る)	
臓	臟	ゾウ		ソウ はらわた
即	卽	ソク		ショク すなわ(ち) つ(く)
束		ソク	たば	つか つか(ねる)
足		ソク	あし た(りる) た(る) た(す)	
促		ソク	うなが(す)	せま(る)
則		ソク		のり のっと(る) すなわ(ち)
息		ソク	いき	やす(む)

漢字	旧字体	音読み	訓読み	表外読み
捉		ソク	とら(える)	と(る) つか(まえる)
速		ソク	はや(い) はや(める) はや(まる) すみ(やか)	
側		ソク	がわ	ショク そば ▲はた ▲かたわ(ら)
測		ソク	はか(る)	
俗		ゾク		なら(わし) いや(しい)
族		ゾク		やから
属	屬	ゾク		ショク やから つ(く) したやく
賊		ゾク		そこ(なう) わるもの
続	續	ゾク	つづ(く) つづ(ける)	ショク つ(ぐ)

漢字	旧字体	音読み	訓読み	表外読み
卒		ソツ		シュツ しもべ にわ(かに) お(える) お(わる) ▲つい(に)
率		ソツ リツ	ひき(いる)	シュツ スイ ▲おおむ(ね) わりあい したが(う) かしら
存		ソン ゾン		たも(つ) あ(る) ながら(える) と(う)
村		ソン	むら	
孫		ソン	まご	
尊	尊	ソン	たっと(い) とうと(い) たっと(ぶ) とうと(ぶ)	みこと
損		ソン	そこ(なう) そこ(ねる)	へ(る)

漢字	旧字体	音読み	訓読み	表外読み
〔遜〕遜		ソン		のが(れる) ゆず(る) へりくだ(る) おと(る)
他		タ	ほか	
多		タ	おお(い)	
汰		タ		タイ よな(げる) にご(る) おご(る)
打		ダ	う(つ)	チョウ テイ ぶ(つ) ダース
妥		ダ		タ やす(らか) おだ(やか)
唾		ダ	つば	タ
堕	墮	ダ		お(ちる) ▲こぼ(つ)

漢字	旧字体	音読み	訓読み	表外読み
惰		ダ		タ おこた(る)
駄		ダ		タ の(せる)
太		タイ タ	ふと(い) ふと(る)	ダイ はなは(だ)
対	對	タイ ツイ		む(かう) そろ(い) つれあい こた(える)
体	體	タイ テイ	からだ	
耐		タイ	た(える)	
待		タイ	ま(つ)	もてな(す)
怠		タイ	おこた(る) なま(ける)	▲だる(い)
胎		タイ		はら(む)

漢字	旧字体	音読み	訓読み	表外読み
退		タイ	しりぞ(く) しりぞ(ける)	の(く) の(ける) すさ(る) しさ(る) ひ(く)
帯	帶	タイ	お(びる) おび	
泰		タイ		やす(い) やす(らか) おご(る)
堆		タイ		ツイ うずたか(い)
袋		タイ	ふくろ	テイ
逮		タイ		およ(ぶ) とら(える)
替		タイ	か(える) か(わる)	テイ
貸		タイ	か(す)	

漢字	旧字体	音読み	訓読み	表外読み
隊	隊	タイ		ツイ お(ちる) くみ
滞	滯	タイ	とどこお(る)	
態		タイ		テイ さま わざ(と)
戴		タイ		いただ(く)
大		ダイ タイ	おお おお(きい) おお(いに)	タ ダ
代		ダイ タイ	か(わる) か(える) よ しろ	
台	臺	ダイ タイ		うてな しもべ
第		ダイ		テイ つい(で) やしき
題		ダイ		テイ

漢字	旧字体	音読み	訓読み	表外読み
滝	瀧		たき	ロウ
宅		タク		いえ やけ
択	擇	タク		えら(ぶ) ▲よ(る)
沢	澤	タク	さわ	うるお(う) つや
卓		タク		▲シツ つくえ すぐ(れる)
拓		タク		ひら(く)
託		タク		ことづ(かる) かこつ(ける) かこ(つ)
濯		タク		すす(ぐ) あら(う)
諾		ダク		うべな(う)

漢字	旧字体	音読み	訓読み	表外読み
濁		ダク	にご(る) にご(す)	ジョク
但			ただ(し)	タン ダン ▲ただ
達		タツ		タチ ダチ とお(る) とど(く) ▲たし たち
脱	脫	ダツ	ぬ(ぐ) ぬ(げる)	タツ
奪		ダツ	うば(う)	タツ
棚	棚		たな	ホウ
誰			だれ	スイ たれ た
丹		タン		に あか まごころ

漢字	旦	担	単	炭	胆	探	淡	短	嘆
旧字体		擔	單		膽				嘆
音読み	タン ダン	タン	タン	タン	タン	タン	タン	タン	タン
訓読み		かつ(ぐ) にな(う)		すみ		さぐ(る) さが(す)	あわ(い)	みじか(い)	なげ(く) なげ(かわしい)
表外読み	あした		ゼン ひと(つ) ひとえ		トウ きも		うす(い)		

漢字	端	綻	誕	鍛	団	男	段	断	弾
旧字体			誕		團			斷	彈
音読み	タン	タン	タン	タン	ダン トン	ダン ナン	ダン	ダン	ダン
訓読み	はし は はた	ほころ(びる)		きた(える)		おとこ		た(つ) ことわ(る)	ひ(く) はず(む) たま
表外読み	ただ(しい) はじ(め) はな ▲はした		う(まれる) いつわ(る) ほしいまま		タン まる(い) かたまり	おのこ	タン きざはし	さだ(める)	はず(み) はじ(く) はじ(ける) ただ(す)

漢字	暖	談	壇	地	池	知	値	恥	致
旧字体	暖								
音読み	ダン	ダン	ダン タン	チ ジ	チ	チ	チ	チ	チ
訓読み	あたた(か) あたた(かい) あたた(まる) あたた(める)				いけ	し(る)	ね あたい	は(じる) はじ は(じらう) は(ずかしい)	いた(す)
表外読み	ノン	タン かた(る)		つち ところ		し(らせる)	チョク あ(う)		

漢字	旧字体	音読み	訓読み	表外読み
遅	遲	チ	おく(れる) おく(らす) おそ(い)	
痴	癡	チ		おろ(か) ▲し(れる) ▲おこ
稚		チ		わか(い) いとけな(い)
置		チ	お(く)	
緻		チ		▲こま(かい) ▲くわ(しい)
竹		チク	たけ	
畜		チク		キク か(う) やしな(う) たくわ(える)
逐		チク		ジク お(う)
蓄		チク	たくわ(える)	

漢字	旧字体	音読み	訓読み	表外読み
築	築	チク	きず(く)	つ(く)
秩		チツ		つい(で) ふち
窒		チツ		ふさ(がる)
茶		チャ サ		
着		チャク ジャク	**き(る)** **き(せる)** **つ(く)** **つ(ける)**	
嫡		チャク		テキ よつぎ
中		チュウ ジュウ	なか	あ(たる) あ(てる)
仲		チュウ	なか	
虫	蟲	チュウ	むし	

漢字	旧字体	音読み	訓読み	表外読み
沖		チュウ	おき	むな(しい) と(ぶ)
宙		チュウ		そら
忠		チュウ		まごころ
抽		チュウ		ひ(く) ぬ(く)
注		チュウ	そそ(ぐ)	つ(ぐ) さ(す)
昼	晝	チュウ	ひる	
柱		チュウ	はしら	
衷		チュウ		うち こころ まこと
酎		チュウ		

漢字	旧字体	音読み	訓読み	表外読み
鋳	鑄	チュウ	い(る)	シュ
駐		チュウ		チュ とど(まる)
著	著	チョ	あらわ(す) いちじる(しい)	チャク ジャク つ(く) き(る)
貯		チョ		たくわ(える)
丁		チョウ テイ		トウ あ(たる) わかもの ひのと
弔		チョウ	とむら(う)	
庁	廳	チョウ		テイ つかさ
兆		チョウ	きざ(す) きざ(し)	ジョウ うらな(い)
町		チョウ	まち	テイ あぜみち

漢字	旧字体	音読み	訓読み	表外読み
長		チョウ	なが(い)	ジョウ おさ た(ける)
挑		チョウ	いど(む)	
帳		チョウ		とばり
張		チョウ	は(る)	
彫		チョウ	ほ(る)	
眺		チョウ	なが(める)	
釣	釣	チョウ	つ(る)	
頂		チョウ	いただ(く) いただき	テイ
鳥		チョウ	とり	

漢字	旧字体	音読み	訓読み	表外読み
朝		チョウ	あさ	あした
貼		チョウ	は(る)	テン つ(ける)
超		チョウ	こ(える) こ(す)	
腸		チョウ		はらわた ▲わた
跳		チョウ	は(ねる) と(ぶ)	▲おど(る)
徴	徵	チョウ		チ しるし め(す)
嘲〔嘲〕		チョウ	あざけ(る)	▲トウ ▲からか(う)
潮		チョウ	しお	うしお

漢字	旧字体	音読み	訓読み	表外読み
澄		チョウ	す(む) す(ます)	
調	調	チョウ	しら(べる) ととの(う) ととの(える)	やわら(ぐ) みつぎ あざけ(る)
聴	聽	チョウ	き(く)	テイ ゆる(す)
懲	懲	チョウ	こ(りる) こ(らす) こ(らしめる)	
直		チョク ジキ	ただ(ちに) なお(す) なお(る)	チ すぐ ひた あたい じか
勅	敕	チョク		みことのり
捗〔捗〕		チョク		はかど(る)

漢字	旧字体	音読み	訓読み	表外読み
沈		チン	しず(む) しず(める)	ジン
珍		チン	めずら(しい)	
朕		チン		われ きざ(し)
陳		チン		ジン の(べる) つら(ねる) ふる(い) ▲ひ(ねる)
賃		チン		ジン やと(う)
鎮	鎭	チン	しず(める) しず(まる)	おさ(え)
追		ツイ	お(う)	
椎		ツイ		スイ しい つち せぼね う(つ) おろ(か)

漢字	旧字体	音読み	訓読み	表外読み
墜	墜	ツイ		お(ちる)
通		ツウ ツ	とお(る) とお(す) かよ(う)	
痛		ツウ	いた(い) いた(む) いた(める)	トウ ▲や(める) いた(わしい)
塚	塚		つか	チョウ
漬			つ(ける) つ(かる)	シ
坪	坪		つぼ	ヘイ
爪			つめ つま	ソウ
鶴			つる	カク しろ(い)
低		テイ	ひく(い) ひく(める) ひく(まる)	た(れる)

漢字	旧字体	音読み	訓読み	表外読み
呈		テイ		しめ(す)
廷		テイ		にわ
弟		テイ ダイ デ	おとうと	
定		テイ ジョウ	さだ(める) さだ(まる) さだ(か)	き(まる)
底		テイ	そこ	
抵		テイ		▲シ あ(たる) ふ(れる) さか(らう) ▲う(つ)
邸		テイ		やしき
亭		テイ		チン あずまや
貞		テイ		ジョウ ただ(しい)

漢字	旧字体	音読み	訓読み	表外読み
帝		テイ		▲タイ みかど
訂		テイ		ただ(す) さだ(める)
庭		テイ	にわ	
逓	遞	テイ		たが(いに) か(わる)
停		テイ		と(まる) とど(まる)
偵		テイ		うかが(う)
堤		テイ	つつみ	
提		テイ	さ(げる)	ダイ チョウ ひっさ(げる) ▲ひさげ
程	程	テイ	ほど	のり

漢字	旧字体	音読み	訓読み	表外読み
艇		テイ		こぶね
締		テイ	し(まる) し(める)	むす(ぶ)
諦		テイ	あきら(める)	タイ つまび(らか) まこと
泥		デイ	どろ	なず(む)
的		テキ	まと	あき(らか)
笛		テキ	ふえ	ジャク
摘		テキ	つ(む)	つま(む)
滴		テキ	しずく したた(る)	た(れる)
適		テキ		セキ ゆ(く) かな(う) たまたま

漢字	旧字体	音読み	訓読み	表外読み
敵		テキ	かたき	あだ かな(う)
〔溺〕溺		デキ	おぼ(れる)	ニョウ ジョウ ゆばり いばり
迭		テツ		たが(いに) か(わる)
哲		テツ		さと(い) あき(らか)
鉄	鐵	テツ		くろがね ▲かね
徹		テツ		とお(る) つらぬ(く)
撤		テツ		す(てる)
天		テン	あめ あま	そら

漢字	旧字体	音読み	訓読み	表外読み
典		テン		ふみ のり
店		テン	みせ	たな
点	點	テン		とぼ(る) とも(る) ▲つ(ける) た(てる)
展		テン		つら(ねる) の(べる) ▲ひろ(げる)
添		テン	そ(える) そ(う)	
転	轉	テン	ころ(がる) ころ(げる) ころ(がす) ころ(ぶ)	まろ(ぶ) ▲こ(ける) うた(た) うつ(る) ▲くるり
〔填〕塡		テン		ふさ(ぐ) ふさ(がる) うず(める) うず(まる) は(める)

漢字	旧字体	音読み	訓読み	表外読み
田		デン	た	か(る) か(り)
伝	傳	デン	つた(わる) つた(える) つた(う)	つて
殿		デン テン	との どの	しんがり
電		デン		テン いなずま
斗		ト		トウ ます ひしゃく
吐		ト	は(く)	つ(く) ▲ぬ(かす)
妬		ト	ねた(む)	そね(む) や(く)
徒		ト		ズ かち いたずら(に) ともがら あだ ▲ただ ▲むだ

漢字	旧字体	音読み	訓読み	表外読み
途		ト		ズ みち
都	都	ト ツ	みやこ	すべ(て)
渡		ト	わた(る) わた(す)	
塗		ト	ぬ(る)	どろ まみ(れる) ▲まぶ(す) みち
〔賭〕賭		ト	か(ける)	かけ
土		ド ト	つち	
奴		ド		ヌ やつ やっこ
努		ド	つと(める)	ゆめ

漢字	旧字体	音読み	訓読み	表外読み
度		ド ト タク	たび	はか(る) めもり のり わた(る)
怒		ド	いか(る) おこ(る)	ヌ
刀		トウ	かたな	
冬		トウ	ふゆ	
灯	燈	トウ	ひ	チョウ テイ ドン チン ともしび ▲あかし ▲あかり とぼ(す) とも(す) とぼし ともし
当	當	トウ	あ(たる) あ(てる)	まさ(に) …(べし)
投		トウ	な(げる)	

漢字	旧字体	音読み	訓読み	表外読み
豆		トウ ズ	まめ	たかつき
東		トウ	ひがし	あずま
到		トウ		いた(る)
逃		トウ	に(げる) に(がす) のが(す) のが(れる)	
倒		トウ	たお(れる) たお(す)	さかさま ▲こ(ける)
凍		トウ	こお(る) こご(える)	い(てる) し(みる)
唐		トウ	から	もろこし
島		トウ	しま	
桃		トウ	もも	

漢字	旧字体	音読み	訓読み	表外読み
討		トウ	う(つ)	たず(ねる)
透		トウ	す(く) す(かす) す(ける)	とお(る)
党	黨	トウ		なかま むら
悼		トウ	いた(む)	
盗	盜	トウ	ぬす(む)	▲と(る)
陶		トウ		ヨウ すえ
塔		トウ		
搭		トウ		の(る) の(せる)
棟		トウ	むね むな	かしら

漢字	旧字体	音読み	訓読み	表外読み
湯		トウ	ゆ	ショウ
痘		トウ		もがさ
登		トウ ト	のぼ(る)	
答		トウ	こた(える) こた(え)	
等		トウ	ひと(しい)	など ら
筒		トウ	つつ	
統		トウ	す(べる)	すじ おさ(める)
稲	稻	トウ	いね いな	
踏		トウ	ふ(む) ふ(まえる)	

漢字	旧字体	音読み	訓読み	表外読み
糖		トウ		あめ
頭		トウ ズ ト	あたま かしら	ジュウ こうべ ▲かぶり ほとり
謄	謄	トウ		うつ(す)
藤		トウ	ふじ	
闘	鬪	トウ	たたか(う)	
騰	騰	トウ		あ(がる) のぼ(る)
同		ドウ	おな(じ)	トウ とも(に)
洞		ドウ	ほら	トウ つら(ぬく) ふか(い) うつろ ▲うろ

漢字	胴	動	堂	童	道	働	銅	導	瞳
旧字体								導	
音読み	ドウ	ドウ	ドウ	ドウ	ドウ トウ	ドウ	ドウ	ドウ	ドウ
訓読み		うご(く) うご(かす)		わらべ	みち	はたら(く)		みちび(く)	ひとみ
表外読み	トウ	トウ やや(もすれば)	トウ ざしき たかどの	トウ ▲わらわ は(げる)	い(う)		あかがね	▲しるべ	トウ くら(い)

漢字	峠	匿	特	得	督	徳	篤
旧字体						德	
音読み		トク	トク	トク	トク	トク	トク
訓読み	とうげ			え(る) う(る)			
表外読み		ジョク かく(れる) かくま(う)	ドク おうし ▲ひと(り) ▲ひと(つ) とりわ(け)		み(る) ただ(す) うなが(す) ひき(いる) かしら		あつ(い)

漢字	毒	独	読	栃	凸	突	届	屯	豚
旧字体		獨	讀			突	屆		
音読み	ドク	ドク	ドク トク トウ		トツ	トツ		トン	トン
訓読み		ひと(り)	よ(む)	とち		つ(く)	とど(ける) とど(く)		ぶた
表外読み	そこ(なう) わる(い)	トク			でこ		カイ	チュン なや(む) たむろ	

漢字	旧字体	音読み	訓読み	表外読み
頓		トン		トツ ぬか(ずく) とど(まる) つまず(く) とみ(に) くる(しむ) つか(れる) ひたぶる
貪		ドン	むさぼ(る)	▲タン ▲よくば(り)
鈍		ドン	にぶ(い) にぶ(る)	トン なま(る) にび ▲のろ(い)
曇		ドン	くも(る)	タン
丼			どんぶり どん	▲タン ▲トン
那		ナ		ダ なん(ぞ) いかん(ぞ) なに
奈		ナ		ダイ ナイ なん(ぞ) いかん いかん(ぞ)

漢字	旧字体	音読み	訓読み	表外読み
内	內	ナイ ダイ	うち	ドウ ノウ い(る)
梨			なし	リ
〔謎〕謎			なぞ	ベイ メイ
鍋			なべ	カ
南		ナン ナ	みなみ	ダン
軟		ナン	やわ(らか) やわ(らかい)	ゼン ネン
難	難	ナン	かた(い) むずか(しい)	ダン ▲にく(い)
二		ニ	ふた ふた(つ)	ジ

漢字	旧字体	音読み	訓読み	表外読み
尼		ニ	あま	ジ
弐	貳	ニ		ジ ふた ふた(つ)
匂			にお(う)	
肉		ニク		ジク しし
虹			にじ	コウ はし
日		ニチ ジツ	ひ か	
入		ニュウ	い(る) い(れる) はい(る)	ジュ ジュウ しお
乳	乳	ニュウ	ちち ち	ジュ ニュ
尿		ニョウ		ゆばり いばり ▲しと

漢字	旧字体	音読み	訓読み	表外読み
任		ニン	まか(せる) まか(す)	ジン
妊		ニン		ジン はら(む) みごも(る)
忍	忍	ニン	しの(ぶ) しの(ばせる)	ジン むご(い)
認		ニン	みと(める)	ジン したた(める)
寧		ネイ		デイ ニョウ やす(い) ねんご(ろ) むし(ろ) いずく(んぞ) なん(ぞ)
熱		ネツ	あつ(い)	ほて(る) ▲いき(る) ▲ほとぼり
年		ネン	とし	とせ
念		ネン		おも(う)

漢字	旧字体	音読み	訓読み	表外読み
捻		ネン		デン ひね(る) ねじ(る) よじ(る)
粘		ネン	ねば(る)	▲デン
燃		ネン	も(える) も(やす) も(す)	ゼン
悩	惱	ノウ	なや(む) なや(ます)	ドウ
納		ノウ ナッ ナ ナン トウ	おさ(める) おさ(まる)	い(れる)
能		ノウ		ドウ あた(う) よ(く) よ(くする) はたら(き) わざ
脳	腦	ノウ		ドウ

漢字	旧字体	音読み	訓読み	表外読み
農		ノウ		ドウ たがや(す)
濃		ノウ	こ(い)	ジョウ こま(やか)
把		ハ		と(る) にぎ(る)
波		ハ	なみ	
派		ハ		ハイ わ(かれる) つか(わす)
破		ハ	やぶ(る) やぶ(れる)	わ(れる)
覇		ハ		はたがしら
馬		バ	うま ま	マ メ
婆		バ		ばば

漢字	旧字体	音読み	訓読み	表外読み
罵		バ	ののし(る)	
拝	拜	ハイ	おが(む)	
杯		ハイ	さかずき	
背		ハイ	せ せい そむ(く) そむ(ける)	うしろ
肺		ハイ		
俳		ハイ		わざおぎ たわむ(れ)
配		ハイ	くば(る)	なら(ぶ) つれあい なが(す)
排		ハイ		おしの(ける) つら(ねる)
敗		ハイ	やぶ(れる)	やぶ(る)

漢字	旧字体	音読み	訓読み	表外読み
廃	廢	ハイ	すた(れる) すた(る)	や(める)
輩		ハイ		ともがら やから つい(で)
売	賣	バイ	う(る) う(れる)	
倍		バイ		ハイ そむ(く) ま(す)
梅	梅	バイ	うめ	
培		バイ	つちか(う)	ハイ ホウ おか
陪		バイ		したが(う)
媒		バイ		なかだち
買		バイ	か(う)	

漢字	旧字体	音読み	訓読み	表外読み
賠		バイ		つぐな(う)
白		ハク ビャク	しろ しら しろ(い)	あき(らか) もう(す) せりふ
伯		ハク		ハ おさ かしら はたがしら
拍		ハク ヒョウ		う(つ)
泊		ハク	と(まる) と(める)	
迫		ハク	せま(る)	▲せ(る)
〔剥〕剝		ハク	は(がす) は(ぐ) は(がれる) は(げる)	ホク む(く) と(る)
舶		ハク		おおぶね

漢字	博	薄	麦	漠	縛	爆	箱	〔箸〕箸
旧字体			麥					
音読み	ハク バク	ハク	バク	バク	バク	バク		
訓読み		うす(い) うす(める) うす(まる) うす(らぐ) うす(れる)	むぎ		しば(る)		はこ	はし
表外読み	ひろ(い)	せま(る) すすき		マク すなはら ひろ(い)	ハク ▲いまし(める)	ハク ホウ は(ぜる) さ(ける)	ショウ ソウ	チョ

漢字	畑	肌	八	鉢	発	髪	伐	抜	罰
旧字体					發	髮		拔	
音読み			ハチ	ハチ ハツ	ハツ ホツ	ハツ	バツ	バツ	バツ バチ
訓読み	はた はたけ	はだ	や や(つ) やっ(つ) よう			かみ		ぬ(く) ぬ(ける) ぬ(かす) ぬ(かる)	
表外読み		キ ▲はだえ			▲はな(つ) た(つ) ひら(く) あば(く)	ホツ	ハツ う(つ) き(る) ほこ(る)		ハツ

漢字	閥	反	半	氾	犯	帆	汎	伴
旧字体			半					伴
音読み	バツ	ハン ホン タン	ハン	ハン	ハン	ハン	ハン	ハン バン
訓読み		そ(る) そ(らす)	なか(ば)		おか(す)	ほ		ともな(う)
表外読み	ハツ いえがら いさお	かえ(す) かえ(る) そむ(く)		ひろ(がる) あふ(れる)	ボン		フウ ホウ ひろ(い) あふ(れる) う(かぶ)	とも

漢字	旧字体	音読み	訓読み	表外読み
判	判	ハン バン		ホウ わ(ける) わか(る)
坂		ハン	さか	バン
阪		ハン		さか
板		ハン バン	いた	
版		ハン		いた ふだ
班		ハン		わ(ける) かえ(す)
畔	畔	ハン		あぜ くろ ほとり そむ(く)
般		ハン		めぐ(る) たぐい
販		ハン		あきな(う) ▲ひさ(ぐ)

漢字	旧字体	音読み	訓読み	表外読み
斑		ハン		まだら ふ ぶち
飯		ハン	めし	いい まま
搬		ハン		はこ(ぶ)
煩		ハン ボン	わずら(う) わずら(わす)	うるさ(い)
頒		ハン		わ(ける) し(く) まだら
範		ハン		いがた のり さかい
繁	繁	ハン		わずら(わしい) しげ(る)
藩		ハン		まがき
晩	晩	バン		く(れ) おそ(い)

漢字	旧字体	音読み	訓読み	表外読み
番		バン		ハ ハン つが(い) つが(う) つが(える)
蛮	蠻	バン		えびす
盤		バン		ハン おおざら めぐ(る) ま(がる) わだかま(る)
比		ヒ	くら(べる)	なら(ぶ) ころ たぐい
皮		ヒ	かわ	
妃		ヒ		きさき
否		ヒ	いな	フ ▲いや わる(い)

漢字	旧字体	音読み	訓読み	表外読み
批		ヒ		う(つ) ただ(す)
彼		ヒ	かれ かの	
披		ヒ		ひら(く)
肥		ヒ	こ(える) こえ こ(やす) こ(やし)	ふと(る)
非		ヒ		わる(い) あら(ず) そし(る)
卑	卑	ヒ	いや(しい) いや(しむ) いや(しめる)	ひく(い)
飛		ヒ	と(ぶ) と(ばす)	たか(い)
疲		ヒ	つか(れる)	
秘	祕	ヒ	ひ(める)	ひそ(か) かく(す)

漢字	旧字体	音読み	訓読み	表外読み
被		ヒ	こうむ(る)	おお(う) かぶ(る) かぶ(せる) ▲かず(ける)
悲		ヒ	かな(しい) かな(しむ)	
扉	扉	ヒ	とびら	
費		ヒ	つい(やす) つい(える)	
碑	碑	ヒ		いしぶみ
罷		ヒ		や(める) つか(れる) まか(る)
避		ヒ	さ(ける)	よ(ける)
尾		ビ	お	
眉		ビ ミ	まゆ	ふち としよ(り)

漢字	旧字体	音読み	訓読み	表外読み
美		ビ	うつく(しい)	ミ よ(い) ほ(める)
備		ビ	そな(える) そな(わる)	ヒ ▲つぶさ(に)
微		ビ		ミ かす(か)
鼻		ビ	はな	はじ(め)
膝			ひざ	シツ
肘			ひじ	チュウ
匹		ヒツ	ひき	たぐ(う) いや(しい)
必		ヒツ	かなら(ず)	
泌		ヒツ ヒ		にじ(む)

漢字	旧字体	音読み	訓読み	表外読み
筆		ヒツ	ふで	
姫	姬		ひめ	キ
百		ヒャク		ハク もも
氷		ヒョウ	こおり ひ	こお(る)
表		ヒョウ	おもて あらわ(す) あらわ(れる)	しるし
俵		ヒョウ	たわら	
票		ヒョウ		ふだ
評	評	ヒョウ		ヘイ はか(る) あげつら(う)
漂		ヒョウ	ただよ(う)	さら(す)

漢字	旧字体	音読み	訓読み	表外読み
標		ヒョウ		こずえ しるし ▲しる(す) ▲しるべ しめ
苗		ビョウ	なえ なわ	ミョウ か(り)
秒		ビョウ		のぎ
病		ビョウ ヘイ	や(む) やまい	
描		ビョウ	えが(く) か(く)	
猫		ビョウ	ねこ	ミョウ
品		ヒン	しな	ホン
浜	濱	ヒン	はま	
貧		ヒン ビン	まず(しい)	

漢字	旧字体	音読み	訓読み	表外読み
賓	賓	ヒン		まろうど したが(う)
頻	頻	ヒン		ビン しき(りに) ▲しき(る)
敏	敏	ビン		さと(い) と(し)
瓶	甁	ビン		ヘイ かめ
不		フ ブ		…ず
夫		フ フウ	おっと	ブ おとこ ▲それ
父		フ	ちち	ホ
付		フ	つ(ける) つ(く)	あた(える)
布		フ	ぬの	ホ し(く)

漢字	旧字体	音読み	訓読み	表外読み
扶		フ		たす(ける)
府		フ		くら みやこ
怖		フ	こわ(い)	お(じける) おそ(れる)
阜		フ		おか ゆた(か)
附		フ		ブ つ(く) つ(ける)
訃		フ		▲つ(げる) ▲し(らせ)
負		フ	ま(ける) ま(かす) お(う)	ブ フウ たの(む) そむ(く)
赴		フ	おもむ(く)	つ(げる)
浮	浮	フ	う(く) う(かれる) う(かぶ) う(かべる)	ブ フウ

漢字	旧字体	音読み	訓読み	表外読み
婦	婦	フ		おんな
符		フ		わりふ
富		フ フウ	と(む) とみ	
普		フ		あまね(く)
腐		フ	くさ(る) くさ(れる) くさ(らす)	ふる(い) ▲くさ(す)
敷		フ	し(く)	
膚		フ		はだ ▲はだえ うわべ
賦		フ		みつぎ わか(つ)
譜		フ		しる(す) つづ(く)

漢字	旧字体	音読み	訓読み	表外読み
侮	侮	ブ	あなど(る)	
武		ブ ム		たけ(し) もののふ たたか(い)
部		ブ		ホ ホウ わ(ける) す(べる) つかさ くみ べ
舞	舞	ブ	ま(う) まい	ム もてあそ(ぶ)
封		フウ ホウ		と(じる) さかい ポンド
風		フウ フ	かぜ かざ	ならわし すがた ▲ふり
伏		フク	ふ(せる) ふ(す)	ブク かく(れる) したが(う)
服		フク		き(る) きもの したが(う) の(む)

漢字	旧字体	音読み	訓読み	表外読み
副		フク		フウ そ(う)
幅		フク	はば	
復		フク		かえ(る) かえ(す) また ふたた(び)
福		フク		さいわ(い)
腹		フク	はら	こころ かんが(え)
複		フク		かさ(ねる)
覆		フク	おお(う) くつがえ(す) くつがえ(る)	フ フウ
払	拂	フツ	はら(う)	
沸		フツ	わ(く) わ(かす)	ヒ ▲た(てる) ▲にえ

漢字	旧字体	音読み	訓読み	表外読み
仏	佛	ブツ	ほとけ	フツ
物		ブツ モツ	もの	
粉		フン	こ こな	デシメートル
紛		フン	まぎ(れる) まぎ(らす) まぎ(らわす) まぎ(らわしい)	みだ(れる) ▲まが(う) ▲まぐ(れ)
雰		フン		きり
噴	噴	フン	ふ(く)	ホン は(く)
墳	墳	フン		はか
憤	憤	フン	いきどお(る)	▲むずか(る)
奮		フン	ふる(う)	

漢字	旧字体	音読み	訓読み	表外読み
分		ブン フン ブ	わ(ける) わ(かれる) わ(かる) わ(かつ)	
文		ブン モン	ふみ	あや かざ(る)
聞		ブン モン	き(く) き(こえる)	
丙		ヘイ		ひのえ
平	平	ヘイ ビョウ	たい(ら) ひら	ヒョウ
兵		ヘイ ヒョウ		つわもの いくさ
併	倂	ヘイ	あわ(せる)	なら(ぶ) しか(し)
並	竝	ヘイ	なみ なら(べる) なら(ぶ) なら(びに)	
柄		ヘイ	がら え	つか いきお(い)

漢字	旧字体	音読み	訓読み	表外読み
陛		ヘイ		きざはし
閉		ヘイ	と(じる) と(ざす) し(める) し(まる)	▲た(てる)
塀	塀	ヘイ		
幣	幣	ヘイ		ぬさ ▲みてぐら ぜに
弊	弊	ヘイ		やぶ(れる) ▲つい(える) つか(れる)
〔蔽〕蔽		ヘイ		おお(う) おお(い) さだ(める) くら(い)
〔餠〕餅	餠	ヘイ	もち	

漢字	旧字体	音読み	訓読み	表外読み
米		ベイ マイ	こめ	メ よね メートル
壁		ヘキ	かべ	がけ
璧		ヘキ		▲たま
癖		ヘキ	くせ	
別		ベツ	わか(れる)	ベチ わ(ける) わか(つ)
蔑		ベツ	さげす(む)	ないがし(ろ) なみ(する) ちい(さい) くら(い)
片		ヘン	かた	きれ ▲ひら わず(か) ペンス
辺	邊	ヘン	あた(り) べ	ほとり
返		ヘン	かえ(す) かえ(る)	ハン ホン

漢字	旧字体	音読み	訓読み	表外読み
変	變	ヘン	か(わる) か(える)	
偏	偏	ヘン	かたよ(る)	ひとえ(に)
遍	遍	ヘン		あまね(く)
編	編	ヘン	あ(む)	とじいと ふみ
弁	辨 辯 瓣	ベン		わ(ける) わきま(える) と(く) かた(る) はなびら
便		ベン ビン	たよ(り)	くつろ(ぐ) つい(で) ▲よすが いばり ▲すなわ(ち) へつら(う)
勉	勉	ベン		つと(める)

漢字	旧字体	音読み	訓読み	表外読み
歩	步	ホ ブ フ	ある(く) あゆ(む)	
保		ホ	たも(つ)	ホウ ▲も(つ) やす(んじる)
哺		ホ		▲ふく(む) ▲はぐく(む)
捕		ホ	と(らえる) と(らわれる) と(る) つか(まえる) つか(まる)	ブ
補		ホ	おぎな(う)	フ たす(ける) さず(ける)
舗	鋪	ホ		フ みせ し(く)
母		ボ	はは	ボウ モ
募		ボ	つの(る)	モ
墓		ボ	はか	

漢字	旧字体	音読み	訓読み	表外読み
慕		ボ	した(う)	しの(ぶ)
暮		ボ	く(れる) く(らす)	
簿		ボ		ホ たけふだ とじもの
方		ホウ	かた	かく ただ(しい) まさ(に)
包	包	ホウ	つつ(む)	▲くる(む)
芳		ホウ	かんば(しい)	かお(り) かぐわ(しい)
邦		ホウ		くに
奉		ホウ ブ	たてまつ(る)	▲まつ(る) うけたまわ(る)
宝	寶	ホウ	たから	

漢字	旧字体	音読み	訓読み	表外読み
抱	抱	ホウ	だ(く) いだ(く) かか(える)	
放		ホウ	はな(す) はな(つ) はな(れる) ほう(る)	ほしいまま まか(す) ゆる(す) ひ(る) ▲こ(く) ▲さ(く)
法		ホウ ハッ ホッ		のり のっと(る) フラン
泡	泡	ホウ	あわ	▲あぶく
胞	胞	ホウ		はら
俸		ホウ		ふち
倣		ホウ	なら(う)	
峰		ホウ	みね	フ

漢字	旧字体	音読み	訓読み	表外読み
砲	砲	ホウ		おおづつ ▲つつ
崩	崩	ホウ	くず(れる) くず(す)	
訪		ホウ	おとず(れる) たず(ねる)	と(う) ▲おとな(う)
報		ホウ	むく(いる)	しら(せる)
蜂		ホウ	はち	むら(がる)
豊	豐	ホウ	ゆた(か)	とよ
飽	飽	ホウ	あ(きる) あ(かす)	
褒	襃	ホウ	ほ(める)	
縫		ホウ	ぬ(う)	

漢字	旧字体	音読み	訓読み	表外読み
亡		ボウ モウ	な(い)	ム ブ に(げる) ほろ(びる) うしな(う)
乏		ボウ	とぼ(しい)	ホウ
忙		ボウ	いそが(しい)	モウ せわ(しい)
坊		ボウ ボッ		ホウ まち へや
妨		ボウ	さまた(げる)	ホウ
忘		ボウ	わす(れる)	モウ
防		ボウ	ふせ(ぐ)	ホウ まも(る)
房	房	ボウ	ふさ	ホウ へや いえ
肪		ボウ		ホウ あぶら

漢字	旧字体	音読み	訓読み	表外読み
某		ボウ		それがし なにがし
冒	冐	ボウ	おか(す)	ボク モウ おお(う) むさぼ(る) ねた(む)
剖		ボウ		ホウ わ(ける) さ(く)
紡		ボウ	つむ(ぐ)	ホウ
望		ボウ モウ	のぞ(む)	もち うら(む)
傍		ボウ	かたわ(ら)	ホウ そば ▲はた ▲わき そ(う)
帽	帽	ボウ		

漢字	旧字体	音読み	訓読み	表外読み
棒		ボウ		ホウ
貿		ボウ		あきな(う)
貌		ボウ		かたち すがた
暴		ボウ バク	あば(く) あば(れる)	あら(い) う(つ) にわ(か) さら(す) あら(わす)
膨		ボウ	ふく(らむ) ふく(れる)	ホウ ▲ふく(よか)
謀		ボウ ム	はか(る)	はかりごと
〔頰〕頬			ほお	キョウ

漢字	旧字体	音読み	訓読み	表外読み
北		ホク	きた	そむ(く) に(げる)
木		ボク モク	き こ	
朴		ボク		ハク ほお すなお ▲むち ▲むちう(つ)
牧		ボク	まき	モク か(う) やしな(う) つかさ
睦		ボク		モク むつ(ぶ) むつ(む) むつ(まじい)
僕		ボク		しもべ ▲やつがれ
墨	墨	ボク	すみ	モク むさぼ(る)
撲		ボク		ホク う(つ) なぐ(る) ▲は(る)

漢字	旧字体	音読み	訓読み	表外読み
没	沒	ボツ		モツ もぐ(る) しず(む) おぼ(れる) し(ぬ) な(い)
勃		ボツ		ホツ にわ(かに) お(こる)
堀			ほり	クツ コツ あな
本		ホン	もと	
奔		ホン		はし(る) に(げる)
翻	飜	ホン	ひるがえ(る) ひるがえ(す)	ハン
凡		ボン ハン		すべ(て) およ(そ) なみ
盆		ボン		ホン はち

漢字	旧字体	音読み	訓読み	表外読み
麻		マ	あさ	バ / しび(れる)
摩		マ		す(る) / こす(る) / さす(る)
磨		マ	みが(く)	バ / と(ぐ) / す(る)
魔		マ		バ
毎	每	マイ		バイ / ごと / つね / むさぼ(る)
妹		マイ	いもうと	バイ / いも
枚		マイ		バイ / ひら
昧		マイ		バイ / くら(い)
埋		マイ	う(める) / う(まる) / う(もれる)	うず(もれる) / うず(まる) / い(ける)

漢字	旧字体	音読み	訓読み	表外読み
幕		マク / バク		
膜		マク		バク
枕			まくら	シン / チン
又			また	ユウ / ふたた(び)
末		マツ / バツ	すえ	うら
抹		マツ		バツ / す(る) / け(す) / こな
万	萬	マン / バン		よろず
満	滿	マン	み(ちる) / み(たす)	バン
慢		マン		バン / おこた(る) / おご(る) / あなど(る)

漢字	旧字体	音読み	訓読み	表外読み
漫		マン		バン / みなぎ(る) / みだ(りに) / そぞ(ろに)
未		ミ		ビ / いま(だ) / いま(だ)…(ず) / ▲ま(だ) / ひつじ
味		ミ	あじ / あじ(わう)	ビ
魅		ミ		ビ / すだま / もののけ
岬			みさき	コウ
密		ミツ		ビツ / あつ(い) / こま(かい) / ひそ(かに)
蜜		ミツ		ビツ
脈		ミャク		バク / すじ

漢字	旧字体	音読み	訓読み	表外読み
妙		ミョウ		ビョウ わか(い) たえ
民		ミン	たみ	
眠		ミン	ねむ(る) ねむ(い)	▲ベン
矛		ム	ほこ	ボウ
務		ム	つと(める) つと(まる)	ブ あなど(る) あなど(り)
無		ム ブ	な(い)	
夢	夢	ム	ゆめ	ボウ
霧		ム	きり	ブ
娘			むすめ	ジョウ ニョウ ▲こ

漢字	旧字体	音読み	訓読み	表外読み
名		メイ ミョウ	な	
命		メイ ミョウ	いのち	おお(せ) みこと
明		メイ ミョウ	あ(かり) あか(るい) あか(るむ) あか(らむ) あき(らか) あ(ける) あ(く) あ(くる) あ(かす)	ミン
迷		メイ	まよ(う)	まど(う)
冥		メイ ミョウ		くら(い)
盟		メイ		ちか(う)
銘		メイ		ミョウ しる(す)

漢字	旧字体	音読み	訓読み	表外読み
鳴		メイ	な(く) な(る) な(らす)	ミョウ
滅		メツ	ほろ(びる) ほろ(ぼす)	ベツ
免	免	メン	まぬか(れる)	ベン ブン ゆる(す) や(める) う(む)
面		メン	おも おもて つら	ベン も
綿		メン	わた	ベン つら(なる) こま(かい)
麺	麵	メン		ベン むぎこ
茂		モ	しげ(る)	ボウ すぐ(れる)
模		モ ボ		かた のっと(る)
毛		モウ	け	ボウ

漢字	旧字体	音読み	訓読み	表外読み
妄		モウ ボウ		みだ(りに)
盲		モウ		ボウ くら(い)
耗		モウ コウ		へ(る) たよ(り)
猛		モウ		たけ(し)
網		モウ	あみ	ボウ
目		モク ボク	め ま	まなこ かなめ な
黙	默	モク	だま(る)	ボク ▲もだ(す) ▲だんま(り)
門		モン	かど	ボン ▲と いえ みうち
紋		モン		ブン あや

漢字	旧字体	音読み	訓読み	表外読み
問		モン	と(う) と(い) とん	ブン たず(ねる) おとず(れる) たよ(り)
冶		ヤ		い(る) と(ける) なまめ(かしい)
夜		ヤ	よ よる	
野		ヤ	の	ショ いなかや いや(しい)
弥	彌		や	ビ ミ おさ(める) ひさ(しい) わた(る) あまね(し) いよいよ いや つくろ(う)
厄		ヤク		わざわ(い) くる(しむ)
役		ヤク エキ		いくさ つと(め)

漢字	旧字体	音読み	訓読み	表外読み
約	約	ヤク		ちか(う) つづ(める) つづま(やか) ▲つま(しい)
訳	譯	ヤク	わけ	エキ と(く)
薬	藥	ヤク	くすり	
躍		ヤク	おど(る)	テキ
闇			やみ	アン くら(い)
由		ユ ユウ ユイ	よし	よ(る) なお …(ごとし)
油		ユ	あぶら	ユウ
喩〔喻〕		ユ		▲たと(える) ▲さと(す) ▲やわ(らぐ) ▲よろこ(ぶ)

漢字	旧字体	音読み	訓読み	表外読み
愉	愉	ユ		たの(しい) たの(しむ)
諭	諭	ユ	さと(す)	
輸	輸	ユ		シュ おく(る) うつ(す) いた(す) ま(ける)
癒	癒	ユ	い(える) い(やす)	
唯		ユイ イ		ただ
友		ユウ	とも	
有		ユウ ウ	あ(る)	も(つ)
勇		ユウ	いさ(む)	ヨウ つよ(い) いさぎよ(い)

漢字	旧字体	音読み	訓読み	表外読み
幽		ユウ		かす(か) くら(い)
悠		ユウ		とお(い) はる(か)
郵		ユウ		しゅくば
湧		ユウ	わ(く)	ヨウ
猶	猶	ユウ		なお なお…(ごとし)
裕		ユウ		ゆた(か) ひろ(い)
遊		ユウ ユ	あそ(ぶ)	すさ(び) すさ(ぶ)
雄		ユウ	お おす	おん いさま(しい) まさ(る)
誘		ユウ	さそ(う)	いざな(う) おび(く)

漢字	旧字体	音読み	訓読み	表外読み
憂		ユウ	うれ(える) うれ(い) う(い)	
融		ユウ		と(ける) とお(る)
優		ユウ	やさ(しい) すぐ(れる)	ウ わざおぎ やわ(らぐ) ゆた(か) まさ(る)
与	與	ヨ	あた(える)	くみ(する) あずか(る)
予	豫	ヨ		かね(て) あらかじ(め)
余	餘	ヨ	あま(る) あま(す)	ほか
誉	譽	ヨ	ほま(れ)	ほ(める)
預		ヨ	あず(ける) あず(かる)	あらかじ(め)

漢字	旧字体	音読み	訓読み	表外読み
幼		ヨウ	おさな(い)	ユウ いとけな(い)
用		ヨウ	もち(いる)	はたら(き) ▲もっ(て)
羊		ヨウ	ひつじ	
妖		ヨウ	あや(しい)	なまめ(かしい) わざわ(い)
洋		ヨウ		うみ なだ ひろ(い)
要		ヨウ	かなめ い(る)	もと(める)
容		ヨウ		かたち い(れる) ゆる(す)
庸		ヨウ		もち(いる) つね おろ(か) なん(ぞ)
揚		ヨウ	あ(げる) あ(がる)	

漢字	旧字体	音読み	訓読み	表外読み
揺	搖	ヨウ	ゆ(れる) ゆ(る) ゆ(らぐ) ゆ(るぐ) ゆ(する) ゆ(さぶる) ゆ(すぶる)	
葉		ヨウ	は	ショウ かみ すえ
陽		ヨウ		ひ ひなた いつわ(る)
溶		ヨウ	と(ける) と(かす) と(く)	
腰		ヨウ	こし	
様	樣	ヨウ	さま	
瘍		ヨウ		▲かさ ▲できもの
踊		ヨウ	おど(る) おど(り)	

漢字	旧字体	音読み	訓読み	表外読み
窯		ヨウ	かま	
養		ヨウ	やしな(う)	
擁		ヨウ		いだ(く) だ(く) まも(る)
謡	謠	ヨウ	うたい うた(う)	
曜		ヨウ		かがや(く)
抑		ヨク	おさ(える)	ふさ(ぐ) そもそも
沃		ヨク		オク そそ(ぐ) こ(える)
浴		ヨク	あ(びる) あ(びせる)	ゆあみ
欲		ヨク	ほっ(する) ほ(しい)	

漢字	旧字体	音読み	訓読み	表外読み
翌	翌	ヨク		
翼	翼	ヨク	つばさ	たす(ける)
拉		ラ		▲ラツ ▲ロウ ▲くじ(く) ▲ひし(ぐ) ▲ひしゃ(げる) ▲ひ(く)
裸		ラ	はだか	
羅		ラ		あみ うすぎぬ つら(なる)
来	來	ライ	く(る) きた(る) きた(す)	▲こ(し) ▲き(し)
雷		ライ	かみなり	いかずち
頼	賴	ライ	たの(む) たの(もしい) たよ(る)	

漢字	旧字体	音読み	訓読み	表外読み
絡		ラク	から(む) から(まる) から(める)	まと(う) つな(ぐ) ▲から(げる)
落		ラク	お(ちる) お(とす)	さと
酪		ラク		ちちしる
辣		ラツ		▲から(い) ▲きび(しい) ▲むご(い) ▲すご(い)
乱	亂	ラン	みだ(れる) みだ(す)	ロン みだ(りに)
卵		ラン	たまご	
覧	覽	ラン		み(る)
濫		ラン		みだ(れる) みだ(りに) う(かべる)
藍		ラン	あい	

漢字	旧字体	音読み	訓読み	表外読み
欄	欄	ラン		てすり ▲おばしま おり わく
吏		リ		つかさ
利		リ	き(く)	よ(い) するど(い) と(し)
里		リ	さと	みちのり
理		リ		すじ ことわり おさ(める)
痢		リ		はらくだし
裏		リ	うら	うち
履		リ	は(く)	くつ ふ(む)
璃		リ		

漢字	旧字体	音読み	訓読み	表外読み
離		リ	はな(れる) はな(す)	つ(く) なら(ぶ) かか(る) ▲か(る)
陸		リク		ロク おか くが
立		リツ リュウ	た(つ) た(てる)	リットル
律		リツ リチ		のり のっと(る)
慄		リツ		▲おそ(れる) ▲おのの(く)
略		リャク		おさ(める) はか(る) はかりごと ほぼ はぶ(く) おか(す)
柳		リュウ	やなぎ	
流		リュウ ル	なが(れる) なが(す)	

漢字	旧字体	音読み	訓読み	表外読み
留		リュウ ル	と(める) と(まる)	とど(まる)
竜	龍	リュウ	たつ	リョウ リン
粒		リュウ	つぶ	
隆	隆	リュウ		たか(い) さか(ん)
硫		リュウ		ル
侶		リョ		ロ とも
旅		リョ	たび	ロ いくさ
虜	虜	リョ		ロ とりこ えびす しもべ
慮		リョ		おもんぱか(る)

漢字	旧字体	音読み	訓読み	表外読み
了		リョウ		お(わる) しま(う) さと(る)
両	兩	リョウ		ふた(つ)
良		リョウ	よ(い)	▲やや
料		リョウ		はか(る)
涼		リョウ	すず(しい) すず(む)	うす(い)
猟	獵	リョウ		か(る) か(り)
陵		リョウ	みささぎ	しの(ぐ) おか
量		リョウ	はか(る)	かさ ちから
僚		リョウ		とも つかさ

漢字	旧字体	音読み	訓読み	表外読み
領		リョウ		うなじ、えり、おさ(める)、う(ける)、かしら、かなめ
寮		リョウ		つかさ
療		リョウ		い(やす)
瞭		リョウ		あき(らか)
糧		リョウ、ロウ	かて	
力		リョク、リキ	ちから	つと(める)、▲りき(む)
緑	綠	リョク、ロク	みどり	
林		リン	はやし	おお(い)

漢字	旧字体	音読み	訓読み	表外読み
厘		リン		
倫		リン		たぐい、つい(で)、みち
輪		リン	わ	
隣	鄰	リン	とな(る)、となり	
臨		リン	のぞ(む)	
瑠		ル		
涙	淚	ルイ	なみだ	
累		ルイ		しば(る)、かさ(なる)、かさ(ねる)、しき(りに)、わずら(わす)
塁	壘	ルイ		かさ(ねる)、とりで

漢字	旧字体	音読み	訓読み	表外読み
類	類	ルイ	たぐ(い)	たぐい、たぐ(える)、▲に(る)
令		レイ		リョウ、いいつけ、おさ、よ(い)
礼	禮	レイ、ライ		のり、うやま(う)
冷		レイ	つめ(たい)、ひ(える)、ひ(や)、ひ(やす)、ひ(やかす)、さ(める)、さ(ます)	
励	勵	レイ	はげ(む)、はげ(ます)	
戻	戾	レイ	もど(す)、もど(る)	もと(る)、いた(る)
例		レイ	たと(える)	たぐい、ためし
鈴		レイ、リン	すず	

漢字	旧字体	音読み	訓読み	表外読み
零		レイ		お(ちる) ふ(る) あま(り) ちい(さい) こぼ(れる) ゼロ
霊	靈	レイ リョウ	たま	たましい よ(い)
隷	隸	レイ		したが(う) しもべ
齢	齡	レイ		よわい とし
麗		レイ	うるわ(しい)	リ ▲うら(ら) ▲うら(らか) つら(なる) なら(ぶ) はな(れる)
暦	曆	レキ	こよみ	リャク
歴	歷	レキ		リャク へ(る)

漢字	旧字体	音読み	訓読み	表外読み
列		レツ		つら(なる) つら(ねる) なら(べる)
劣		レツ	おと(る)	いや(しい)
烈		レツ		はげ(しい)
裂		レツ	さ(く) さ(ける)	きれ
恋	戀	レン	こ(う) こい こい(しい)	
連		レン	つら(なる) つら(ねる) つ(れる)	しき(りに)
廉	廉	レン		しら(べる) いさぎよ(い) やす(い) かど
練	練	レン	ね(る)	ねりぎぬ
錬	鍊	レン		ね(る)

漢字	旧字体	音読み	訓読み	表外読み
呂		ロ		リョ
炉	爐	ロ		いろり ひばち
賂		ロ		まいな(う) まいな(い)
路		ロ	じ	みち くるま
露		ロ ロウ	つゆ	あらわ(れる) あらわ
老		ロウ	お(いる) ふ(ける)	
労	勞	ロウ		はたら(く) つか(れる) ねぎら(う) いたわ(る)
弄		ロウ	もてあそ(ぶ)	いじく(る) いじ(る) いら(う) たわむ(れる) あなど(る)

漢字	旧字体	音読み	訓読み	表外読み
郎	郞	ロウ		おとこ
朗	朗	ロウ	ほが(らか)	あき(らか) たか(らか)
浪		ロウ		ラン なみ みだ(りに)
廊	廊	ロウ		わたどの
楼	樓	ロウ		たかどの やぐら
漏		ロウ	も(る) も(れる) も(らす)	
籠		ロウ	かご こ(もる)	ル
六		ロク	む む(つ) むっ(つ) むい	リク
録	錄	ロク		リョク しる(す)

漢字	旧字体	音読み	訓読み	表外読み
麓		ロク	ふもと	
論		ロン		あげつら(う) と(く)
和		ワ オ	やわ(らぐ) やわ(らげる) なご(む) なご(やか)	カ あ(える) な(ぐ)
話		ワ	はな(す) はなし	
賄		ワイ	まかな(う)	カイ まいな(う)
脇			わき	キョウ かたわ(ら)
惑		ワク	まど(う)	
枠			わく	
湾	灣	ワン		いりえ

漢字	旧字体	音読み	訓読み	表外読み
腕		ワン	うで	かいな

二とおりの読み

「常用漢字表」（平成22年）本表備考欄による。
片仮名は音読み、平仮名は訓読みを示す。

漢字	読み	備考
遺	ユイ	「遺言（ゆいごん）」は、「イゴン」とも。
奥	オウ	「奥義（おうぎ）」は、「おくギ」とも。
堪	カン	「堪能（かんのう）」は、「タンノウ」とも。
吉	キチ	「吉日（きちじつ）」は、「キツジツ」とも。
兄	キョウ	「兄弟（きょうだい）」は、「ケイテイ」と読むこともある。
甲	カン	「甲板（かんぱん）」は、「コウハン」とも。
合	ガッ	「合点（がってん）」は、「ガテン」とも。
昆	コン	「昆布（こんぶ）」は、「コブ」とも。
紺	コン	「紺屋（こんや）」は、「コウや」とも。
詩	シ	「詩歌（しか）」は、「シイカ」とも。
七	なの	「七日（なのか）」は、「なぬか」とも。
若	ニャク	「老若（ろうにゃく）」は、「ロウジャク」とも。

漢字	読み	備考
寂	セキ	「寂然（せきぜん）」は、「ジャクネン」とも。
主	ス	「法主（ほっす）」は、「ホウシュ」、「ホッシュ」とも。
十	ジッ	「ジュッ」とも。
緒	チョ	「情緒（じょうちょ）」は、「ジョウショ」とも。
憧	ショウ	「憧憬（しょうけい）」は、「ドウケイ」とも。
数	ス	「人数（にんず）」は、「ニンズウ」とも。
贈	ソウ	「寄贈（きそう）」は、「キゾウ」とも。
側	がわ	「かわ」とも。
唾	つば	「唾（つば）」は、「つばき」とも。
着	ジャク	「愛着（あいじゃく）」、「執着（しゅうじゃく）」は、「アイチャク」、「シュウチャク」とも。
貼	チョウ	「貼付（ちょうふ）」は、「テンプ」とも。

漢字	読み	備考
難	むずかしい	「むつかしい」とも。
泌	ヒツ	「分泌（ぶんぴつ）」は、「ブンピ」とも。
富	フウ	「富貴（ふうき）」は、「フッキ」とも。
文	モン	「文字（もんじ）」は、「モジ」とも。
法	ホッ	「法主（ほっす・ほっしゅ）」は、「ホウシュ」とも。
望	モウ	「大望（たいもう）」は、「タイボウ」とも。
頬	ほお	「頬（ほお）」は、「ほほ」とも。
末	バツ	「末子（ばっし）」、「末弟（ばってい）」は、「マッシ」、「マッテイ」とも。
免	まぬかれる	「まぬがれる」とも。
妄	ボウ	「妄言（ぼうげん）」は、「モウゲン」とも。
目	ボク	「面目（めんぼく）」は、「メンモク」とも。
問	とん	「問屋（とんや）」は、「といや」とも。
礼	ライ	「礼拝（らいはい）」は、「レイハイ」とも。

注意すべき読み

片仮名は音読み、平仮名は訓読みを示す。

「常用漢字表」(平成22年) 本表備考欄による。

漢字	読み	備考
位	イ	「三位一体」、「従三位」は、「サンミイッタイ」、「ジュサンミ」。
羽	は	「羽(は)」は、前に来る音によって「わ」、「ば」、「ぱ」になる。 用語例＝一羽(わ)、三羽(ば)、六羽(ぱ)
雨	あめ	「春雨」、「小雨」、「霧雨」などは、「はるさめ」、「こさめ」、「きりさめ」。
縁	エン	「因縁」は、「インネン」。
王	オウ	「親王」、「勤王」などは、「シンノウ」、「キンノウ」。
応	オウ	「反応」、「順応」などは、「ハンノウ」、「ジュンノウ」。
音	オン	「観音」は、「カンノン」。
穏	オン	「安穏」は、「アンノン」。
皇	オウ	「天皇」は、「テンノウ」。
上	ショウ	「身上」は、「シンショウ」と「シンジョウ」とで、意味が違う。
把	ハ	「把(ハ)」は、前に来る音によって「ワ」、「バ」、「パ」になる。 用語例＝一把(ワ)、三把(バ)、十把(パ)

旧国名（都府県名）

現在の都府県名は旧国名の主な部分を示す。

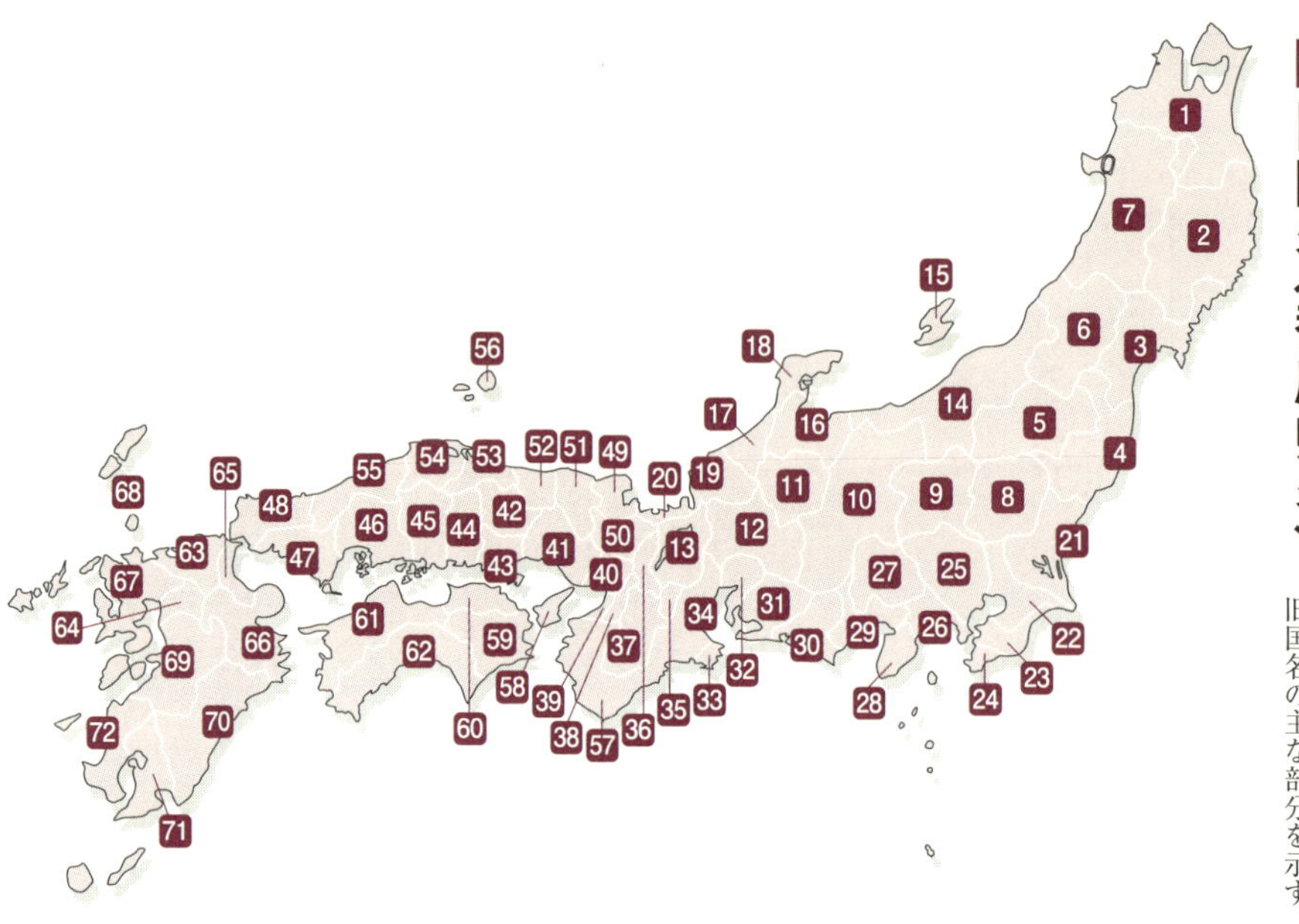

番号	旧国名	都府県名
1	陸奥	（青森・岩手）
2	陸中	（岩手・秋田）
3	陸前	（岩手・宮城）
4	磐城	（宮城・福島）
5	岩代	（福島）
6	羽前	（山形）
7	羽後	（秋田）
8	下野	（栃木）
9	上野	（群馬）
10	信濃	（長野）
11	飛騨	（岐阜）
12	美濃	（岐阜）
13	近江	（滋賀）
14	越後	（新潟）
15	佐渡	（新潟）
16	越中	（富山）
17	加賀	（石川）
18	能登	（石川）
19	越前	（福井）
20	若狭	（福井）
21	常陸	（茨城）
22	下総	（茨城・千葉）
23	上総	（千葉）
24	安房	（千葉）
25	武蔵	（埼玉・東京・神奈川）
26	相模	（神奈川）
27	甲斐	（山梨）
28	伊豆	（静岡・東京）
29	駿河	（静岡）
30	遠江	（静岡）
31	三河	（愛知）
32	尾張	（愛知）
33	志摩	（三重）
34	伊勢	（三重）
35	伊賀	（三重）
36	山城	（京都）
37	大和	（奈良）
38	河内	（大阪）
39	和泉	（大阪）
40	摂津	（大阪・兵庫）
41	播磨	（兵庫）
42	美作	（岡山）
43	備前	（岡山）
44	備中	（岡山）
45	備後	（広島）
46	安芸	（広島）
47	周防	（山口）
48	長門	（山口）
49	丹後	（京都）
50	丹波	（京都・兵庫）
51	但馬	（兵庫）
52	因幡	（鳥取）
53	伯耆	（鳥取）
54	出雲	（島根）
55	石見	（島根）
56	隠岐	（島根）
57	紀伊	（和歌山・三重）
58	淡路	（兵庫）
59	阿波	（徳島）
60	讃岐	（香川）
61	伊予	（愛媛）
62	土佐	（高知）
63	筑前	（福岡）
64	筑後	（福岡）
65	豊前	（福岡・大分）
66	豊後	（大分）
67	肥前	（佐賀・長崎）
68	壱岐・対馬	（長崎）
69	肥後	（熊本）
70	日向	（宮崎）
71	大隅	（鹿児島）
72	薩摩	（鹿児島・沖縄）

※琉球（沖縄）

出題の対象となる 準1級用 漢字音訓表

一、**部首**（第一段）原則として『**康熙字典**』に準拠した。

二、**漢字の字体**

①**標準字体**（第二段）

許容字体（第三段）「漢検」１・準１級の解答に用いても正解とする字体。

※このほかにも、デザインなどの差異があっても正解とする場合がある。デザイン差については、「**(付)字体についての解説**」（本書269頁）及び「**表外漢字における字体の違いとデザインの違い**」（本書276頁）を参照。

なお、本書278頁「**４　表外漢字だけに適用されるデザイン差について**」に例として挙げられている漢字は、「許容字体」欄に＊印で示した。また、直接の例ではないが参照すべき例が挙げられている場合は、「許容字体」欄に＊1、2…などと示し、欄外に参照箇所を記した。

②字のなかに「**艹・艹・艹**」の部分を含むものは、便宜上「**艹**」に統一した。

③●印　**国字**（**和字**）とされるもの（本書255頁参照）。

☆印　**印刷標準字体**

★印　**簡易慣用字体**

国語審議会答申「**表外漢字字体表**」（平成12年）による（本書288頁参照）。

三、**読み**

①**音読み**（第四段）

②**訓読み**（第五段）※**字義**も含む。

※自動詞・他動詞がある場合、その一方を省略したものがある。

部首	標準字体	許容字体	音読み	訓読み
一（いち）	丑		チュウ	うし
	丞		ショウ ジョウ	たす（ける）
丨（ぼう）（たてぼう）				
丶（てん）				
丿（の）（はらいぼう）	乃		ダイ ナイ	の すなわ（ち） なんじ
	之		シ	これ この ゆ（く）
	乍		サ	たちま（ち） なが（ら）
	乎☆		コ	か や を かな
乙乚（おつ）	也		ヤ	なり や か また
亅（はねぼう）				
二（に）	云☆		ウン	い（う）
	亙		コウ	わた（る）
	亘		コウ セン	わた（る）
	些☆		サ	いささ（か） すこ（し）
亠（なべぶた）（けいさんかんむり）	亥		ガイ	い
	亦		エキ	また
	亨		キョウ コウ ホウ	とお（る） に（る）
	亮		リョウ	あき（らか） すけ
人（ひと） 亻（にんべん） 𠆢（ひとやね）	仇☆		キュウ	かたき あだ つれあい
	什		ジュウ	とお
	仔☆		シ	た（える） こま（か） こ
	伊		イ	かれ これ ただ
	伍		ゴ	くみ いつ（つ）
	伽		カ ガ キャ	とぎ
	佃☆		テン デン	たがや（す） つくだ か（り）
	佑		ウ ユウ	たす（ける） たす（け）
	伶		レイ	さか（しい） わざおぎ

部首	人・亻・𠆢								
標準字体	侃	佼	俄☆	俠☆	俁●☆	倭	倶☆	倦☆	倖
許容字体				侠			＊	倦	
音読み	カン	コウ	ガ	キョウ		イ ワ	ク グ	ケン	コウ
訓読み	つよ(い)	うつく(しい)	にわ(か) にわか	おとこだて きゃん	また	やまと	とも(に)	う(む) あ(きる) あぐ(む) つか(れる)	さいわ(い) へつら(う)

部首	人・亻・𠆢							儿(ひとあし)(にんにょう)	
標準字体	偓	偲	傭☆	僑☆	僻☆	儘☆	儲☆	允	兇
許容字体							儲		
音読み	アク	シ	ヨウ	キョウ	ヘキ ヘイ	ジン	チョ	イン	キョウ
訓読み	かか(わる)	しの(ぶ)	やと(う)	やど(る) かりずまい	かたよ(る) ひが(む) ひめがき	ことごと(く) まま	そえ もう(ける) たくわ(える)	まこと まこと(に) ゆる(す) じょう	わる(い) おそ(れる)

部首	儿		入(いる)(いりがしら)	八(はち) ハ(は)	冂(どうがまえ)(けいがまえ)(まきがまえ)	冖(わかんむり)(ひらかんむり)	冫(にすい)		
標準字体	兎☆	兜☆		其☆			冴	凋	凌
許容字体	兔 ＊兎						＊1	凋	
音読み	ト	トウ ト		キ			ゴ	チョウ	リョウ
訓読み	うさぎ	かぶと		そ(の) それ			さ(える)	しぼ(む)	しの(ぐ)

＊1 本書279頁 B-(1)参照。

部首	標準字体	許容字体	音読み	訓読み
几（つくえ）	凧●☆			たこ
	凪●			なぎ な（ぐ）
	凰☆		オウ コウ	おおとり
	凱		カイ ガイ	かちどき やわ（らぐ）
凵（うけばこ）（かんがまえ）	函☆	凾	カン	い（れる） はこ よろい
刀（かたな）リ（りっとう）	剃☆		テイ	そ（る）
	劃		カク	わ（かつ） くぎ（る）
	劉☆		リュウ	ころ（す） つら（ねる）
力（ちから）	劫☆		キョウ コウ ゴウ	おびや（かす） かす（める）

部首	標準字体	許容字体	音読み	訓読み
勹（つつみがまえ）	勺		シャク	
	勿☆		モチ ブツ	なか（れ）
	匁●			もんめ め
匕（ひ）	匙		シ	さじ
匚（はこがまえ）	匡		キョウ	ただ（す） すく（う）
	匪		ヒ	わるもの あら（ず）
匸（かくしがまえ）				
十（じゅう）	廿☆		ジュウ	にじゅう
卜（と）（うらない）	卜☆		ホク ボク	うらな（う） うらな（い）

部首	標準字体	許容字体	音読み	訓読み
卜	卦		カ ケ	うらな（う） うらな（い）
卩 㔾（わりふ）（ふしづくり）	叩☆		コウ	たた（く） はた（く） ひか（える）
	卯		ボウ	う
	卿☆	卿 卿	ケイ キョウ	きみ くげ
厂（がんだれ）	厭☆		エン オン ヨウ	おさ（える） いと（う） あ（きる） いや
	厩☆	厩＊1 廐 廏	キュウ	うまや
	厨☆	廚	チュウ ズ	くりや はこ
厶（む）				
又（また）	叉☆		サ シャ	また さ（す） こまね（く） こまぬ（く）

＊1 本書279頁 B-(1)参照。

部首	標準字体	許容字体	音読み	訓読み
又	叛☆	叛	ハン ホン	そむ(く) はな(れる)
	叡		エイ	かしこ(い)
	叢☆		ソウ	くさむら むら(がる)
口(くち)(くちへん)	叶		キョウ	かな(う)
	只		シ	ただ
	吃☆		キツ	ども(る) く(う) す(う)
	吊☆		チョウ	つ(る) つる(す)
	吋		スン トウ	インチ
	吾		ゴ	われ わ(が)

部首	標準字体	許容字体	音読み	訓読み
口	呑☆	*	トン ドン	の(む)
	吠☆		ハイ バイ	ほ(える)
	吻☆		フン	くちさき くちびる
	呆☆		ホウ ボウ タイ	あき(れる) おろ(か)
	咒	呪	の異体字	
	咳☆		カイ ガイ	せき せ(く) しわぶき しわぶ(く)
	哉		サイ	かな や か
	哨☆	哨	ショウ	みはり
	哩		リ	マイル

部首	標準字体	許容字体	音読み	訓読み
口	啄		タク トク	ついば(む)
	啞☆	唖★	ア アク	ああ わら(う)
	啐		サイ ソツ	な(める) なきごえ
	喬		キョウ	たか(い) おご(る)
	喧☆		ケン	かまびす(しい) やかま(しい)
	喋☆		チョウ	しゃべ(る) ふ(む)
	喰●☆	*		く(らう) く(う)
	嘉		カ	よ(い) よみ(する)
	嘗☆		ショウ ジョウ	な(める) かつ(て) こころ(みる)

部首	口								囗（くにがまえ）
標準字体	嘩☆	嘘☆	噌☆	噂☆	噺●☆	噸●	嚙☆	嚢☆	圃☆
許容字体	*	噓	噌	噂			噛★	嚢	
音読み	カ	キョ	ソウ ソ	ソン			ゴウ	ノウ ドウ	ホ
訓読み	かまびす（しい）	ふ（く） は（く） すすりな（く） うそ	かまびす（しい）	うわさ	はなし	トン	か（む） かじ（る）	ふくろ	はた はたけ

部首	土（つち）（つちへん）（どへん）							
標準字体	坐☆	圭	坤	坦☆	尭	垢☆	埴☆	埠
許容字体								
音読み	ザ	ケイ	コン	タン	ギョウ	コウ ク	ショク	フ
訓読み	すわ（る） いなが（ら） そぞろ（に） いま（す） おわ（す） ましま（す）	たま かどだ（つ）	つち ひつじさる	たい（ら）	たか（い）	あか よご（れる） けが（れる） はじ	はに	つか はとば

部首	土								士（さむらい）
標準字体	埜	堰☆	堵☆	堺☆	塙	塘	塵☆	壕☆	壬☆
許容字体	野の異体字		堵			塘			
音読み		エン	ト	カイ	カク コウ	トウ	ジン	ゴウ	ジン ニン
訓読み		せき いせき せ（く）	かき	さかい	かた（い） はなわ	つつみ	ちり	ほり	みずのえ おもね（る）

部首	士	夂（ち）	夊（すいにょう）	夕（た）（ゆうべ）	大（だい）			女（おんな）（おんなへん）
標準字体	壺☆			夙	夷☆	奄☆	套☆	妓☆
許容字体	壷							
音読み	コ			シュク	イ	エン	トウ	ギ
訓読み	つぼ			つと（に） はや（い） まだき	たい（らか） たい（らげる） ころ（す） うずくま（る） おご（る） えびす えみし	おお（う） ふさ（がる） たちま（ち）	かさ（ねる） おお（い）	わざおぎ あそびめ こ

部首	女								
標準字体	姑☆	妾☆	姐	娃	姦☆	姪☆	姥☆	姶	娩☆
許容字体									娩
音読み	コ	ショウ	ソ シャ	ア アイ	カン	テツ	ボ モ	オウ	ベン
訓読み	しゅうとめ しゅうと おんな しばら（く）	めしつかい めかけ わらわ	あね あねご ねえ	うつく（しい）	よこしま みだら かしま（しい）	めい	うば ばば	みめよ（い）	う（む） うつく（しい）

部首	女					子（こ）（こへん）	宀（うかんむり）		
標準字体	娼☆	婁	嬉	嬰☆	嬬	孟	宏	宋☆	宍
許容字体									
音読み	ショウ	ル ロウ	キ	エイ	ジュ	モウ ボウ マン	コウ	ソウ	ジク ニク
訓読み	あそびめ	つな（ぐ） つな（がれる）	たの（しむ） うれ（しい） あそ（ぶ）	めぐ（る） ふ（れる） あかご	つま よわ（い）	はじ（め）	ひろ（い） おお（きい）		しし

部首	標準字体	許容字体	音読み	訓読み
宀	宕☆		トウ	ほしいまま ほらあな
宀	宥		ユウ	ゆる(す) なだ(める)
宀	寅		イン	つつし(む) とら
宀	寓☆		グウ グ	よ(せる) やど(る) かりずまい かこつ(ける)
宀	寵☆		チョウ	めぐ(む) めぐ(み) いつく(しむ)
寸(すん)				
小(しょう)	尖☆		セン	とが(る) するど(い) さき
尢(だいのまげあし)	尤☆		ユウ	とが(める) もっと(も) すぐ(れる)
尸(かばね)(しかばね)	屍☆		シ	しかばね かばね
尸	屑☆	屑	セツ	いさぎよ(い) くず
尸	屢☆	屡	ル	しばしば
屮(てつ)				
山(やま)(やまへん)	岨		ソ	そば そばだ(つ)
山	岱		タイ	
山	峨☆	峩	ガ	けわ(しい)
山	峻		シュン	たか(い) けわ(しい) おお(きい) きび(しい)
山	峯		ホウ	みね やま
山	崕	崖の異体字		
山	嵩		シュウ スウ	かさ かさ(む) たか(い)
山	嵯	嵳	サ	けわ(しい)
山	嶋		トウ	しま
山	嶺		リョウ レイ	みね
山	巌		ガン	けわ(しい) いわ いわお がけ
川(かわ)巛(まげかわ)				
工(え)(たくみ)(たくみへん)				
己(おのれ)	已		シ	み
己	巴		ハ	うずまき ともえ

部首	標準字体	許容字体	音読み	訓読み
己	巷☆	巷	コウ	ちまた
	巽		ソン	たつみ ゆず(る)
巾(はば)(はばへん)(きんべん)	匝	帀	ソウ	めぐ(る)
	帖☆		チョウ ジョウ	かきもの た(れる) やす(める)
	幌☆		コウ	ほろ
	幡☆		ハン マン ホン	はた のぼり ひるがえ(る)
干(かん)(いちじゅう)				
幺(よう)(いとがしら)				
广(まだれ)	庄		ショウ ソウ	いなか むらざと

部首	標準字体	許容字体	音読み	訓読み
广	庇☆		ヒ	ひさし かば(う)
	庚☆		コウ	かのえ とし
	庖☆	庖	ホウ	くりや
	庵☆		アン	いおり
	廓☆		カク	ひろ(い) ひろ(げる) むな(しい) くるわ
	廠	廠	ショウ	かりや うまや しごとば
	廟☆	*	ビョウ	たまや みたまや おもてごてん やしろ
廴(えんにょう)(いんにょう)	廻☆		カイ エ	まわ(す) まわ(る) めぐ(る) めぐ(らす)
廾(こまぬき)(にじゅうあし)				

部首	標準字体	許容字体	音読み	訓読み
弋(しきがまえ)				
弓(ゆみ)(ゆみへん)	弘		コウ グ	ひろ(い) ひろ(める)
	弗		フツ ホツ	ドル …ず
	弛☆		シ チ	たる(む) ゆる(む) たゆ(む)
	弼		ヒツ	たす(ける) たす(け) すけ
	彊		キョウ	つよ(い) つと(める) し(いる)
⺕(けいがしら)				
彡(さんづくり)	彦		ゲン	ひこ
	彪		ヒュウ ヒョウ	あや まだら

部首	標準字体	許容字体	音読み	訓読み
彡	彬		ヒン	あき(らか) そな(わる)
彳(ぎょうにんべん)	徽☆	徽	キ	よ(い) しるし
心(こころ) 忄(りっしんべん) ⺗(したごころ)	忽☆		コツ	ゆるが(せ) たちま(ち)
	怯☆		キョウ コウ	おび(える) お(じる) ひる(む)
	怜		レイ	さと(い)
	恢☆	*	カイ	おお(きい) ひろ(い)
	恰☆		カッ コウ	あたか(も)
	恕		ショ ジョ	おもいや(る) ゆる(す)
	悉☆		シツ	つく(す) ことごと(く) つぶさ(に)

部首	標準字体	許容字体	音読み	訓読み
心 忄 ⺗	悌		ダイ テイ	やわ(らぐ)
	惟		イ ユイ	おも(う) これ ただ
	惚☆		コツ	ほ(れる) ほう(ける) ぼ(ける) とぼ(ける)
	惇		ジュン トン	あつ(い) まこと
	惣		ソウ	すべ(て)
	悶☆		モン	もだ(える)
	惹☆		ジャク ジャ	ひ(く) まね(く)
	愈☆	愈	ユ	いよいよ い(える) い(やす)
	慧		ケイ エ	さと(い) かしこ(い)

部首	標準字体	許容字体	音読み	訓読み
心 忄 ⺗	慾		ヨク	ほっ(する)
	憐☆	*	レン	あわ(れむ) あわ(れみ)
戈(ほこづくり)(ほこがまえ)	戊☆		ボ ボウ	つちのえ
	戎		ジュウ	えびす いくさ おお(きい) つわもの
	或☆		ワク	あ(る) ある(いは)
	戟☆		ケキ ゲキ	ほこ
戸(と)(とだれ)(とかんむり)				
手(て) 扌(てへん)	托☆		タク	お(す) お(く) たの(む)

部首	標準字体	許容字体	音読み	訓読み
扌手	扮☆		ハン フン	よそお(う) かざ(る)
	按☆		アン	おさ(える) かんが(える) しら(べる)
	挺☆	*	テイ チョウ	ぬ(く) ぬき(んでる)
	捌☆		ハチ ハツ ベツ	さば(く) さば(ける) は(ける) は(かす)
	挽☆	挽	バン	ひ(く)
	掩		エン	おお(う) かば(う) たちま(ち)
	掬☆		キク	すく(う) むす(ぶ)
	捲☆	捲	ケン	ま(く) まく(る) めく(る) いさ(む)
	捷		ショウ	か(つ) はや(い)

部首	標準字体	許容字体	音読み	訓読み
扌手	捺		ダツ ナツ	お(す)
	捧☆		ホウ	ささ(げる) かか(える)
	掠☆		リャク リョウ	かす(める) かす(る) かす(れる) さら(う) むち(うつ)
	揃☆	揃	セン	そろ(う) そろ(える) そろ(い)
	揖		ユウ シュウ	ゆず(る) へりくだ(る) あつ(まる)
	搔☆	掻★	ソウ	か(く)
	摑☆	掴	カク	つか(む)
	摺☆	摺	ショウ ロウ	たた(む) ひだ す(る) くじ(く)

部首	標準字体	許容字体	音読み	訓読み
扌手	摸		モ バク ボ	さぐ(る) うつ(す)
	撰☆	撰	セン サン	えら(ぶ)
	撒☆		サツ サン	ま(く)
	撞☆		トウ ドウ シュ	つ(く)
	撚☆		デン ネン	ひね(る) よ(る) よ(り)
	播☆		ハ バン	ま(く) し(く) さすら(う)
	撫☆		ブ フ	な(でる)
	擢☆	擢	タク テキ	ぬ(く) ぬき(んでる)
	擾☆		ジョウ	な(らす) みだ(れる) わずら(わしい) さわ(ぐ)

部首	標準字体	許容字体	音読み	訓読み
手 扌	攬☆	撹★	コウ カク	みだ(す) ま(ぜる)
支(し)(しにょう)(えだにょう)				
攴 攵(のぶん)(ぼくづくり)	攷		シ	つと(める)
	敦		トン	あつ(い) とうと(ぶ)
文(ぶん)(ぶんにょう)	斐		ヒ	あや
	斌		ヒン	うるわ(しい)
斗(とます)	斡☆		アツ カン	めぐ(る) つかさど(る)
斤(きん)(おのづくり)	斧☆		フ	おの
	斯☆		シ	こ(の) これ か(く) か(かる)

部首	標準字体	許容字体	音読み	訓読み
方(ほう)(ほうへん)(かたへん)	於		オ	お(いて) お(ける)
无(なし)(ぶ)(すでのつくり)				
日(ひ)(ひへん)(にちへん)	旭		キョク	あさひ
	昂		コウ ゴウ	たかぶ(る) あ(がる) たか(い)
	昏☆		コン	く(れ) くら(い) くら(む)
	昌		ショウ	さか(ん) うつく(しい) みだ(れる)
	晃		コウ	あき(らか) ひか(る)
	晋		シン	すす(む)
	晒☆		サイ	さら(す)

部首	標準字体	許容字体	音読み	訓読み
日	晦☆	晦	カイ	みそか つごもり くら(い) くら(ます)
	智		チ	ちえ さと(い)
	暢		チョウ	の(びる) とお(る) の(べる)
	曙		ショ	あけぼの
	曝☆		バク ホク	さら(す) さら(ける) さらば(える)
曰(ひらび)(いわく)	曳☆		エイ	ひ(く)
	沓☆		トウ	かさ(なる) むさぼ(る) くつ
月(つき)(つきへん)	朋		ホウ	とも なかま
	朔		サク	ついたち きた

部首	標準字体	許容字体	音読み	訓読み
木（き）（きへん）	杏		キョウ アン	あんず
	杖☆		ジョウ	つえ
	杜		ト ズ	と（じる） ふさ（ぐ） やまなし もり
	杓☆	杓	シャク ヒョウ	ひしゃく しゃく（う）
	李		リ	すもも おさ（める）
	杢●			もく
	杭☆		コウ	わた（る） くい
	杵☆		ショ	きね
	枇☆		ヒ ビ	さじ くし

部首	標準字体	許容字体	音読み	訓読み
木	杷☆		ハ	さらい
	柑☆		カン	みかん こうじ
	柴☆		サイ	しば まつ（り） ふさ（ぐ）
	柘☆		シャ	やまぐわ つげ
	柊	柊	シュウ	ひいらぎ
	柁		タ ダ	かじ
	柏☆		ハク ビャク	かしわ
	柚		ユ ユウ	ゆず
	栂●			とが つが

部首	標準字体	許容字体	音読み	訓読み
木	柾●			まさ まさき
	桓☆		カン	
	桔		キツ ケツ	
	桂		ケイ	かつら
	栴		セン	
	桐		ドウ トウ	きり こと
	栗		リツ リ	くり おのの（く） きび（しい）
	栖☆		サイ セイ	す（む） すみか
	梧		ゴ	あおぎり

常用 準1級 1級 旧字体 国字 参考資料 Q&A

部首	標準字体	許容字体	音読み	訓読み
木	梱		コン	こり こうり しきみ
	梓		シ	あずさ はんぎ だいく
	梢		ショウ	こずえ かじ
	梯☆		タイ テイ	はしご
	桶☆		トウ	おけ
	梶☆		ビ	かじ こずえ
	梁☆		リョウ	はり うつばり はし やな
	棲☆		セイ	す(む) すみか
	棉		メン	わた

部首	標準字体	許容字体	音読み	訓読み
木	椋		リョウ	むく
	椀☆		ワン	はち
	椙●			すぎ
	椛●			もみじ
	楳		バイ	うめ
	楢☆	楢（許容字体）	シュウ ユウ	なら
	楯☆		ジュン	たて
	楚☆		ソ	いばら しもと むち すわえ
	椿		チン	つばき

部首	標準字体	許容字体	音読み	訓読み
木	楠		ナン	くすのき
	楓		フウ	かえで
	楊		ヨウ	やなぎ
	椴		タン ダン	とど とどまつ
	榎☆		カ	えのき
	榛		シン	はしばみ はり くさむら
	槍☆		ソウ	やり
	槌☆	槌（許容字体）	ツイ	つち う(つ)
	槙		シン テン	まき

部首	標準字体	許容字体	音読み	訓読み
木	樺		カ	かば
	榊●☆	榊		さかき
	槻		キ	つき
	樟		ショウ	くす くすのき
	樗		チョ	おうち
	樋☆	樋	トウ	ひ とい
	樫●☆			かし
	橘		キツ	たちばな
	樵		ショウ	きこり こ(る) きこ(る)

部首	標準字体	許容字体	音読み	訓読み
木	橡		ショウ ゾウ	とち くぬぎ つるばみ
	樽☆	樽	ソン	たる
	橢☆	楕	ダ	こばんがた
	檜☆	桧	カイ	ひのき ひ
	橿☆		キョウ	かし
	檎		キン ゴ	
	檀		タン ダン	まゆみ
	檮☆	梼	トウ	きりかぶ おろ(か)
	櫛☆	櫛 櫛	シツ	くし くしけず(る)

部首	標準字体	許容字体	音読み	訓読み
木	櫓☆		ロ	おおだて やぐら
	欝	鬱の異体字		
欠(あくび)(かける)	欣		キン ゴン	よろこ(ぶ)
	欽		キン	つつし(む) うやま(う)
	歎☆	歎	タン	たた(える) なげ(く)
止(とめる)(とめへん)	此☆		シ	こ(の) これ か(く) ここ
	歪☆		ワイ	ゆが(む) いが(む) ひず(む) いびつ
歹(かばねへん)(いちたへん)(がつへん)	殆☆		タイ	ほとん(ど) あや(うい) ほとほと
殳(るまた)(ほこづくり)	毅		キ	つよ(い) たけ(し)

部首	母（なかれ）（はははのかん）	比（ならびひ）（くらべる）	毛（け）	氏（うじ）	气（きがまえ）	水 氵 氺（みず）（さんずい）（したみず）			
標準字体		毘☆				汀	汝☆	汐	汲☆
許容字体		毗							汲
音読み		ヒ ビ				テイ	ジョ	セキ	キュウ
訓読み		たす（ける）				みぎわ なぎさ	なんじ	しお うしお	く（む） ひ（く）

部首	水 氵 氺								
標準字体	沌☆	沫☆	洩☆	洲	洛☆	浩	浬	涌☆	淵☆
許容字体									渕
音読み	トン	マツ	エイ セツ	シュウ	ラク	コウ	リ	ヨウ ユウ	エン
訓読み	ふさ（がる）	あわ しぶき よだれ	の（びる） も（れる）	す しま	みやこ つら（なる）	おお（きい） ひろ（い） おご（る）	かいり ノット	わ（く）	ふち ふか（い） おくぶか（い）

部首	水 氵 氺								
標準字体	淳	渚	淀☆	淘☆	淋☆	渥	渠☆	湘☆	湊☆
許容字体							*		
音読み	ジュン	ショ	テン デン	トウ	リン	アク	キョ	ショウ	ソウ
訓読み	あつ（い） すなお	なぎさ みぎわ	よど よど（む）	よな（げる）	そそ（ぐ） したた（る） さび（しい） りんびょう	あつ（い） うるお（い） こ（い）	みぞ おお（きい） かしら かれ なん（ぞ）		みなと あつ（まる）

部首	標準字体	許容字体	音読み	訓読み
氺氵水	湛☆		タン チン	たた(える) あつ(い) しず(む) ふか(い) ふけ(る)
氺氵水	溢☆	溢	イツ	あふ(れる) す(ぎる) おご(る) み(ちる) こぼ(れる)
氺氵水	溜☆		リュウ	したた(る) た(まる) た(める) ため
氺氵水	溯	遡の異体字		
氺氵水	漑☆	漑*	カイ ガイ	そそ(ぐ) すす(ぐ)
氺氵水	漕☆		ソウ	はこ(ぶ) こ(ぐ)
氺氵水	漣☆	漣	レン	さざなみ

部首	標準字体	許容字体	音読み	訓読み
氺氵水	漉☆		ロク	こ(す) したた(らせる) す(く)
氺氵水	澗☆	澗	カン ケン	たに たにみず
氺氵水	潑☆	溌	ハツ	そそ(ぐ) は(ねる)
氺氵水	澱☆		テン デン	おり よど(む) よど
氺氵水	濠☆		ゴウ	ほり
氺氵水	濡☆		ジュ	うるお(う) ぬ(れる) とどこお(る) こら(える)
氺氵水	濤☆	涛	トウ	なみ
氺氵水	瀆☆	涜	トク	みぞ けが(す) あなど(る)
氺氵水	瀦☆	潴	チョ	みずたま(り) た(まる)

部首	標準字体	許容字体	音読み	訓読み
氺氵水	瀕☆	瀕	ヒン	みぎわ せま(る) そ(う)
氺氵水	瀞☆	瀞	ジョウ セイ	とろ
氺氵水	灌☆	潅	カン	そそ(ぐ)
氺氵水	灘☆	灘	ダン タン	はやせ なだ
火(ひ)(ひへん) 灬(れんが)(れっか)	灸☆		キュウ	やいと
火(ひ)(ひへん) 灬(れんが)(れっか)	灼☆	*	シャク	や(く) あき(らか) あらたか やいと
火(ひ)(ひへん) 灬(れんが)(れっか)	烏☆		オウ ウ	からす くろ(い) いずく(んぞ) なん(ぞ)
火(ひ)(ひへん) 灬(れんが)(れっか)	烹		ホウ	に(る)
火(ひ)(ひへん) 灬(れんが)(れっか)	焰☆	焔	エン	も(える) ほのお

部首	標準字体	許容字体	音読み	訓読み
火 灬	焚☆		フン	や(く) た(く)
	煤☆		バイ	すす すす(ける)
	煉☆	煉	レン	ね(る)
	煽☆	煽	セン	あお(る) おだ(てる) おこ(る) あお(り)
	熔☆	鎔	ヨウ	いがた と(かす) と(ける) い(る)
	燕☆		エン	つばめ さかもり くつろ(ぐ)
	燐☆	*1	リン	
	燦		サン	あき(らか) あざ(やか) きら(めく)
	燭☆		ショク ソク	ともしび

*1 本書279頁 B-(1)参照。

部首	標準字体	許容字体	音読み	訓読み
爪(つめ) 爫 ⺤(つめかんむり)(つめがしら) 爪(そうにょう)				
父(ちち)	爺☆		ヤ	じじ おやじ
爻(まじわる)	爾		ジ ニ	なんじ そ(の)
丬(しょうへん)				
片(かた)(かたへん)	牌☆	牌	ハイ	ふだ
	牒☆		チョウ ジョウ	ふだ
牙(きば)(きばへん)				
牛(うし)(うしへん)	牝☆		ヒン	め めす

部首	標準字体	許容字体	音読み	訓読み
牛	牟☆		ボウ ム	な(く) むさぼ(る) かぶと
	牡☆		ボ ボウ	お おす
	牢☆		ロウ	いけにえ ごちそう ひとや かた(い) さび(しい)
	牽☆		ケン	ひ(く) つら(なる)
	犀☆		サイ セイ	かた(い) するど(い)
犬(いぬ) 犭(けものへん)	狐☆	狐	コ	きつね
	狗☆		ク コウ	いぬ
	狛		ハク	こま こまいぬ

部首	標準字体	許容字体	音読み	訓読み
犬 犭	狸☆		リ	たぬき ねこ
	狼☆		ロウ	おおかみ みだ(れる)
	狽☆		バイ	
	猪		チョ	い いのしし
	猷☆	猷	ユウ	はか(る) はかりごと みち
	獅☆		シ	しし
玄(げん)				
玉(たま) 王(おう)(おうへん)(たまへん)	玖		キュウ ク	
	珂☆		カ	

部首	標準字体	許容字体	音読み	訓読み
玉 王	珊☆	珊*	サン	
	玲		レイ	
	珪☆		ケイ	たま
	琉		リュウ ル	
	琢		タク	みが(く)
	瑛		エイ	
	琵☆		ビ	
	琶☆		ハ	
	琳		リン	

部首	標準字体	許容字体	音読み	訓読み
玉 王	瑚		コ ゴ	
	瑞		ズイ	しるし めでた(い) みず
	瑳		サ	みが(く)
瓜 瓜(うり)	瓜☆	瓜	カ	うり
	瓢☆	瓢	ヒョウ	ふくべ ひさご
瓦(かわら)	甑☆	甑	ソウ	こしき
甘(かん)(あまい)	甜		テン	あま(い) うま(い)
生(うまれる)	甥☆		ショウ セイ	おい
用(もちいる)	甫		ホ フ	はじ(め) おお(きい)

部首	標準字体	許容字体	音読み	訓読み
田（た）（たへん）	畠●☆			はた はたけ
	畦☆		ケイ	うね あぜ
	畢☆	＊	ヒツ	お（わる） ことごと（く）
	畷		テツ	なわて
疋（ひき）（ひきへん）	疋☆		ショ ソ ヒツ	あし ひき
	疏☆	疏	ショ ソ	とお（す） とお（る） うと（い） うと（む） おろそ（か） あら（い） まば（ら） ふみ
疒（やまいだれ）	疹☆		シン	はしか
	痔☆		ジ	しもがさ

部首	標準字体	許容字体	音読み	訓読み
疒	癌☆		ガン	
癶（はつがしら）				
白（しろ）	皐	皋	コウ	さわ さつき
皮（けがわ）（ひのかわ）				
皿（さら）	盃		ハイ	さかずき
	盈		エイ	み（ちる） あま（る）
目（め）（めへん）	瞥☆	瞥	ベツ	み（る）
矛（ほこ）（ほこへん）				
矢（や）（やへん）	矧		シン	は（ぐ）

部首	標準字体	許容字体	音読み	訓読み
矢	矩		ク	さしがね のり
石（いし）（いしへん）	砦☆		サイ	とりで
	砥☆		シ	と といし と（ぐ） みが（く）
	砧		チン	きぬた
	硯☆		ケン ゲン	すずり
	硲●			はざま
	碍		ガイ ゲ	さまた（げる） ささ（える）
	碓☆		タイ	うす
	碇☆		テイ	いかり

部首	石							示（しめす） 礻 ネ（しめすへん）	
標準字体	碗☆	碧	碩	磐☆	磯	礪	礦	祁☆	祇☆
許容字体	盌					砺	砿	祁	祇
音読み	ワン	ヘキ	セキ	ハン バン	キ	レイ	コウ	キ	ギ
訓読み	こばち	みどり あお	おお（きい）	いわ わだかま（る）	いそ	あらと と（ぐ） みが（く）	あらがね	おお（いに） おお（きい） さか（んに）	くにつかみ

部首	示 礻 ネ						内（じゅう）	禾（のぎ）（のぎへん）	
標準字体	祐	禄	禎	禦	禱☆	禰☆	禽☆	禾	禿☆
許容字体					祷★	祢			
音読み	ユウ	ロク	テイ	ギョ	トウ	デイ ネ	キン	カ	トク
訓読み	たす（け） たす（ける）	さいわ（い） ふち	さいわ（い）	ふせ（ぐ） つよ（い）	いの（る） まつ（る）	みたまや かたしろ	とり とら（える） いけど（り）	いね のぎ	はげ は（げる） ち（びる） かむろ

部首	禾								
標準字体	秤☆	秦	稀	稔	稗☆	稜	穎☆	穆	穰
許容字体	秤				*		頴★		
音読み	ショウ ビン	シン	キ ケ	ジン ニン ネン	ハイ	リョウ ロウ	エイ	ボク モク	ジョウ
訓読み	はかり	はた	まれ まば（ら） うす（い）	みの（る） とし つ（む）	ひえ こま（かい）	かど いきお（い）	ほさき すぐ（れる）	やわ（らぐ）	ゆた（か） みの（る）

部首	禾	穴（あな）（あなかんむり）					立（たつ）（たつへん）	
標準字体	穐	穿☆	窄☆	窪☆	窺☆	竈☆	竪☆	竣
許容字体	穐	＊				竈 竈	竪	
音読み	シュウ	セン	サク	ア ワ	キ	ソウ	ジュ	シュン
訓読み	あき とき	うが（つ） は（く） つらぬ（く） ほじ（る） ほじく（る）	せま（い） せば（まる） すぼ（む） つぼ（む）	くぼ くぼ（む）	うかが（う） のぞ（く）	かまど へっつい	た（つ） たて こども こもの	お（わる）

部首	立	竹（たけ）（たけかんむり）							
標準字体	靖	竺☆	竿☆	笈☆	笥☆	笠☆	笹●	筈☆	筑☆
許容字体				＊					＊
音読み	セイ	トク ジク	カン	キュウ	シ ス	リュウ		カツ	チク ツク
訓読み	やす（い） やす（んじる）	あつ（い）	さお ふだ	おい	け はこ	かさ	ささ	やはず はず	

部首	竹								
標準字体	筏☆	箕☆	箔☆	箭☆	篇☆	篦	篠☆	簞☆	簸
許容字体				箭	＊	篦	篠	箪	
音読み	ハツ バツ	キ	ハク	セン	ヘン	ヘイ	ショウ	タン	ハ
訓読み	いかだ	み ちりとり	すだれ のべがね	や	ふだ ふみ まき	へら すきぐし かんざし の	しの	わりご はこ ひさご	ひ（る） あお（る）

部首	標準字体	許容字体	音読み	訓読み
竹	簾☆	簾	レン	す すだれ
竹	篭	籠 の異体字		
米（こめ）（こめへん）	粁●			キロメートル
米（こめ）（こめへん）	粂●☆			くめ
米（こめ）（こめへん）	籾●☆	籾		もみ
米（こめ）（こめへん）	粍●			ミリメートル
米（こめ）（こめへん）	粕☆		ハク	かす
米（こめ）（こめへん）	粥☆		シュク イク	かゆ ひさ（ぐ）
米（こめ）（こめへん）	粟☆		ショク ソク ゾク	もみ あわ ふち

部首	標準字体	許容字体	音読み	訓読み
米	糊☆		コ	のり くちす（ぎ）
米	糎●			センチメートル
米	糠☆		コウ	ぬか
米	糟		ソウ	かす
米	糞☆		フン	くそ けが（れ） はら（う） つちか（う）
糸（いと）（いとへん）	紘		コウ	おおづな ひろ（い）
糸（いと）（いとへん）	紗		サ シャ	うすぎぬ
糸（いと）（いとへん）	紐☆		ジュウ チュウ	ひも
糸（いと）（いとへん）	絃		ゲン	いと つる

部首	標準字体	許容字体	音読み	訓読み
糸	紬		チュウ	つむぎ つむ（ぐ）
糸	絢		ケン	あや
糸	綬☆		ジュ	ひも くみひも
糸	綜		ソウ	す（べる） おさ まじ（える）
糸	綴☆		テイ テツ	つづ（る） と（じる） あつ（める）
糸	緋		ヒ	あか
糸	綾		リョウ リン	あや
糸	緬		ベン メン	はる（か） とお（い）
糸	縞☆		コウ	しろぎぬ しま

部首	標準字体	許容字体	音読み	訓読み
糸	繫☆	繋	ケイ	つな(ぐ) つな(がる) か(かる) とら(える) きずな
	繡☆	綉★	シュウ	ぬいとり にしき うつく(しい)
	纂☆		サン	あつ(める) くみひも つ(ぐ)
	纏☆	纏 纏	テン	まと(う) まつ(わる) まと(める) まつ(る) まとい
缶(ほとぎ)				
网 罒(あみがしら)(あみめ)(よこめ)	罫		ケイ	

部首	標準字体	許容字体	音読み	訓読み
羊(ひつじ)(ひつじへん)				
羽(はね)	翠	翠	スイ	かわせみ みどり
	翫☆	翫	ガン	もてあそ(ぶ) あじ(わう) あなど(る) むさぼ(る)
	翰☆	翰	カン	ふで ふみ てがみ と(ぶ) みき
	耀	耀	ヨウ	かがや(く)
老 耂(おいかんむり)(おいがしら)				
而(しかして)(しこうして)	而☆		ジ	しか(して) しか(れども) しか(も) しか(るに) なんじ
耒(すきへん)(らいすき)				

部首	標準字体	許容字体	音読み	訓読み
耳(みみ)(みみへん)	耽☆		タン	ふけ(る) おくぶか(い)
	聡		ソウ	さと(い)
	聯	聨	レン	つら(なる) つら(ねる)
	聾☆		ロウ	
聿(ふでづくり)	肇		チョウ	はじ(める) はじ(め)
肉(にく) 月(にくづき)	肋☆		ロク	あばら
	肴☆		コウ	さかな
	肱		コウ	ひじ
	胤		イン	たね

部首	標準字体	許容字体	音読み	訓読み
月肉	胡		コ ゴ ウ	あごひげ えびす なん(ぞ) でたらめ ながい(き) みだ(り) いずく(んぞ)
	脆☆	脆	セイ ゼイ	もろ(い) よわ(い) やわ(らかい) かる(い)
	腔☆	腔	クウ コウ	から からだ
	脹		チョウ	ふく(れる) は(れる) ふく(よか)
	膏☆		コウ	あぶら こ(える) うるお(す) めぐ(む)
	腿☆	腿	タイ	もも
	膿☆		ドウ ノウ	うみ う(む)
臣(しん)	臥☆		ガ	ふ(す) ふしど

部首	標準字体	許容字体	音読み	訓読み
自(みずから)				
至(いたる)				
臼(うす)				
舌(した)	舘		カン	やかた たて たち
舛(まいあし)	舛	＊1	セン	そむ(く) あやま(る) いりま(じる)
	舜	＊1	シュン	むくげ
舟(ふね)(ふねへん)	舵☆		タ ダ	かじ
艮(ねづくり)(こんづくり)	艮		コン ゴン	うしとら
色(いろ)				

＊1　本書279頁　B-(1)参照。

部首	標準字体	許容字体	音読み	訓読み
艸艹艹(そうこう)(くさかんむり)	苅		ガイ	か(る)
	芥☆		カイ ケ	からし あくた ちい(さい)
	芹		キン	せり
	芭☆		ハ バ	
	芙		フ	はす
	苑		エン オン ウツ	その ふさ(がる)
	茄		カ	はす なす なすび
	苫☆		セン	とま むしろ
	苒	苒	ゼン	

部首	標準字体	許容字体	音読み	訓読み
艸 艹 艹	苔☆		タイ	こけ
	苧		チョ	からむし お
	茅		ボウ	かや ち ちがや
	苓		レイ リョウ	みみなぐさ
	荊☆	荆	ケイ	いばら むち
	茸☆		ジョウ	しげ(る) ふくろづの たけ きのこ
	荏		ジン ニン	え やわ(らか)
	茜		セン	あかね
	莞		カン	い むしろ

部首	標準字体	許容字体	音読み	訓読み
艸 艹 艹	荻☆		テキ	おぎ
	莫☆		ボ バク マク モ	く(れ) な(い) なかれ さび(しい)
	菅☆		カン	すげ すが
	菰☆	菰	コ	こも まこも
	菖		ショウ	しょうぶ
	菟	莵 ＊2 菟 莬	ト	うさぎ
	菩☆		ホ ボ	
	萌	萠	ボウ ホウ	めば(え) めぐ(む) きざ(す) も(える) も(やし) たみ

＊2 本書279頁 B-(2)参照。

部首	標準字体	許容字体	音読み	訓読み
艸 艹 艹	萊☆	莱	ライ	あかざ あれち
	菱☆		リョウ	ひし
	萄☆		トウ ドウ	
	葦☆	＊	イ	あし よし
	葵		キ	あおい
	萱☆		カン ケン	かや わすれぐさ
	韮☆	韭	キュウ	にら
	萩		シュウ	はぎ
	葺☆		シュウ	ふ(く) つくろ(う)

部首：艹艹艸

標準字体	許容字体	音読み	訓読み
葱☆		ソウ	ねぎ、き、あお(い)
董		トウ	ただ(す)、とりし(まる)
葡☆		ホ、ブ	
葎		リツ	むぐら
葢	蓋の異体字		
蓑☆		サ、サイ	みの
蒜		サン	ひる、にんにく
蒔		シ、ジ	う(える)、ま(く)
蒐☆		シュウ	あつ(める)、か(り)

部首：艹艹艸

標準字体	許容字体	音読み	訓読み
蒼		ソウ	あお、あお(い)、しげ(る)、ふる(びる)、あわただ(しい)
蒲☆		ホ、ブ、フ	がま、かわやなぎ、むしろ
蒙☆		ボウ、モウ	おお(う)、こうむ(る)、くら(い)、おさ(ない)
蓉		ヨウ	
蓮		レン	はす、はちす
蔭☆		イン	かげ、おかげ、おお(う)、しげ(る)
蔚		ウツ、イ	
蔣☆	蒋★	ショウ	まこも

部首：艹艹艸

標準字体	許容字体	音読み	訓読み
蔦		チョウ	つた
蔓☆		バン、マン	つる、はびこ(る)、から(む)
蓬☆	蓬	ホウ	よもぎ
蔀		ホウ、ブ	しとみ、おお(い)
蕎☆		キョウ	
蕨☆		ケツ	わらび
蕉		ショウ	
蕊	蕋、蘂	ズイ	しべ
蕃☆		バン、ハン	しげ(る)、ふ(える)、まがき、えびす

部首	標準字体	許容字体	音読み	訓読み
艹 艹 艸	蕩☆		トウ	うご(く) とろ(ける) の(びやか) ほしいまま みだ(す) はら(う) あら(う)
	蕪☆		ブ ム	あ(れる) しげ(る) みだ(れる) かぶら
	薙☆		テイ チ	な(ぐ) か(る) そ(る)
	蕗		ロ	ふき
	薗		エン オン	その
	薩☆	薩	サツ	
	薯☆	薯	ショ ジョ	いも
	藁☆		コウ	わら

部首	標準字体	許容字体	音読み	訓読み
艹 艹 艸	藪☆	藪	ソウ	さわ やぶ
	藷☆	藷	ショ	いも さとうきび
	蘇☆		ソ ス	ふさ よみがえ(る)
	蘭		ラン	ふじばかま あららぎ
虍 (とらがしら)(とらかんむり)				
虫 (むし)(むしへん)	虻☆	蝱*	ボウ モウ	あぶ
	蚤☆		ソウ	のみ はや(い) つめ
	蛋☆		タン	あま えびす たまご
	蛙☆		ア ワ	かえる みだ(ら)

部首	標準字体	許容字体	音読み	訓読み
虫	蛤☆		コウ	はまぐり
	蛭☆		シツ テツ	ひる
	蛛☆		チュ チュウ シュ	くも
	蜎		ケン	うつく(しい)
	蛾☆		ガ ギ	まゆげ あり
	蛸☆	蛸	ショウ	たこ
	蜘☆		チ	くも
	蝦☆		カ ガ	えび がま
	蝕☆	蝕	ショク	むしば(む)

部首	標準字体	許容字体	音読み	訓読み
虫	蝶		チョウ	
	螺☆		ラ	つぶ にし にな ほらがい
	蟬☆	蝉	セン ゼン	せみ うつく(しい) つづ(く)
	蟹☆	蠏	カイ	かに
	蟻☆		ギ	あり くろ くろ(い)
	蠅☆	蠅 蝿	ヨウ	はえ
	蠣☆	蛎	レイ	かき
	蠟☆	蝋★	ロウ	
血(ち)				

部首	標準字体	許容字体	音読み	訓読み
行(ぎょう)(ぎょうがまえ)(ゆきがまえ)				
衣(ころも) 衤(ころもへん)	衿		キン	えり
	袈		ケ	
	袷		コウ	あわせ
	袴☆		コ	はかま ももひき
	裡☆		リ	うら うち
	裟		サ	
	裳☆		ショウ	も もすそ
	襖☆	襖	オウ	わたいれ ふすま あお

部首	標準字体	許容字体	音読み	訓読み
襾(おおいかんむり) 西(にし)				
見(みる)	覗☆		シ	うかが(う) のぞ(く)
角(かく)(つの)(つのへん)				
言(げん)(ごんべん)	訊☆		シン ジン	たず(ねる) と(う) き(く) たよ(り)
	訣☆		ケツ	わか(れる) おくぎ
	詑		タ	あざむ(く)
	註☆	*	チュウ	ときあか(す)
	詫☆		タ	わ(びる) ほこ(る) わび
	誼		ギ	よ(い) すじみち よしみ

部首	言	言	言	言	言	言	言	言
標準字体	諏☆	誹☆	諒	謂☆	諫☆	諺☆	諜☆	謬☆
許容字体					諫	諺		謬
音読み	シュ ス	ヒ	リョウ	イ	カン	ゲン	チョウ	ビュウ
訓読み	はか（る） と（う）	そし（る）	まこと おもいや（る） さと（る）	い（う） いわ（れ） いい	いさ（める）	ことわざ	うかが（う） さぐ（る） しめ（す） ふだ	あやま（る）

部首	言	谷（たに）（たにへん）	豆（まめ）（まめへん）	豕（ぶた）（いのこ）	豸（むじなへん）	貝（かい）（こがい）（かいへん）		
標準字体	讃☆				豹☆	貰☆	賑☆	賤☆
許容字体	讃				豹			賎
音読み	サン				ヒョウ	セイ	シン	セン ゼン
訓読み	ほ（める） たた（える） たす（ける）					もら（う） か（りる） ゆる（す）	ほどこ（す） にぎ（わう） にぎ（やか）	やす（い） いや（しい） あや（しい） いや（しめる） しず

部首	貝	赤（あか）	走（はしる）（そうにょう）	足（あし）（あしへん）			身（み）（みへん）
標準字体	贋☆	赫	趨☆	跨☆	蹄☆	蹟☆	軀☆
許容字体					*		躯
音読み	ガン	カク	スウ ソク シュ	コ	テイ	セキ シャク	ク
訓読み	にせ	あか（い） さか（ん） かがや（く） あつ（い）	はし（る） おもむ（く） はや（い） うなが（す）	また（ぐ） また（がる） よ（る） また	ひづめ わな	あと	からだ むくろ

部首	標準字体	許容字体	音読み	訓読み
車（くるま）（くるまへん）	輔		フ ホ	たす(ける) すけ
	輿☆		ヨ	こし くるま の(せる) おお(い) めしつかい はじ(め)
	輯☆		シュウ	あつ(める) やわ(らぐ)
	轍☆		テツ	わだち あとかた のり
	轟☆		ゴウ	とどろ(く) おお(いに)
	轡		ヒ	たづな くつわ
辛（からい）				
辰（しんのたつ）	辰		シン	たつ ひ とき

部首	標準字体	許容字体	音読み	訓読み
辵⻌⻍（しんにょう）（しんにゅう）	辻●☆	辻		つじ
	迂☆	迂	ウ	まが(る) うと(い) とお(い)
	迄☆	迄	キツ	いた(る) およ(ぶ) まで
	辿☆	辿	テン	たど(る)
	迦☆	迦	カ	
	迺	迺 迺	ダイ ナイ	なんじ すなわ(ち) の
	這☆	這	シャ	こ(の) これ は(う)
	逗☆	逗	トウ ズ	とど(まる) くぎ(り)
	逢☆	逢	ホウ	あ(う) むか(える) おお(きい) ゆた(か)

部首	標準字体	許容字体	音読み	訓読み
辵⻌⻍	遁☆	遁	トン シュン ジュン	のが(れる) しりご(みする)
	逼☆	逼	ヒツ ヒョク	せま(る)
	遥		ヨウ	さまよ(う) はる(か) とお(い) なが(い)
	遼		リョウ	はる(か)
邑阝（おおざと）	邑		ユウ オウ	むら みやこ くに うれ(える)
	郁		イク	かぐわ(しい) さか(ん)
	耶		ヤ	か
	鄭☆	鄭	ジョウ テイ	ねんご(ろ)

部首	標準字体	許容字体	音読み	訓読み
酉（ひよみのとり）（こよみのとり）（とりへん）	酉		ユウ	とり ひよみのとり
	酋☆	酋	シュウ	おさ かしら
	醇		シュン ジュン	もっぱ（ら） あつ（い）
	醍☆		ダイ テイ	
	醐☆		コ ゴ	
	醬☆	醤★	ショウ	ししびしお ひしお
	醱☆	醗	ハツ	かも（す）
釆（のごめ）（のごめへん）				
里（さと）（さとへん）				

部首	標準字体	許容字体	音読み	訓読み
金（かね）（かねへん）	釘☆		チョウ テイ	くぎ
	釦		コウ	かざ（る） ボタン
	釧☆		セン	うでわ くしろ
	鈷		コ	
	鉤☆	鈎	ク コウ	かぎ つりばり か（ける） おびどめ ま（がる）
	鉦☆		セイ ショウ	かね
	銑		セン	ずく
	鉾☆		ボウ ム	ほこ きっさき

部首	標準字体	許容字体	音読み	訓読み
金	銚☆		チョウ ヨウ	なべ すき とくり
	鋪		ホ	し（く） みせ
	鋤☆		ショ ジョ	すき す（く）
	鋒☆		ホウ	ほこさき きっさき ほこ さきがけ
	鋲●		ビョウ	
	鋸☆		キョ	のこぎり のこ
	錘		スイ	つむ おもり
	錐☆		スイ	きり するど（い）

部首	標準字体	許容字体	音読み	訓読み
金	錆☆	錆	ショウ セイ	さび さ（びる）
	錫☆		シャク セキ シ	すず つえ たまもの
	鍔		ガク	つば
	鍬☆		ショウ シュウ	すき くわ
	鍾☆		ショウ	さかずき あつ（める） つりがね
	鍍		ト	めっき
	錨		ビョウ	いかり
	鎧☆		カイ ガイ	よろい よろ（う）
	鎗		ショウ ソウ	やり

部首	標準字体	許容字体	音読み	訓読み
金	鎚☆	鎚	タイ ツイ	つち かなづち
	鏑		テキ	やじり かぶら かぶらや
	鐙		トウ	たかつき あぶみ
	鐸☆		タク	すず
	鑓●☆	鑓		やり
長（ながい）				
門（もんがまえ）	閃☆		セン	ひらめ（く）
	閏☆		ジュン	うるう
	閤☆		コウ	くぐりど へや たかどの

部首	標準字体	許容字体	音読み	訓読み
阜 阝（こざとへん）	阿		ア	くま よ（る） おもね（る） ひさし お
	陀☆		ダ タ	
	隈☆		ワイ	くま すみ
	隙	隙	の異体字	
隶（れいづくり）				
隹（ふるとり）	隼		シュン ジュン	はやぶさ
	雀☆		ジャク	すずめ
	雁☆	鴈	ガン	かり

部首	標準字体	許容字体	音読み	訓読み
隹	雛		スウ ス	ひな ひよこ
雨（あめ）（あめかんむり）（あまかんむり）	雫 ●☆		ダ	しずく
	霞		カ	かすみ かす（む）
青靑（あお）				
非（あらず）（ひ）				
面（めん）				
革（かくのかわ）（つくりがわ）（かわへん）	靱 ☆	靭 靱	ジン	しな（やか）
	鞄 ☆	鞄	ホウ	かばん なめしがわ
	鞍 ☆		アン	くら

部首	標準字体	許容字体	音読み	訓読み
革	鞘 ☆	鞘	ショウ	さや
	鞠		キク	まり やしな（う） とりしら（べる） かが（む）
	鞭 ☆		ヘン ベン	むち むちう（つ）
	韃	韃	タツ ダツ	むち むちう（つ）
韋（なめしがわ）				
韭（にら）				
音（おと）				
頁（おおがい）	頁 ☆		ケツ ヨウ	かしら ページ
	頗 ☆		ハ	かたよ（る） すこぶ（る）

部首	標準字体	許容字体	音読み	訓読み
頁	頚 ☆	頚	ケイ	くび
	顛 ☆	顛	テン	いただき たお（れる） くつがえ（る）
風（かぜ）				
飛（とぶ）				
食（しょく） 𩙿 飠（しょくへん）	飴 ☆	飴	イ	あめ
	餐 ☆		サン	く（う） の（む） たべもの
	饗 ☆	饗*	キョウ	あえ もてな（す） う（ける）
首（くび）				
香（か）（かおり）	馨		キョウ ケイ	かお（り） かお（る）

部首	標準字体	許容字体	音読み	訓読み
馬（うま）（うまへん）	馴☆		シュン ジュン クン	な（れる） な（らす） すな（お） よ（い） おし（え）
	馳☆		ジ チ	は（せる）
	駁☆		バク ハク	まだら ぶち なじ（る） ま（じる）
	駈		ク	か（ける） か（る）
	駕☆		ガ	の（る） のりもの あつか（う） しの（ぐ）
	駿		シュン スン	すぐ（れる）
	驒☆	騨	タン タ ダ	
骨（ほね）（ほねへん）				

部首	標準字体	許容字体	音読み	訓読み
高（たかい）				
髟（かみがしら）（かみかんむり）	髭☆		シ	くちひげ ひげ
鬥（とうがまえ）（たたかいがまえ）				
鬯（ちょう）				
鬲（かなえ）				
鬼（おに）（きにょう）	魁		カイ	かしら さきがけ おお（きい） おさ
魚（うお）（うおへん）（さかなへん）	魯☆		ロ	おろ（か）
	鮎		デン ネン	あゆ
	鮒☆		フ	ふな

部首	標準字体	許容字体	音読み	訓読み
魚	鮪		イ ユウ	まぐろ しび
	鮭☆		ケイ カイ	さけ さかな
	鮫☆		コウ	さめ
	鯉		リ	こい てがみ
	鯖☆	鯖	ショウ セイ	さば よせなべ
	鯛		チョウ トウ	たい
	鰍		シュウ	どじょう いなだ かじか
	鰐☆		ガク	わに
	鰭		キ	ひれ はた

常用
準1級
1級
旧字体
国字
参考資料
Q&A

部首	魚							鳥（とり）（とりへん）	
標準字体	鰯●☆	鰹☆	鰺☆	鰻☆	鱈●	鱒☆	鱗☆	鳩	鳶☆
許容字体	鰯		鯵		鱈	鱒	*1		
音読み		ケン	ソウ	バン マン	セツ	ソン ゾン	リン	キュウ ク	エン
訓読み	いわし	かつお	あじ	うなぎ	たら	ます	うろこ	はと あつ（める） やす（んずる）	とび とんび

*1 本書279頁 B-(1)参照。

部首	鳥							
標準字体	鳳	鴇	鴛	鴨☆	鴦	鴫●	鴻	鵠☆
許容字体								*
音読み	ブウ ホウ	ホウ	エン	オウ	オウ		コウ	コウ コク
訓読み	おおとり	のがん とき	おしどり	かも	おしどり	しぎ	おおとり おお（きい）	くぐい しろ（い） まと ただ（しい） おお（きい）

部首	鳥								
標準字体	鵜☆	鵡☆	鵬	鶯☆	鷗☆	鷲☆	鷹	鷺☆	鸚☆
許容字体				鴬	鴎★				
音読み	テイ	ブ ム	ホウ	オウ	オウ	シュウ ジュ	ヨウ オウ	ロ	オウ イン
訓読み	う		おおとり	うぐいす	かもめ	わし	たか	さぎ	

部首	標準字体	許容字体	音読み	訓読み
鹵（しお）	鹼☆	鹸★	ケン	しおけ あく
鹿（しか）	麒		キ	きりん
	麟	＊1	リン	きりん
麦麥（ばくにょう）	麴☆	麹★	キク	こうじ さけ
	麪	麺	（麺の旧字体）の異体字	
麻麻（あさ）（あさかんむり）	麿●			まろ
黄黃（き）				
黍（きび）	黍		ショ	きび
黒黑（くろ）	黛		タイ	まゆずみ かきまゆ まゆ

＊1 本書279頁 B-(1)参照。

部首	標準字体	許容字体	音読み	訓読み
黹（ふつへん）				
黽（べんあし）				
鼎（かなえ）	鼎☆		テイ	かなえ まさ（に）
鼓（つづみ）				
鼠（ねずみ）（ねずみへん）	鼠☆		ソ ショ ス	ねずみ
鼻（はな）（はなへん）				
斉齊（せい）				
歯齒（は）（はへん）				
竜龍（りゅう）				

部首	標準字体	許容字体	音読み	訓読み
亀龜（かめ）				
龠（やく）				

出題の対象となる 1級用 漢字音訓表

一、部首（第一段）原則として『康熙字典』に準拠した。

二、漢字の字体

①標準字体（第二段）

許容字体（第三段）「漢検」1・準1級の解答に用いても正解とする字体。

※このほかにも、デザインなどの差異があっても正解とする場合がある。デザイン差については、「（付）字体についての解説」（本書269頁）及び「表外漢字における字体の違いとデザインの違い」（本書276頁）を参照。

なお、本書278頁「4　表外漢字だけに適用されるデザイン差について」に例として挙げられている漢字は、「許容字体」欄に＊印で示し、直接の例ではないが参照すべき例が挙げられている場合は、「許容字体」欄に＊1、2…などと示し、欄外に参照箇所を記した。また、（　）に入れた＊印は、標準字体ではなく許容字体に対するものであることを表している。

②字のなかに「艹・艹・艹」の部分を含むものは、便宜上「艹」に統一した。

③●印　国字（和字）とされるもの（本書255頁参照）。

☆印　印刷標準字体
★印　簡易慣用字体 ｝国語審議会答申「表外漢字字体表」（平成12年）による（本書288頁参照）。

三、読み

①音読み（第四段）

②訓読み（第五段）

※字義も含む。

※自動詞・他動詞がある場合、その一方を省略したものがある。

部首	標準字体	許容字体	音読み	訓読み
一（いち）	弌		イチ イツ	ひと ひと（つ）
	丐		カイ	こ（う） こじき
	丕		ヒ	おお（きい） う（ける） もと
丨（ぼう）（たてぼう）	丫		ア	あげまき つのがみ
	丱		カン ケン	あげまき おさな（い）
丶（てん）				
丿（の）（はらいぼう）	乂		ガイ	か（る） おさ（める） すぐ（れる）
	乖☆		カイ	そむ（く） もと（る） へだ（たる） こざか（しい）
乙乚（おつ）				

部首	標準字体	許容字体	音読み	訓読み
亅（はねぼう）	予		ヨ	あた（える） ゆる（す） われ
二（に）	于☆		ウ ク	ああ ここ（に） ゆ（く）
	弍		ニ ジ	なら（ぶ） つ（ぐ） うたが（う）
	亟		キョク キ	すみ（やか） しばしば
亠（なべぶた）（けいさんかんむり）	亢☆		コウ	のど たか（い） たかぶ（る） あ（がる） きわ（める） あ（たる）
	亶		タン セン	あつ（い） ほしいまま まこと もっぱ（ら）
人（ひと） 亻（にんべん） 𠆢（ひとやね）	仍		ジョウ ニョウ	よ（る） かさ（なる） しきり（に） なお

部首	標準字体	許容字体	音読み	訓読み
人亻𠆢	仄☆		シキ ショク ソク	かたわ（ら） かたむ（く） そばだ（つ） ほの（か） いや（しい） うらがえ（る） ほの（めく） ほの（めかす）
	仆		フ ホク	たお（れる） し（ぬ）
	仂		ロク リョク リキ	あま（り） つと（める）
	仗		ジョウ	つわもの ほこ まも（り） よ（る）
	仞	仭	ジン	ひろ はか（る）
	仟		セン	かしら
	价		カイ	よ（い） よろ（う）
	伉		コウ	たぐい なら（ぶ） つよ（い） おご（る）

部首	人イ𠆢						
標準字体	佚	估	佝	佗	佇☆	佞	余
許容字体							
音読み	イツ テツ	コ	ク コウ	タ イ	チョ	デイ ネイ	ヨ
訓読み	たの(しむ) やす(んずる) あそ(ぶ) のが(れる) うしな(う) うつく(しい) ゆる(い) たが(いに)	あたい あきな(う)	ま(がる) おろ(か)	ほか にな(う) みだ(す) わび わび(しい) わ(びる)	たたず(む) たちど(まる) ま(つ)	おもね(る) へつら(う) よこしま	われ

部首	人イ𠆢								
標準字体	佶	侈	侏	侘☆	佻	佩	佰	侑	佯
許容字体									
音読み	キツ	シ	シュ	タ	チョウ	ハイ	ハク ヒャク	ウ ユウ	ヨウ
訓読み	よ(い) かた(い)	おご(る) ほしいまま おお(きい) ひろ(い)	みじか(い)	ほこ(る) わ(びる) わび(しい) わび	かる(い) かるがる(しい)	おびだま お(びる) は(く)	おさ	すす(める) むく(いる) たす(ける) ゆる(す)	いつわ(る) さまよ(う)

部首	人イ𠆢								
標準字体	侖	俔	俟	俎	俘	俛	俑	俚	俐
許容字体						俛			
音読み	ロン リン	ケン	シ	ショ ソ	フ	ベン メン フ	ヨウ トウ	リ	リ
訓読み	おも(う) つい(ずる)	うかが(う) しの(び)	ま(つ)	まないた	とりこ と(る)	ふ(せる)	ひとがた いた(む)	いや(しい) ひな	かしこ(い) さか(しい)

部首	人 亻 𠆢								
標準字体	俤●☆	俥●	倚	倨	倔	倪	倥	倅	俶
許容字体								伜	
音読み			イ キ	キョ	クツ	ゲイ	コウ	サイ ソツ	シュク テキ
訓読み	おもかげ	くるま	よ(る) たの(む)	おご(る)	つよ(い)	かよわ(い) ながしめ きわ	おろ(か) いそが(しい) ぬか(る)	たす(け) にわ(か) せがれ	よ(い) はじ(める) すぐ(れる)

部首	人 亻 𠆢							
標準字体	倡	倩	倬	俾	俯☆	們	倆	偃
許容字体		倩		俾				
音読み	ショウ	セン セイ	タク	ヒ ヘイ	フ	モン	リョウ	エン
訓読み	わざおぎ あそびめ とな(える)	うつく(しい) むこ やと(う) つらつら	おお(きい) たか(い) あき(らか)	しもべ たす(ける) にら(む)	ふ(す) ふ(せる) うつむ(く) うつぶ(す)	ともがら	うでまえ	ふ(す) ふ(せる) や(める) せ(く) おご(る)

部首	人 亻 𠆢								
標準字体	偕	偐	偈☆	偖	偬	偸	做	傀	傚
許容字体		偐	偈			偷			
音読み	カイ	ガン ゲン	ケツ ケイ ゲ	シャ	ソウ	トウ チュウ	サク サ	カイ	コウ
訓読み	とも(に)	にせ にせもの	はや(い) すこ(やか) いこ(う)	さて	せわ(しい)	ぬす(む) かりそめ かろ(んずる) うす(い)	な(す)	おお(きい) くぐつ でく	なら(う) まね(る)

部首	人亻𠆢								
標準字体	傅	傴	僉	僊	僂	僖	僥	僭	僮
許容字体				僊				僣	
音読み	フ	ウ	セン	セン	ロウ ル	キ	ギョウ	セン	トウ ドウ
訓読み	もり かしず(く) つ(く) し(く)	かが(む) かわい(がる) つつし(む)	みな	やまびと せんにん	かが(める) ま(げる)	よろこ(ぶ) たの(しむ)	もと(める) ねが(う)	なぞら(える) おご(る)	わらべ おろ(か) しもべ

部首	人亻𠆢								
標準字体	僵	儁	儂	儕	儔	儚	儡	儳	儺
許容字体									
音読み	キョウ	シュン	ドウ ノウ	サイ セイ	チュウ ジュ	ボウ モウ	ライ	サン ザン	ダ ナ
訓読み	こわ(ばる) たお(れる)	すぐ(れる) まさ(る)	わし われ	ともがら	ともがら	くら(い) はかな(い) はかな(む)	つか(れる) くぐつ でく	さしで(る) ふぞろ(い)	おにやらい

部首	人亻𠆢			儿(ひとあし)(にんにょう)			入(いる) 𠆢(いりがしら)	八(はち) ハ(は)	冂(どうがまえ)(けいがまえ)(まきがまえ)
標準字体	儷	儼	儻	兀	兌	兢	兪	冀	冉
許容字体							俞		冄
音読み	レイ	ゲン	トウ	コツ ゴツ	ダ タイ エツ エイ	キョウ	ユ	キ	ゼン ネン
訓読み	なら(ぶ) つれあい	いかめ(しい) おごそ(か)	すぐ(れる) も(し) ある(いは)	たか(い)	か(える) とりか(える) よろこ(ぶ) するど(い)	つつし(む) おそ(れる)	しか(り)	こいねが(う)	しな(やか)

部首	標準字体	許容字体	音読み	訓読み
冂	冏		キョウ ケイ	あき(らか)
	冑☆	冑	チュウ	かぶと よろい
	冓	冓	コウ	く(む) かま(える)
	冕	冕	ベン	かんむり
冖(わかんむり)(ひらかんむり)	冤☆	冤 冤＊2	エン	ぬれぎぬ あだ
	冢		チョウ	つか おお(きい) かしら
	冪		ベキ	おお(う)
冫(にすい)	冱		コ ゴ	こお(る) さむ(い) さ(える)

＊2 本書279頁 B-(2)参照。

部首	標準字体	許容字体	音読み	訓読み
冫	冽		レツ	さむ(い) つめ(たい)
	凊	凊	セイ	すず(しい) さむ(い)
	凅		コ	こお(る)
	凜	凛	リン	さむ(い) すさ(まじい)
几(つくえ)	几☆		キ	つくえ ひじかけ
	凩●			こがらし
	凭		ヒョウ	よ(る) もた(れる)
凵(うけばこ)(かんがまえ)				
刀(かたな) 刂(りっとう)	刋		セン	き(る) けず(る)

部首	標準字体	許容字体	音読み	訓読み
刀 刂	刔		ケツ	えぐ(る)
	刎		フン ブン	は(ねる) くびは(ねる)
	刪	删 刪	サン	けず(る) えら(ぶ)
	刮		カツ	けず(る) こす(る) こそ(げる)
	刳		コ	えぐ(る) く(る) さ(く)
	剏	剏	ソウ ショウ	はじ(める) そこ(なう)
	剄		ケイ	くびき(る)
	剋☆		コク	か(つ) きざ(む) き(める) きび(しい)
	剌		ラツ	もと(る) そむ(く)

部首	刂刀							
標準字体	剞	剔	剪	剴	剳	剿	剽	劈
許容字体			剪			剿		
音読み	キ	テキ テイ	セン	ガイ	サツ トウ	ソウ ショウ	ヒョウ	ヘキ
訓読み	きざ(む) ほ(る)	えぐ(る) のぞ(く) そ(る)	き(る) つ(む) ほろ(ぼす) はさみ はさ(む)	あ(たる) あては(まる)	かぎ かま	た(つ) ほろ(ぼす) かすめと(る)	すばや(い) かる(い) おびや(かす) かすめと(る)	さ(く) つんざ(く)

部首	力(ちから)								
標準字体	劬	劭	劼	勁	勍	勗	勣	勦	飭
許容字体						勖			飭
音読み	ク グ	ショウ	カツ	ケイ	ケイ	キョク	セキ	ショウ ソウ	チョク
訓読み	つか(れる)	つと(める)	つつし(む) つと(める)	つよ(い)	つよ(い)	つと(める) はげ(ます)	いさお	た(つ) ほろ(ぼす) かすめと(る) すばや(い)	つつし(む) ただ(す) いまし(める) ととの(える)

部首	力	勹(つつみがまえ)						匕(ひ)	匚(はこがまえ)
標準字体	勠	匆	匈☆	甸	匍	匐	匏	匕	匚
許容字体									
音読み	リク	ソウ	キョウ	テン デン	ホ	フク	ホウ	ヒ	ホウ
訓読み	あわ(せる)	いそが(しい) あわ(てる)	むね わる(い) かまびす(しい)	おさ(める) か(り) か(る)	は(う) はらば(う)	は(う) はらば(う)	ひさご ふくべ	さじ	はこ

部首	標準字体	許容字体	音読み	訓読み
匚	匣		コウ	はこ こばこ
	匯		カイ ワイ	めぐ（る） かわせ
	匱		キ ギ	ひつ はこ とぼ（しい）
	匳		レン	こばこ くしげ
匸（かくしがまえ）				
十（じゅう）	卅	丗	ソウ	みそ
	卉☆	卉	キ	くさ さか（ん）
	卍		バン マン	まんじ
卜（と）（うらない）				

部首	標準字体	許容字体	音読み	訓読み
卩 㔾（わりふ）（ふしづくり）	卮	巵	シ	さかずき
	卻	却 の異体字		
厂（がんだれ）	厖		ボウ	おお（きい） あつ（い） いりま（じる）
	厥		ケツ クツ	ま（げる） ぬか（ずく） その それ
	厲		レイ	とい し と（ぐ） するど（い） はげ（しい） はげ（む） しいた（げる） えやみ や（む） わざわ（い）
厶（む）	簒	簒	サン セン	うば（う） と（る）
又（また）	叟☆	*	ソウ	おきな としよ（り）
	燮		ショウ	やわら（げる）

部首	標準字体	許容字体	音読み	訓読み
口（くち）（くちへん）	叮		テイ	ねんご（ろ）
	叨		トウ	みだ（りに） う（ける） むさぼ（る）
	叭		ハ	
	叺•			かます
	吁		ク キョ	ああ なげ（く）
	吽		ゴウ ウン	
	听		キン	わら（う） ポンド
	吭		コウ	のど くび かなめ
	吼☆		ク コウ	ほ（える）

部首	標準字体	許容字体	音読み	訓読み
口	吮		シュン セン	す(う) な(める)
	吶		トツ ドツ	ども(る) さけ(ぶ)
	吩		フン	ふ(く) いいつ(ける)
	吝		リン	お(しむ) しわ(い) けち やぶさ(か)
	呎●			フィート
	呏●			ガロン
	咏☆		エイ	うた(う) うた
	呵☆		カ	しか(る) わら(う) ふ(く)
	咎☆		キュウ	とが とが(め) とが(める)

部首	標準字体	許容字体	音読み	訓読み
口	呟☆		ゲン	つぶや(く)
	呱	呱	コ	な(く)
	呷		コウ	す(う) かまびす(しい) あお(る)
	呰		シ	そし(る) きず
	呻☆		シン	うめ(く) うな(る)
	咀		ショ ソ	か(む) あじ(わう)
	呶		ド ドウ	かまびす(しい)
	咄☆		トツ	しか(る) したう(ち) はなし
	咐		フ ホ	ふ(く) いいつ(ける)

部首	標準字体	許容字体	音読み	訓読み
口	咆		ホウ	ほ(える)
	哇		アイ ア ワ	は(く)
	咢		ガク	いいあらそ(う) おどろ(く)
	咸☆		カン	みな ことごと(く)
	咥		キ テツ	わら(う) か(む) くわ(える)
	咬☆		コウ ヨウ	か(む) かじ(る)
	哄		コウ	どよ(めき) わら(う)
	哈		コウ ゴウ ソウ ハ	すす(る)
	咨		シ	はか(る) なげ(く) ああ

部首	標準字体	許容字体	音読み	訓読み
口	咫		シ	ちか(い) みじか(い) た あた
口	哂		シン	わら(う) あざわら(う)
口	咤☆		タ	しか(る) したう(ち)
口	哥		カ	うた(う) うた
口	哦		ガ	うた(う) ぎん(ずる)
口	唏		キ	すすりな(く) なげ(く)
口	唔		ゴ	
口	哽		コウ	むせ(ぶ) ふさ(がる)
口	哮		コウ	ほ(える) たけ(る)

部首	標準字体	許容字体	音読み	訓読み
口	哭☆		コク	な(く)
口	嘮		ロウ	さえず(る)
口	哳		タツ	
口	唹	唹	オ ヨ	わら(う)
口	啀		ガイ	いが(む)
口	啣		カン ガン	くわ(える)
口	售		シュウ	う(る)
口	啜☆		セツ テツ	すす(る) すすりな(く)
口	啅		タク トウ	かまびす(しい) ついば(む) さえず(る)

部首	標準字体	許容字体	音読み	訓読み
口	啖☆	啗	タン	く(う) く(らう) く(らわす)
口	唸☆		テン	うな(る) うな(り)
口	唳	唳	レイ	な(く)
口	喑		イン	な(く) だま(る)
口	喙		カイ	くちばし ことば
口	喀☆		カク	は(く)
口	喊		カン	さけ(ぶ)
口	喟		キ	なげ(く) ためいき
口	啻		シ	ただ ただ(に)

部首	標準字体	許容字体	音読み	訓読み
口	啾		シュウ	な(く)
	喘☆		ゼン セン	あえ(ぐ) せき せ(く)
	喞	唧	ショク ソク	な(く) そそ(ぐ) かこ(つ)
	啼☆		テイ	な(く)
	喃		ダン ナン	しゃべ(る) のう
	喇		ラツ ラ	
	喨		リョウ	
	嗚☆		オ	ああ なげ(く)
	嗇		ショク	お(しむ) やぶさ(か) とりい(れ)

部首	標準字体	許容字体	音読み	訓読み
口	嗟☆		サ	ああ なげ(く)
	嗄		サ	か(れる) しわが(れる)
	嗜☆		シ	たしな(む) たしな(み)
	嗤		シ	わら(う) あざわら(う)
	嗔		シン	いか(る) いか(り)
	嘔☆		オウ ク	は(く) むかつ(く) うた(う) やしな(う)
	嗷		ゴウ	かまびす(しい)
	嘖		サク	さけ(ぶ) かまびす(しい) さいな(む)
	嗾		ソウ	そそのか(す) けしか(ける)

部首	標準字体	許容字体	音読み	訓読み
口	嗽		ソウ ソク	せ(く) せき くちすす(ぐ) うがい す(う)
	嘛		マ	
	噁		オ アク	いか(る)
	噎		イツ エツ	むせ(ぶ) む(せる) ふさ(がる)
	嘴☆		シ	くちばし はし
	嘶		セイ	いなな(く) しわが(れる)
	嘸		ブ ム	さぞ
	噫		イ アイ	ああ おくび
	噤		キン	つぐ(む) と(じる)

部首	標準字体	許容字体	音読み	訓読み
口	嘯		ショウ シツ	うそぶ(く) うな(る) ほ(える) しか(る)
口	噬		セイ ゼイ	か(む) く(う)
口	噪		ソウ	さわ(ぐ) さわ(がしい)
口	噯		アイ	ああ おくび
口	噦		エツ	しゃっく(り) しゃく(り) しゃく(る) むかつ(く)
口	嚆		コウ	さけ(ぶ) なりひび(く)
口	嚀		ネイ	ねんご(ろ)
口	嚊		ヒ	はないき かか かかあ
口	嚠		リュウ	

部首	標準字体	許容字体	音読み	訓読み
口	嚔	嚏	テイ	はなひ(る) くさめ くしゃみ
口	嚥☆		エン	の(む) のど
口	嚮	嚮	キョウ	む(かう) む(く) さき(に) ひび(く)
口	嚬		ヒン	ひそ(める) しか(める) ひそ(み)
口	嚶		オウ	な(く)
口	囂		キョウ ゴウ	かまびす(しい) やかま(しい) わずら(わしい)
口	嚼		シャク	か(む) あじ(わう)
口	囁☆		ショウ ジョウ	ささや(く)
口	囃☆		ソウ	はやし はや(す)

部首	標準字体	許容字体	音読み	訓読み
口	囀☆	*	テン	さえず(る)
口	囈		ゲイ	うわごと たわごと
囗(くにがまえ)	囮	化(囮)	カ	おとり
囗(くにがまえ)	囹		レイ	ひとや
囗(くにがまえ)	圀	國	(国の旧字体の異体字)	
囗(くにがまえ)	囿		ユウ	その
囗(くにがまえ)	圄		ゴ ギョ	ひとや とら(える)
囗(くにがまえ)	圉		ギョ ゴ	ひとや まきば うまかい か(う) ふせ(ぐ)

部首	囗	土（つち）（つちへん）（どへん）							
標準字体	圜	圦•	坎	圻	址☆	坏	坩	坡	坿
許容字体			埳						
音読み	カン エン		カン	キ	シ	ハイ	カン	ハ ヒ	フ ブ
訓読み	めぐ（る） めぐ（らす） まる（い）	いり	あな なや（む）	さかい きし	あと	おか つき	つぼ るつぼ	さか つつみ なな（め）	ま（す）

部首	土								
標準字体	垓	垠	垤	埃☆	埆	埒☆	堊	堋	堙
許容字体								堋	堙
音読み	カイ ガイ	ギン	テツ	アイ	カク	ラチ ラツ	ア アク	ホウ ボウ	イン
訓読み	はて さかい	かぎり さかい きし	ありづか つか	ちり ほこり	そね やせち	かこ（い）	しろつち いろつち	ほうむ（る） あずち	ふさ（ぐ） ふさ（がる） うず（める） うず（もれる）

部首	土								
標準字体	堝	堡	堽	塋	塒	塹	墅	塿	墟☆
許容字体			岡						墟
音読み	カ	ホウ ホ	の異体字	エイ	シ ジ	ザン セン	ショ ヤ	ル ロウ	キョ
訓読み	るつぼ	とりで つつみ		はか つか	とや ねぐら とぐろ	ほり あな ほ（る）	なや しもやしき のはら	つか おか	おか あと

部首	土						士（さむらい）	夂（ち）	夊（すいにょう）
標準字体	壅	壎	壑	壙☆	壜	壟	壼		夐
許容字体									夐
音読み	ヨウ	ケン	ガク	コウ	タン ドン	リョウ ロウ	コン		ケイ
訓読み	ふさ（ぐ） さえぎ（る）	つちぶえ	たに みぞ	あな むな（しい） のはら	びん	うね つか	おく しきみ		はる（か） とお（い） なが（い）

部首	夕（た）（ゆうべ）	大（だい）					
標準字体	夥	夬	夭	夲	夸	夾	奕
許容字体							
音読み	カ	カイ ケツ	ヨウ	トウ	コ カ	キョウ	エキ ヤク
訓読み	おびただ（しい） おお（い） なかま	わ（ける） き（める） ゆがけ	わか（い） わかわか（しい） うつく（しい） わざわ（い） わかじに	すす（む）	ほこ（る） おご（る）	さしはさ（む） はさ（む） ま（じる）	いご ばくち うつく（しい） うれ（える） かさ（なる） おお（きい）

部首	大						女（おんな）（おんなへん）		
標準字体	奐	奎	奚	奘	奠	奢☆	奸☆	妁	妝
許容字体				奘				妁	
音読み	カン	ケイ キ	ケイ	ソウ ゾウ ジョウ	テン デン	シャ	カン	シャク	ソウ ショウ
訓読み	あき（らか） おお（きい）	とかきぼし また	しもべ なん（ぞ） なに	さか（ん）	まつ（る） そな（える） さだ（める）	おご（る）	おか（す） よこしま	なこうど	よそお（う） よそお（い）

部首	女								
標準字体	妣	妲	姆	姨	姜	姸☆	姙	姮	姚
許容字体						妍		嫦	
音読み	ヒ	ダツ	ボ モ	イ	キョウ	ケン ゲン	ニン	コウ	ヨウ
訓読み	なきはは		うば	おば		うつく(しい)	はら(む) みごも(る)		うつく(しい) はる(か)

部首	女								
標準字体	娥	娟	娑☆	娜	娉	婀	婬	婉☆	娵
許容字体				娜					
音読み	ガ	ケン エン	サ シャ	ダ ナ	ヘイ ホウ	ア	イン	エン	ソウ シュ
訓読み	うつく(しい)	うつく(しい) しな(やか)		しな(やか)	と(う) めと(る) め(す)	たお(やか)	たわむ(れる) みだ(ら)	しと(やか) うつく(しい) したが(う) すなお	たおやめ よめ

部首	女								
標準字体	娶☆	婢	婪	媚☆	媼	媾	嫋	嫂	媽
許容字体		婢				媾		嫂	
音読み	シュ シュウ	ヒ	ラン	ビ	オウ	コウ	ジョウ	ソウ	ボ モ
訓読み	めと(る)	はしため	むさぼ(る)	こ(びる) こび うつく(しい)	おうな うば	まじ(わる) よしみ	たお(やか) しな(やか) そよ(ぐ)	あによめ	はは

部首	女								
標準字体	嫣	嫗	嫩	嫖	嫺	嫻	嬌☆	嬋	嬖
許容字体									
音読み	エン	オウ ウ	ドン ノン	ヒョウ	カン	カン	キョウ	セン ゼン	ヘイ
訓読み		おうな あたた(める)	わか(い)	かる(い) みだ(ら)	みやび(やか) なら(う)	みやび(やか) なら(う)	なまめ(かしい)	あで(やか)	おきにい(り) かわい(がる)

部首	女						子(こ)(こへん)		
標準字体	嬲	嬪	嬶●	嬾	孅	孀	孒	孑	孕☆
許容字体									
音読み	ジョウ	ヒン		ラン	セン	ソウ	キョウ	ケツ ゲツ	ヨウ
訓読み	なぶ(る)	ひめ そ(う) こしもと	かか かかあ	おこた(る) ものう(い)	かよわ(い) こま(かい)	やもめ	ぼうふら	ひと(り)	はら(む) みごも(る)

部首	子							
標準字体	孚	孛	孥	孩	孰	孳	孵☆	孺
許容字体						孶 孳		
音読み	フ	ハイ ボツ	ド ヌ	カイ ガイ	ジュク	ジ シ	フ	ジュ
訓読み	かえ(す) まこと はぐく(む)	ほうきぼし	つまこ	あかご ちのみご	たれ つまび(らか) いず(れ)	う(む) しげ(る) つと(める)	かえ(る) かえ(す)	ちのみご おさな(い)

部首	子	宀（うかんむり）							
標準字体	孼	宦☆	宸☆	寇	寔	寐	寤	寞	寥☆
許容字体	孽			冦					
音読み	ゲツ	カン	シン	コウ	ショク	ビ	ゴ	バク マク	リョウ
訓読み	ひこばえ わざわ（い） わきばら	つかさ つか（える）	のき	あだ かたき	まこと（に）	ね（る）	さ（める） さと（る）	さび（しい） しず（か）	さび（しい） しず（か）

部首	宀	寸（すん）	小（しょう）	尢（だいのまげあし）	尸（かばね）（しかばね）				
標準字体	寰		尠	尨	尸	尹☆	屁☆	屎☆	屛☆
許容字体									屏★
音読み	カン		セン	ボウ	シ	イン	ヒ	シ	ヘイ ビョウ
訓読み			すく（ない）	むくいぬ ま（じる） おお（きい）	しかばね かばね かたしろ つかさど（る）	おさ おさ（める） ただ（す）	へ	くそ	かき ついたて しりぞ（く） しりぞ（ける） おお（う）

部首	尸			屮（てつ）	山（やま）（やまへん）				
標準字体	屠☆	孱	屭	屮	屶●	屹☆	岌	岑	岔
許容字体	屠		屓						
音読み	ト	セン サン	キ	テツ ソウ		キツ	キュウ ギュウ	ギン シン	サ タ
訓読み	ほふ（る） さ（く）	よわ（い） おと（る）	ひいき	め めば（える）	なた	そばだ（つ） けわ（しい）	たか（い）	みね けわ（しい）	

部首	山								
標準字体	岫	峙☆	峭	峪	崟	崛	崑	崔	崢
許容字体									
音読み	シュウ	ジ チ	ショウ	ヨク	ギン	クツ	コン	サイ スイ	ソウ
訓読み	くき いわあな みね	そばだ(つ) そな(える) たくわ(える)	けわ(しい) きび(しい)	たに	みね たか(い)	そばだ(つ)		たか(い) おお(きい) まじ(わる)	たか(い) けわ(しい)

部首	山							
標準字体	崚	崙	嵌☆	嵒	嵎	嵋	嵬	嶇
許容字体		崘						
音読み	リョウ	ロン	カン	ガン	グ グウ	ビ	カイ ガイ ギ	ク
訓読み	たか(い) けわ(しい)		あな ほらあな けわ(しい) は(める) はめこ(む) ちりば(める)	いわ いわお けわ(しい)	くま すみ		たか(い) おお(きい)	けわ(しい)

部首	山								
標準字体	嶄	嶂	嶢	嶝	巇	嶮	嶷	嶼	巉
許容字体									
音読み	サン ザン	ショウ	ギョウ	トウ	ギ	ケン	ギ ギョク	ショ	サン ザン
訓読み	けわ(しい)	みね	けわ(しい)	さか さかみち	けわ(しい)	けわ(しい)	たか(い) さと(い) かしこ(い)	しま	けわ(しい)

部首	標準字体	許容字体	音読み	訓読み
山	巍		ギ	たか(い) おお(きい)
	巓		テン	いただき
	巒		ラン	みね やまなみ
川(かわ) 巛(まげかわ)				
工(え)(たくみ)(たくみへん)	巫☆		フ ブ	みこ かんなぎ
己(おのれ)	巳☆		イ	すで(に) のみ や(む) はなは(だ)
巾(はば)(はばへん)(きんべん)	帚☆		ソウ シュウ	は(く) ほうき
	帙		チツ	ふまき ふみづつ(み)
	帑		ド トウ	かねぐら つまこ

部首	標準字体	許容字体	音読み	訓読み
巾	帛☆		ハク	きぬ しろぎぬ ぬさ
	帷☆		イ	とばり かたびら
	幄		アク	とばり
	幃	＊1	イ	とばり
	幀		テイ チョウ	
	幎		ベキ	おお(う) とばり
	幗		カク	かみかざ(り)
	幔		バン マン	まく
	幟☆		シ	のぼり しるし

＊1　本書279頁　B-(1)参照。

部首	標準字体	許容字体	音読み	訓読み
巾	幢		トウ ドウ	はた
	幫	幇	ホウ	たす(ける) なかま
干(かん)(いちじゅう)	幵		ケン	たい(ら)
	幷☆	并★	ヘイ	あわ(せる) なら(ぶ)
幺(よう)(いとがしら)	幺		ヨウ	ちい(さい) おさな(い)
	麼		バ マ モ	ちい(さい)
广(まだれ)	庠		ショウ	まなびや
	廁	厠	シ	かわや ま(じる)
	廂☆		ショウ ソウ	ひさし

部首	標準字体	許容字体	音読み	訓読み
广	廈	厦	カ	いえ
	廖		リョウ	むな(しい)
	廝	厮	シ	めしつかい こもの
	廛	壥	テン	やしき みせ
	廡		ブ	ひさし しげ(る)
	廨		カイ	やくしょ
	廩		リン	くら ふち
	龐		ホウ ロウ	おお(きい) みだ(れる)
	廬☆		リョ ロ ル	いおり いえ

部首	標準字体	許容字体	音読み	訓読み
广	廱		ヨウ	やわ(らぐ)
廴(えんにょう)(いんにょう)				
廾(こまぬき)(にじゅうあし)	弁		ベン	かんむり
	彝	彜	イ	のり つね
弋(しきがまえ)	弋		ヨク	いぐるみ と(る) くろ(い) う(かぶ)
	弑		シ シイ	しい(する) ころ(す)
弓(ゆみ)(ゆみへん)	弖●			て
	弩		ド	いしゆみ おおゆみ

部首	標準字体	許容字体	音読み	訓読み
弓	弭		ビ ミ	ゆはず や(める)
	弸	弸	ビョウ ホウ	み(ちる)
	彎☆	弯★	ワン	ま(がる) ひ(く)
彐(けいがしら)	彗		エ ケイ スイ	は(く) ほうき ほうきぼし
彡(さんづくり)	彭		ホウ	
彳(ぎょうにんべん)	彷☆		ホウ	さまよ(う) にかよ(う)
	徂		ソ	ゆ(く) し(ぬ)
	彿		フツ	にかよ(う) ほの(か)
	彽		テイ	たちもとお(る)

常用 準1級 1級 旧字体 国字 参考資料 Q&A

部首	彳							
標準字体	徊☆	很	徇	徙	徘☆	徨	徭	徼
許容字体								
音読み	カイ	コン	シュン ジュン	シ	ハイ	コウ	ヨウ	キョウ ギョウ ヨウ
訓読み	さまよ(う)	もと(る) はなは(だ)	とな(える) したが(う) めぐ(る)	うつ(す) うつ(る)	さまよ(う)	さまよ(う)	えだち	めぐ(る) さかい くにざかい もと(める) さえぎ(る)

部首	心(こころ) 忄(りっしんべん) ⺗(したごころ)								
標準字体	忖	忻	忤	忸	忱	忝	忿	怡	怙
許容字体									
音読み	ソン	キン	ゴ	ジク ジュウ	シン	テン	フン	イ	コ
訓読み	はか(る) おしはか(る)	よろこ(ぶ)	さから(う) もと(る)	は(じる) な(れる)	まこと	はずかし(める) かたじけな(い)	いか(る)	よろこ(ぶ) やわ(らぐ)	たの(む)

部首	心 忄 ⺗								
標準字体	怩	怎	怛	怕	怫	怦	怏	怱	怺•
許容字体								悤	
音読み	ジ	シン ソ ソウ	タツ ダツ タン	ハ ハク	フツ ハイ ヒ	ヒョウ ホウ	オウ ヨウ	ソウ	
訓読み	は(じる)	いか(で) どうして	いた(む) おどろ(く)	おそ(れる)	ふさ(ぐ) いか(る) もと(る)	せわ(しい)	うら(む)	あわ(てる) いそ(ぐ)	こら(える)

部首	小忄心								
標準字体	恚	恁	恪	恟	恊	恍☆	恃	恤	恂
許容字体								卹	
音読み	イ	ジン イン ニン	カク	キョウ	キョウ	コウ	シ ジ	シュツ ジュツ	ジュン シュン
訓読み	いか(る) うら(む)	か(かる) このような	つつし(む)	おそ(れる)	かな(う) おびや(かす)	ほの(か) とぼ(ける)	たの(む) たよ(る)	うれ(える) あわ(れむ) めぐ(む)	まこと おそ(れる) またた(く)

部首	小忄心								
標準字体	恬	恫	恙	悁	悍☆	悃	悚	悄	悛
許容字体									
音読み	テン	トウ ドウ	ヨウ	エン ケン	カン	コン	ショウ	ショウ	シュン
訓読み	やす(い) やす(らか) やす(んずる) しず(か)	いた(む) おど(す) おど(かす)	うれ(い) つつが	いか(る) あせ(る)	たけ(し) あら(い) あらあら(しい)	まこと まごころ	おそ(れる)	うれ(える) きび(しい)	あらた(める) つつし(む)

部首	小忄心								
標準字体	悖	悒	悧	悋	悸☆	惓	悴	悽	惆
許容字体							忰		惆
音読み	ハイ ボツ	ユウ	リ	リン	キ	ケン	スイ	セイ	チュウ
訓読み	もと(る) みだ(れる) さか(ん)	うれ(える)	さか(しい)	やぶさ(か) お(しむ) ねた(む)	おそ(れる)	つつし(む) う(む)	やつ(れる) かじか(む) せがれ	いた(む) いた(ましい) かな(しむ)	いた(む) うら(む)

部首	標準字体	許容字体	音読み	訓読み
小忄心	悵		チョウ	いた(む)、うら(む)
	惘	惘	ボウ、モウ	ぼんやり(する)、あき(れる)
	悾		コウ	まこと
	愕☆		ガク	おどろ(く)
	愆		ケン	あやま(る)、あやま(ち)
	惶		コウ	おそ(れる)
	惷		シュン	みだ(れる)、おろ(か)
	愀		シュウ、ショウ	さび(しい)
	惴		スイ、ズイ	おそ(れる)

部首	標準字体	許容字体	音読み	訓読み
小忄心	惺		セイ	さと(る)、しず(か)
	愃		ケン、セン	ゆた(か)
	愒	愒	カイ、カツ、ケイ	むさぼ(る)、おど(す)、いこ(う)
	惻		ショク、ソク	いた(む)
	愍		ビン、ミン	あわ(れむ)、うれ(える)
	愎		フク、ヒョク	もと(る)、そむ(く)
	慍		ウン、オン	うら(む)、いか(る)
	慇		イン	いた(む)、ねんご(ろ)
	愾		カイ、ガイ、キ	なげ(く)、いか(る)

部首	標準字体	許容字体	音読み	訓読み
小忄心	愨		カク	つつし(む)、まこと
	愧		キ	は(じる)、はじ
	慊		キョウ、ケン	あきた(りない)、あきた(りる)
	愿		ゲン	つつし(む)、すなお
	愬		ソ、サク	うった(える)、おそ(れる)
	愴		ソウ	いた(む)、かな(しむ)
	慂		ヨウ	すす(める)
	慳		カン、ケン	お(しむ)、しぶ(る)
	慷		コウ	なげ(く)

部首：心 忄 ⺗

標準字体	許容字体	音読み	訓読み
慙	慚	ザン	は(じる) はじ
慫		ショウ	おどろ(く) すす(める)
慴		ショウ シュウ	おそ(れる)
慥	慥	ソウ ゾウ	たし(か)
慠		ゴウ	おご(る)
慟		トウ ドウ	なげ(く)
慝		トク	よこしま わる(い) わざわ(い)
慓		ヒョウ	すばや(い)
慵		ショウ ヨウ	ものう(い) おこた(る)

部首：心 忄 ⺗

標準字体	許容字体	音読み	訓読み
憖		ギン	なまじ なまじい(に) し(いて)
憔		ショウ	やつ(れる)
憚☆		タン	はばか(る) はばか(り)
憊		ハイ ヘイ	つか(れる)
憑☆		ヒョウ	よ(る) たの(む) つ(く) かか(る) かちわた(る)
憫☆		ビン ミン	あわ(れむ) うれ(える)
憮		ブ ム	いつく(しむ) がっかり(する)
懌		エキ	よろこ(ぶ) たの(しむ)

部首：心 忄 ⺗

標準字体	許容字体	音読み	訓読み
懊		オウ	なや(む) うら(む)
懈		カイ ケ	おこた(る) なま(ける) だる(い)
懃	懃	キン ゴン	つと(める) ねんご(ろ) つか(れる)
懆		ソウ	うれ(える)
憺		タン	やす(んずる) おそ(れる)
懋		ボウ モ	つと(める) さか(ん)
懍		リン	おそ(れる)
懦		ジュ ダ	よわ(い)
懣		マン モン	もだ(える)

部首	心 忄 小						戈（ほこづくり）（ほこがまえ）		
標準字体	懶	懺☆	懿	懽	懾	懼☆	戈	戉	戍
許容字体		懴							
音読み	ラン	サン ザン	イ	カン	ショウ	ク グ	カ	エツ	ジュ
訓読み	ものう（い） おこた（る） ものぐさ（い）	く（いる）	よ（い） うるわ（しい）	よろこ（ぶ）	おそ（れる）	おそ（れる） おどろ（く）	ほこ いくさ	まさかり	まも（る） たむろ

部首	戈							戸（と）（とだれ）（とかんむり）	
標準字体	戌☆	戔	戛	戡	截☆	戮☆	戳	扁☆	扈
許容字体			戞					扁	扈
音読み	ジュツ	セン サン ザン	カツ	カン	セツ	リク	タク	ヘン	コ
訓読み	いぬ	そこ（なう）	ほこ う（つ）	か（つ） ころ（す）	た（つ） き（る）	ころ（す） あわ（せる） はずかし（める）	つ（く） さ（す）	ふだ ひら（たい） ちい（さい）	ひろ（い） したが（う） つきそ（う） はびこ（る）

部首	手（て） 扌（てへん）							
標準字体	扎	扣	扛	扞	扠	扨●	扼	抉☆
許容字体								
音読み	サツ	コウ	コウ	カン	サ		アク ヤク	ケツ
訓読み	ぬ（く） かま（える）	ひか（える） たた（く） たず（ねる） さしひ（く）	あ（げる） かつ（ぐ）	ふせ（ぐ） おお（う） ひ（く） あら（い） ひきの（ばす）	はさみと（る） やす さ（す） さて	さて	おさ（える）	えぐ（る） こ（じる）

部首	標準字体	許容字体	音読み	訓読み
扌手	找		カ ソウ	さおさ(す) たず(ねる)
	抒☆		ショ ジョ	く(む) の(べる) のぞ(く)
	抓		ソウ	か(く) つま(む) つね(る) つ(む)
	抖		トウ ト	ふる(う) あ(げる)
	抃		ヘン ベン	う(つ) たた(く)
	抔		ホウ	すく(う) など
	拗☆		オウ ヨウ	ねじ(ける) こじ(れる) す(ねる) しつこ(い)
	拑		カン ケン	はさ(む) つぐ(む)
	抻		シン チン	の(ばす)

部首	標準字体	許容字体	音読み	訓読み
扌手	拆		タク	ひら(く) さ(く)
	拈		デン ネン	ひね(る) つま(む)
	拌		ハン	す(てる) さ(ける) わ(る) かきま(ぜる)
	拊		フ	う(つ) な(でる)
	拇		ボ ボウ	おやゆび
	拋	抛	ホウ	な(げる) なげう(つ) ほう(る)
	拿☆	拏	ダ ナ	つか(む) と(らえる) ひ(く)
	挌		カク	う(つ) なぐ(る)
	拮☆		キツ ケツ	はたら(く) せま(る) せ(める)

部首	標準字体	許容字体	音読み	訓読み
扌手	拱		キョウ	こまぬ(く) こまね(く)
	挂		ケイ カイ	か(ける) ひっか(かる)
	挈		ケイ ケツ	ひっさ(げる)
	拯		ショウ ジョウ	すく(う) たす(ける)
	拵		ソン	よ(る) こしら(える)
	挘●			むし(る)
	捐		エン	す(てる) あた(える) か(う)
	捍		カン	ふせ(ぐ) まも(る)
	捏☆		ネツ デツ	こ(ねる) つく(ねる) こじつ(ける)

部首	扌手								
標準字体	掖	掎	掀	掫	捶	掣	掏	掉	掟☆
許容字体									
音読み	エキ	キ	キン ケン	ソウ シュ シュウ	スイ	セイ セツ	トウ	トウ チョウ	ジョウ テイ
訓読み	わきばさ(む) わき たす(ける)	ひ(く) ひきと(める)	あ(げる) かか(げる) もちあ(げる)	よまわ(り)	う(つ) むち むちう(つ)	ひ(く)	えら(ぶ) す(る)	ふ(る) ふる(う)	おきて さだ(め)

部首	扌手						
標準字体	捫	捩	掾	揩	揀	揆☆	揣
許容字体		捩					
音読み	ボン モン	レイ レツ	エン	カイ	カン	キ	シ
訓読み	な(でる) と(る) ひね(る) ひねりつぶ(す)	ばち ねじ(る) よじ(る) もじ(る) ねじ	たす(ける) したやく じょう	す(る) こす(る) ぬぐ(う)	えら(ぶ) わ(ける)	はか(る) はかりごと みち やりかた つかさ	はか(る) おしはか(る)

部首	扌手								
標準字体	揉☆	揶☆	揄☆	搤	搴	搆	搦	搶	搓
許容字体		揶	揄			搆			
音読み	ジュウ	ヤ	ユ トウ	アク ヤク	ケン	コウ	ジャク ダク	ショウ ソウ	サ
訓読み	も(む) も(める) いりま(じる) た(める)	からか(う) あざけ(る)	ひきだ(す) からか(う)	つか(む) おさ(える)	と(る) かか(げる)	ひ(く) かま(える)	から(める) しばりあ(げる) と(る) から(み)	つ(く) あつ(まる) かす(める)	よ(る) も(む)

部首	標準字体	許容字体	音読み	訓読み
扌手	搗		トウ	つ(く) か(つ) う(つ) たた(く) か(てて)
扌手	搏		ハク	う(つ) と(る) つか(まえる) はばた(く)
扌手	搨		トウ	うつ(す) す(る) なす(る)
扌手	摶	摶	タン セン	まる(い) まる(める) もっぱ(ら)
扌手	摧		サイ	くだ(く) くじ(く)
扌手	摎		キュウ コウ	まつ(わる)
扌手	摏		ショウ	つ(く)
扌手	撕		セイ シ	いまし(める) さ(く)

部首	標準字体	許容字体	音読み	訓読み
扌手	撓		ドウ コウ トウ	たわ(む) たわ(める) た(める) しな(う) しわ(る) いた(める) みだ(れる) くじ(ける) しおり
扌手	撥☆		ハチ バチ ハツ	は(ねる) おさ(める) かか(げる) のぞ(く)
扌手	撩		リョウ	おさ(める) いど(む) みだ(れる)
扌手	撈		ロウ	と(る) すくいと(る)
扌手	撼		カン	うご(かす) ゆ(るがす) ゆ(らぐ)
扌手	擒		キン	とら(える) とりこ
扌手	擅		セン ゼン	ほしいまま ゆず(る)

部首	標準字体	許容字体	音読み	訓読み
扌手	撻	撻	タツ	むちう(つ)
扌手	擘		ハク バク	おやゆび さ(く) つんざ(く)
扌手	擂		ライ	す(る) すりつぶ(す) みが(く) う(つ)
扌手	擱		カク	お(く)
扌手	擠		サイ セイ	お(す) おしの(ける) おとしい(れる) くじ(く)
扌手	擡	抬	タイ ダイ	もた(げる) もちあ(げる)
扌手	擣		トウ	つ(く) う(つ) たた(く)
扌手	擯		ヒン	しりぞ(ける) みちび(く)
扌手	擲		テキ チャク	なげう(つ) す(てる) ふ(るう) なぐ(る)

部首	標準字体	許容字体	音読み	訓読み
扌手	擺		ハイ	ひら(く) ふ(るう)
扌手	攀☆		ハン	ひ(く) よ(じる) すが(る)
扌手	擽		リャク ラク レキ	う(つ) はら(う) くすぐ(る)
扌手	攘☆		ジョウ	はら(う) ゆず(る) ぬす(む) みだ(れる)
扌手	攢☆	攅	サン	あつ(まる) あつ(める) むら(がる)
扌手	攤		タン	ひら(く) わりあ(てる) ゆる(やか)
扌手	攣☆		レン	つ(る) ひきつ(る) か(かる) つな(がる) かが(まる) した(う)
扌手	攫		カク	つか(む) さら(う) かすめと(る)

部首	標準字体	許容字体	音読み	訓読み
扌手	攬		ラン	と(る) す(べる) つま(む)
支(し)(しにょう)(えだにょう)				
攵(のぶん) 攴(ぼくづくり)	畋		テン デン	か(り) か(る) たがや(す)
攵(のぶん) 攴(ぼくづくり)	敖		ゴウ	あそ(ぶ) なま(ける) かまびす(しい) おご(る)
攵(のぶん) 攴(ぼくづくり)	敞		ショウ	たか(い) ひろ(い)
攵(のぶん) 攴(ぼくづくり)	敝		ヘイ	やぶ(れる) やぶ(る) おとろ(える) つか(れる)
攵(のぶん) 攴(ぼくづくり)	敲☆		コウ	たた(く) むちう(つ) むち たた(き)
攵(のぶん) 攴(ぼくづくり)	斂		レン	おさ(める) あつ(める) ひきし(める) ほぼ
攵(のぶん) 攴(ぼくづくり)	斃☆		ヘイ	たお(れる) し(ぬ) ほろ(びる)

部首	標準字体	許容字体	音読み	訓読み
文(ぶん)(ぶんにょう)				
斗(とます)	斛		コク	ます ますめ
斗(とます)	斟		シン	く(む) おしはか(る) おもいや(る)
斤(きん)(おのづくり)	斫		シャク	き(る)
方(ほう)(ほうへん)(かたへん)	旃		セン	はた けおりもの
方(ほう)(ほうへん)(かたへん)	旆		ハイ	はた
方(ほう)(ほうへん)(かたへん)	旁		ホウ ボウ	かたわ(ら) あまね(し) ひろ(い) よ(る) つくり かたがた
方(ほう)(ほうへん)(かたへん)	旄		ボウ モウ	はた はたかざ(り) からうし としよ(り)

部首	標準字体	許容字体	音読み	訓読み
方	旌		ショウ セイ	はた あらわ(す) ほ(める)
	旒	旒	リュウ	はたあし たまかざ(り) なが(れ)
	旛		ハン バン	はた
无（なし）（ぶ）（すでのつくり）				
日（ひ）（ひへん）（にちへん）	旱☆		カン	ひでり かわ(く)
	旰		カン	く(れる) おそ(い)
	杲		コウ	あき(らか) たか(い)
	昊		コウ	そら おおぞら
	昃		ショク ソク	かたむ(く) ひるす(ぎ)

部首	標準字体	許容字体	音読み	訓読み
日	旻		ビン ミン	そら あきぞら
	杳		ヨウ	くら(い) おくぶか(い) はる(か)
	昵		ジツ	なじ(む) ちか(づく) な(れる)
	昶		チョウ	ひさ(しい) の(びる)
	昴		ボウ	すばる
	昜		ヨウ	ひら(く) あ(がる) あたた(かい)
	晏		アン	おそ(い) やす(らか)
	晁		チョウ	あさ よあ(け)
	晟		セイ	あき(らか) さか(ん)

部首	標準字体	許容字体	音読み	訓読み
日	晞		キ	かわ(く) ほ(す) さら(す)
	晤		ゴ	あき(らか) あ(う) うちと(ける)
	晧	晧	コウ	しろ(い) あき(らか)
	晨		シン	あした よあ(け) とき
	晢	晣	セツ セイ	あき(らか) かしこ(い)
	晰☆	晳	セキ	あき(らか)
	暈☆		ウン	かさ ぼか(し) めまい くら(む) ぼか(す) ぼ(ける) くま
	暉		キ	かがや(く) あき(らか) ひかり ひか(る)

部首	標準字体	許容字体	音読み	訓読み
日	暄		ケン	あたた(かい)
	暘		ヨウ	ひので あき(らか)
	暝		ミョウ メイ	くら(い) かす(か) く(れる)
	曁	曁	キ	およ(ぶ) いた(る) いさ(ましい)
	暹	暹	セン	ひので
	暾		トン	あさひ
	曄	曄	ヨウ	かがや(く) あき(らか) さか(ん) いなずま
	曚		ボウ モウ	くら(い) ほのぐら(い)
	曠☆	昿	コウ	あき(らか) ひろ(い) むな(しい)

部首	標準字体	許容字体	音読み	訓読み
日	曦		キ ギ	ひ ひかり
	曩		ドウ ノウ	さき さき(に) ひさ(しい)
	曬		サイ	さら(す)
曰(ひらび)(いわく)	曰☆		エツ	いわ(く) のたま(わく) い(う)
	曷	曷	カツ	なに なん(ぞ) いずく(んぞ) いつ
	曼☆		バン マン	ひ(く) ひっぱ(る) なが(い) うつく(しい) ひろ(い)
月(つき)(つきへん)	朏		ヒ	みかづき
	朞		キ	ひとまわ(り) ひとめぐ(り)

部首	標準字体	許容字体	音読み	訓読み
月	朦☆		ボウ モウ	おぼろ
	朧☆		ロウ	おぼろ
木(き)(きへん)	朮		シュツ ジュツ チュツ	もちあわ おけら うけら
	朿		シ	とげ のぎ いが
	朶		タ ダ	しだ(れる) えだ ひとふさ うご(かす)
	朸		リキ リョク ロク	もくめ おうご てんびんぼう
	杆	桿	カン	てこ てこぼう てすり たて
	杠		コウ	はたざお ちぎ ちきり
	杞		キ コ	くこ おうち かわやなぎ こりやなぎ

部首	標準字体	許容字体	音読み	訓読み
木	杙		ヨク	くい
	杣●☆			そま
	枉		オウ	ま(がる) ま(げる) ま(げて) むじつのつみ むだ(に)
	杼		チョ ジョ	ひ とち どんぐり
	杪		ビョウ	こずえ すえ お(わり) ちい(さい) ほそ(い)
	枌		フン	にれ そぎ
	枋		ホウ ヘイ	まゆみ いかだ え

部首	標準字体	許容字体	音読み	訓読み
木	枅●☆	枡★(*1)		ます
	枷		カ	からさお くびかせ かせ
	柯		カ	え えだ くき
	枴	柺	カイ	つえ
	柬		カン	えら(ぶ) えりわ(ける) てがみ なふだ
	枳		キ シ	からたち
	柩☆		キュウ	ひつぎ
	枸		ク コウ	くこ からたち ま(がる)
	柤		サ	てすり

(*1) 本書279頁 B-(1)参照。

部首	標準字体	許容字体	音読み	訓読み
木	柞		サク	ははそ
	柝		タク	ひょうしぎ き
	柢		テイ	ね ねもと もと(づく)
	柮		トツ	きれはし たきぎ
	枹		ホウ フ	なら ばち
	柎		フ ブ	うてな つ(ける) いかだ
	栞		カン	しおり
	框		キョウ	かまち わく
	栩		ク	くぬぎ

部首	標準字体	許容字体	音読み	訓読み
木	桀	＊1	ケツ	すぐ（れる） ひい（でる） あら（い） わるがし（こい） はりつけ
	栲		コウ ゴウ	たえ ぬるで
	桎		シツ	あしかせ
	桄		コウ	よこぎ くろつぐ
	梳	梳	ショ ソ	くし くしけず（る） す（く） と（く）
	栫		セン ソン	ふさ（ぐ） たてしば
	桙		ウ ボウ	ほこ
	枅	枅	ケイ ケン	ますがた とがた うでぎ

＊1 本書279頁 B-(1)参照。

部首	標準字体	許容字体	音読み	訓読み
木	桛●			かせ
	桷		カク	たるき
	梟		キョウ	ふくろう さら（す） つよ（い）
	梏	梏	コク	てかせ しば（る） みだ（す）
	梭		サ	ひ
	梔		シ	くちなし
	梛	梛	ダ ナ	なぎ
	梃		テイ チョウ	つえ てこ
	桴		フ	むなぎ ばち いかだ

部首	標準字体	許容字体	音読み	訓読み
木	梵☆	梵	ボン	
	梠		リョ ロ	のき ひさし
	梲		セツ タツ	うだち うだつ つえ
	梻●			しきみ
	梺●			ふもと
	椏		ア	きのまた
	椁		カク	ひつぎ うわひつぎ
	棊	棋の異体字		
	椈		キク	かしわ ぶな

部首	標準字体	許容字体	音読み	訓読み
木	棘☆		キョク	いばら とげ ほこ おどろ
	棍		コン	つえ ぼう わるもの ならずもの
	棕	椶	シュ ソウ	えだ
	椒☆		ショウ	はじかみ かぐわ(しい) みね いただき
	椄		ショウ セツ	つ(ぐ)
	棗		ソウ	なつめ
	棣		テイ タイ ダイ	にわざくら にわうめ
	棹☆		タク トウ	さお さおさ(す)
	棠		トウ ドウ	からなし やまなし こりんご

部首	標準字体	許容字体	音読み	訓読み
木	椚●			くぬぎ
	楹		エイ	はしら
	楸		シュウ	ひさぎ ごばん
	楫		シュウ ショウ	かじ かい こ(ぐ)
	楔☆		ケツ セツ	くさび ほうだて
	楮☆		チョ	こうぞ かみ さつ
	椹		チン ジン	あてぎ くわのみ さわら
	椽		テン	たるき
	椰		ヤ	やし

部首	標準字体	許容字体	音読み	訓読み
木	楡☆	楡	ユ	にれ
	楞	楞	リョウ ロウ	かど すみ きび(しい) かどば(る)
	楝		レン	おうち
	楾●			はんぞう
	榁●			むろ
	榀●			こまい
	槐		カイ	えんじゅ
	槁		コウ	か(れる) か(らす) かれき かわ(く) かわ(かす)

部首	標準字体	許容字体	音読み	訓読み
木	槓		コウ	てこ てこぼう
	榾		コツ	ほた ほだ
	槎		サ	いかだ き(る)
	寨		サイ	まがき とりで
	槊		サク	ほこ すごろく
	榻		トウ	こしかけ ねだい ゆか しじ
	槃☆		ハン バン	たらい たの(しむ) めぐ(る) たちもとお(る)
	榔☆	榔	ロウ	
	榧		ヒ	かや

部首	標準字体	許容字体	音読み	訓読み
木	榑		フ	くれ
	榜☆		ボウ	ゆだめ むちう(つ) ふだ たてふだ かか(げる) しめ(す) かじ こ(ぐ)
	榕		ヨウ	あこう
	榴☆		リュウ	ざくろ
	槔	槹	コウ	はねつるべ
	榱		スイ	たるき
	樛		キュウ	ま(がる) めぐ(る) まつ(わる) つが とが

部首	標準字体	許容字体	音読み	訓読み
木	槿	槿	キン	むくげ もくげ
	槲		コク	かしわ
	槧		サン ザン セン	ふだ かきもの はんぎ
	樅		ショウ	もみ つ(く) う(つ)
	槭		セキ シュク	かえで か(れる)
	樔		ショウ ソウ	すく(う) すくいあみ す た(える) とだ(える)
	樊		ハン	まがき かご とりかご みだ(れる)
	樒	櫁	ビツ ミツ	じんこう しきみ

部首：木

標準字体	許容字体	音読み	訓読み
槨		カク	ひつぎ、うわひつぎ
橄		カン	
橇		キョウ、セイ、ゼイ	そり、かんじき
橙☆		トウ	だいだい、つくえ、こしかけ
橦		トウ、ショウ	つ(く)、う(つ)、はたざお
橈		ドウ、ジョウ、ニョウ	たわ(む)、ま(げる)、くじ(く)、かじ、かい
樸		ハク、ボク	あらき、きじ、ありのまま、すなお
檋		キョク、キョウ	かんじき

部首：木

標準字体	許容字体	音読み	訓読み
檔		トウ	かまち、しょだな
檐		エン、タン	ひさし、のき
檠		ケイ	ゆだめ、た(める)、ともしびたて、ともしび
檄		ケキ、ゲキ	ふれぶみ、まわしぶみ
檣		ショウ	ほばしら
檗	蘗	ハク	きはだ、きわだ
檻☆		カン	おり、いたがこ(い)、てすり
櫃☆		キ	ひつ、はこ

部首：木

標準字体	許容字体	音読み	訓読み
櫂☆		トウ	かじ、かい、こ(ぐ)
檸		ネイ、ドウ	
檳		ヒン、ビン	
檬		モウ、ボウ	
櫟☆	櫟	レキ、ロウ	くぬぎ、いちい、こす(る)
櫚		リョ、ロ	かりん
櫪		レキ	かいばおけ、うまや、くぬぎ
櫨		ロ	ますがた、とがた、はぜ
櫱	蘖	ゲツ	ひこばえ

部首	木				欠（あくび）（かける）				
標準字体	欅☆	櫺	欒	欖	欠	欸	欷	欹	歃
許容字体	欅								
音読み	キョ	リョウ レイ	ラン	ラン	ケン	アイ	キ	キ イ	ソウ
訓読み	けやき	れんじ てすり のき	おうち うでぎ まど（か） まる（い）		あくび	ああ ええ そう	なげ（く） すすりな（く）	ああ そばだ（てる） かたむ（ける）	すす（る）

部首	欠							止（とめる）（とめへん）
標準字体	歇	歉	歙	歔	歛	歟	歠	
許容字体	歇			歔				
音読み	ケツ カツ	ケン	キュウ キョウ	キョ	カン	ヨ	セツ	
訓読み	やす（む） や（める） や（む） つ（きる） か（れる）	すく（ない） あきた（りない）	あわ（せる） おびや（かす） おそ（れる） すぼ（める）	すすりな（く）	のぞ（む） ねが（う） あた（える）	か や	すす（る） の（む）	

部首	歹（かばねへん）（いちたへん）（がつへん）							
標準字体	歿	殀	殄	殃	殍	殞	殤	殪
許容字体								
音読み	ボツ	ヨウ	テン	オウ	ヒョウ フ	イン	ショウ	エイ
訓読み	し（ぬ） お（わる）	わかじに	つ（きる） つ（くす） た（つ） ことごと（く）	わざわ（い）	うえじに うえじに（する） か（れる）	し（ぬ） お（ちる） お（とす）	わかじに	たお（れる） たお（す） ころ（す） し（ぬ） うず（める）

部首	標準字体	許容字体	音読み	訓読み
歹	殫		タン	つ(きる) つ(くす) ことごと(く) あまね(く)
	殯		ヒン	かりもがり かりもがり(する) ほうむ(る)
	殲	殱	セン	つ(くす) ほろ(ぼす)
殳(るまた)(ほこづくり)	殷☆		イン アン	さか(ん) おお(い) ゆた(か) ねんご(ろ) なりひび(く) にぎ(やか) あか(い)
毋(なかれ)(はははのかん)	毋		ブ ム	な(い) なか(れ)
比(ならびひ)(くらべる)				
毛(け)	毟●			むし(る)
	毬		キュウ	まり いが

部首	標準字体	許容字体	音読み	訓読み
毛	毫☆		ゴウ	ほそげ すこ(し) わず(か) ふで
	毳		セイ ゼイ	むくげ にこげ けば やわ(らかい) そり
	毯☆		タン	けむしろ もうせん
	氈	氊	セン	けむしろ もうせん
氏(うじ)	氓	氓	ボウ モウ	たみ
气(きがまえ)	氛		フン	き わざわ(い)
水(みず)氵(さんずい)氺(したみず)	汞		コウ	みずがね
	汕		サン	すく(う) あみ

部首	標準字体	許容字体	音読み	訓読み
水氵氺	沂		ギ ギン キ	ふち ほとり
	汪		オウ	おお(きい) ふか(い) ひろ(い) さか(ん) いけ
	沍		コ ゴ	か(れる) こお(る)
	沚		シ	なぎさ みぎわ なかす
	沁☆		シン	し(みる) ひた(す)
	沛		ハイ	さわ たお(れる)
	汨		ベキ コツ	しず(む)
	沐		ボク モク	あら(う) うるお(う)

部首	標準字体	許容字体	音読み	訓読み
水 氵 氺	泄☆		セツ エイ	も(れる) も(らす) な(れる)
	泓		オウ	ふか(い) きよ(い) ふち
	沽		コ	う(る) か(う) ねうち
	泗		シ	はなじる なみだ
	泅		シュウ	およ(ぐ) う(かぶ)
	泝		ソ	さかのぼ(る)
	沱		タ ダ	
	沮		ショ ソ	はば(む) ふせ(ぐ) くじ(ける) ひる(む) も(れる) さわ

部首	標準字体	許容字体	音読み	訓読み
水 氵 氺	沾		テン セン チョウ	うるお(う) うるお(す)
	泯		ビン ベン ミン メン	ほろ(びる) つ(きる) くら(む)
	泛		ハン ホウ	う(かぶ) う(かべる) ひろ(い) あまね(く) くつがえ(す)
	泪		ルイ	なみだ
	洟		イ テイ	はな はなじる なみだ
	洶		キョウ	わ(く) さわ(ぐ)
	洫		キョク ケキ	みぞ ほり
	洽		コウ	うるお(す) うるお(う) あまね(し)

部首	標準字体	許容字体	音読み	訓読み
水 氵 氺	洸		コウ	ほの(か) かす(か)
	洵		シュン ジュン	まこと まこと(に)
	洌		レツ	きよ(い) さむ(い)
	洒☆		サイ シャ セイ セン ソン	あら(う) そそ(ぐ) すす(ぐ) つつし(む)
	浣		カン	あら(う) すす(ぐ)
	涓		ケン	ちい(さい) しずく わず(か) きよ(める)
	浚		シュン	さら(う) ふか(い)
	浹		ショウ	あまね(し) めぐ(る) とお(る) うるお(す) うるお(う)

部首	標準字体	許容字体	音読み	訓読み
水氵氺	浙☆		セツ	
	涎		セン ゼン エン	よだれ
	涕		テイ	なみだ な(く)
	涅☆		デツ ネツ ネ	くろつち くろ そ(める) くろ(い) くろ(める)
	淹		エン	ひた(す) つ(ける) ひさ(しい) とど(まる) ふか(い) ひろ(い) い(れる)
	涵☆		カン	ひた(す) うるお(す) い(れる) もち(いる)
	淁		ショウ	

部首	標準字体	許容字体	音読み	訓読み
水氵氺	涸☆		コ	か(れる) つ(きる) から(びる)
	淆		コウ	ま(じる) にご(る) みだ(す)
	淬		サイ	にら(ぐ) つと(める) はげ(む)
	淌		ショウ トウ	おおなみ なが(れる)
	淒		セイ	すご(い) すさま(じい) さむ(い) ものさび(しい)
	淅		セキ	よな(げる) かしよね
	淙		ソウ	そそ(ぐ)
	淤	淤	オ ヨ	どろ おり ふさ(がる)
	淪		リン ロン	しず(む) ほろ(ぶ) おちぶ(れる) まじりあ(う)

部首	標準字体	許容字体	音読み	訓読み
水氵氺	渭		イ	
	湮	湮	イン	しず(む) ほろ(びる) ふさ(ぐ)
	渙		カン	ち(る) と(ける) あき(らか)
	湲		エン カン	
	渾☆		コン	ま(じる) にご(る) す(べる) すべ(て)
	渣		サ	おり かす
	湫		シュウ ショウ	ひく(い) せま(い) とどこお(る) みずたま(り) くて
	渫		セツ チョウ	さら(う) けが(す) も(らす) あなど(る)

部首	水 氵 氺		
標準字体	許容字体	音読み	訓読み
湍		タン	はやせ はや(い) たぎ(る)
渟		テイ	とど(まる) た(まる) と(める)
湃		ハイ	
渺		ビョウ	はる(か) かす(か)
湎		ベン メン	おぼ(れる) しず(む)
渝	渝	ユ	か(わる) か(える) あふ(れる)
游		ユウ	およ(ぐ) あそ(ぶ) すさ(ぶ)
溂		ラツ	
溘		コウ	たちま(ち) にわ(か)

部首	水 氵 氺		
標準字体	許容字体	音読み	訓読み
滉		コウ	ひろ(い)
溷		コン	にご(る) みだ(れる) かわや
滓☆		サイ シ	おり かす よご(れ)
溽		ジョク	むしあつ(い)
滄		ソウ	さむ(い) あお(い) あおうなばら
溲	溲	シュウ シュ ソウ	ひた(す) そそ(ぐ) ゆばり いばり
滔		トウ	はびこ(る) うご(く) あつ(まる)
滕	滕	トウ	わ(く) わきあ(がる)
溏		トウ	いけ どろ

部首	水 氵 氺		
標準字体	許容字体	音読み	訓読み
溥		フ	あまね(し) ひろ(い) おお(きい) し(く)
滂		ホウ ボウ	
溟		メイ	くら(い) うすぐら(い) うみ おおうなばら
滬	滬	コ	えり あじろ
滸		コ	ほとり みぎわ
滾		コン	たぎ(る)
漿☆		ショウ	しる のみもの おもゆ
滲☆		シン	にじ(む) し(みる)
漱		ソウ	すす(ぐ) くちすす(ぐ) うがい

部首	水氵氺								
標準字体	漲	滌	漾	漓	滷	澆	潺	潸	潯
許容字体									
音読み	チョウ	デキ ジョウ	ヨウ	リ	ロ	ギョウ	サン セン	サン	ジン
訓読み	みなぎ(る)	あら(う) すす(ぐ)	ただよ(う)	したた(る) なが(れる)	しおから(い) にがり	そそ(ぐ) うす(い) かるがる(しい)			ふち ほとり みぎわ

部首	水氵氺								
標準字体	潭	澂	潘	澎	潦	澳	澣	澡	澹
許容字体	潭	澄の異体字							
音読み	タン シン		ハン	ホウ	ロウ	イク オウ	カン	ソウ	タン
訓読み	ふち ふか(い) みぎわ		しろみず うずまき		にわたずみ おおみず ながあめ	くま ふか(い) おき	あら(う) すす(ぐ)	あら(う) すす(ぐ) きよ(める)	あわ(い) うす(い) しず(か)

部首	水氵氺								
標準字体	濆	澪	濬	瀰	濘	濛	瀉	瀋	濺
許容字体	濆								
音読み	フン	レイ	シュン	デイ ビ ミ	ネイ	ボウ モウ	シャ	シン	セン
訓読み	わ(く) ふ(く) ほとり みぎわ	みお	さら(う) ふか(い)	み(ちる) おお(い)	ぬか(る) ぬかるみ どろ	こさめ きりさめ くら(い) うすぐら(い)	そそ(ぐ) は(く) くだ(す) しおつち	しる	そそ(ぐ)

部首	水氵氺								
標準字体	瀑☆	瀁	瀏	濾☆	瀛	瀚	瀝	瀟	瀰
許容字体				沪★（＊3）	瀛				
音読み	バク ボウ	ヨウ	リュウ	リョ ロ	エイ	カン	レキ	ショウ	ビ
訓読み	にわかあめ たき しぶき		きよ(い) あき(らか)	こ(す)	うみ	ひろ(い)	したた(る) そそ(ぐ) しずく	きよ(い)	み(ちる) はびこ(る) ひろ(い)

（＊3） 本書278頁 A-(2)参照。

部首	水氵氺			火(ひ)(ひへん) 灬(れんが)(れっか)				
標準字体	瀾☆	瀲	灑	炙	炒☆	炯	炷	炬☆
許容字体						烱	炷	＊
音読み	ラン	レン	サイ シャ	シャ セキ	ショウ ソウ	ケイ	シュ	キョ コ
訓読み	なみ なみだ(つ)	みぎわ う(かぶ)	そそ(ぐ) あら(う) ち(らす)	あぶ(る) や(く) した(しむ)	い(る) いた(める)	ひか(る) あき(らか)	とうしん ともしび や(く) た(く)	たいまつ かがりび ともしび や(く)

部首	火灬							
標準字体	炸☆	炳	炮	烟	烋	烝	烙	焉☆
許容字体		炳		煙				
音読み	サ サク	ヘイ	ホウ	（煙の旧字体）の異体字	コウ キュウ	ショウ ジョウ	ラク ロク	エン
訓読み	さ(く) さ(ける) はじ(ける)	あき(らか) いちじる(しい)	あぶ(る) や(く)		ほこ(る) めでた(い) さいわ(い)	む(す) むしあつ(い) すす(める) もろもろ まつ(り)	や(く)	これ ここ(に) いずく(んぞ)

常用
準1級
1級
旧字体
国字
参考資料
Q&A

部首	標準字体	許容字体	音読み	訓読み
火 灬	烽		ホウ	のろし
	焠		サイ	にら(ぐ) や(く)
	焜		コン	かがや(く) あき(らか)
	焙		ホウ ハイ ホイ	あぶ(る) ほう(じる)
	煥		カン	かがや(く) あき(らか)
	煦		ク	あたた(める) あたた(かい) めぐ(む)
	煢	煢	ケイ	ひとりもの うれ(える)
	煌☆		コウ	かがや(く) きら(めく) あき(らか)
	煖		ダン ナン	あたた(める) あたた(かい) やわ(らかい)

部首	標準字体	許容字体	音読み	訓読み
火 灬	煬		ヨウ	あぶ(る) かわ(かす) や(く) と(かす)
	熙	熈 煕	キ	ひか(る) ひろ(い) やわ(らぐ) よろこ(ぶ) たの(しむ) ああ
	熄		ソク	き(える) や(む) な(くなる) うずみび
	熕●		コウ	おおづつ
	熨		イ ウツ	ひのし の(す) おさ(える) のし
	熬		ゴウ	い(る) いら(だつ) うれ(える) なや(む)
	燗		ラン	に(る) かん
	熹		キ	あぶ(る) さか(ん) かす(か) よろこ(ぶ)

部首	標準字体	許容字体	音読み	訓読み
火 灬	熾☆		シ	さか(ん) おこ(す) おき
	燉		トン	
	燔		ハン ボン	や(く) あぶ(る) ひもろぎ
	燎		リョウ	や(く) かがりび のび まつ(り)
	燠		イク オウ	あたた(かい) あつ(い) おき
	燬		キ	ひ や(く) や(ける)
	燧	燧	スイ	ひうち のろし
	燵●☆	燵	タツ	

部首	標準字体	許容字体	音読み	訓読み
火 灬	燻	熏	クン	ふす(べる) くす(ぶる) くす(べる) いぶ(す) くゆ(らす) や(く)
	燼		ジン	もえさ(し) もえのこ(り) のこ(り)
	燹		セン	のび へいか
	燿	燿	ヨウ	かがや(く) かがや(き) かがよ(う)
	爍		シャク	ひか(る) と(かす)
	爛☆		ラン	に(る) ただ(れる) ただ(れ) あざ(やか) はな(やか)
	爨		サン	かし(ぐ) かまど

部首	標準字体	許容字体	音読み	訓読み
爪(つめ) 爫 ⺥(つめかんむり)(つめがしら) 爪(そうにょう)	爬☆		ハ	か(く) は(う)
	爰		エン	ここ(に) か(える) とりか(える) ゆる(やか)
父(ちち)				
爻(まじわる)				
爿(しょうへん)	牀		ショウ ソウ	ねだい こしかけ だい ゆか とこ
	牆	墻	ショウ	かき まがき へい かこ(い)

部首	標準字体	許容字体	音読み	訓読み
片(かた)(かたへん)	牋		セン	ふだ かきつけ てがみ
	牖		ユウ	まど みちび(く)
	牘		トク	ふだ かきもの ふみ てがみ
牙(きば)(きばへん)				
牛(うし)(うしへん)	牴		テイ	ふ(れる) さわ(る) あ(たる) およ(そ) おひつじ
	牾		ゴ	さか(らう)
	犂	犁	リ レイ リュウ	す(く) すき まだらうし しみ くろ(い)

部首	標準字体	許容字体	音読み	訓読み
牛	犇		ホン	はし(る) ひしめ(く)
	犒		コウ	ねぎら(う) ねぎら(い)
	犖		ラク	まだらうし あき(らか) すぐ(れる)
	犢		トク	こうし
犬(いぬ) 犭(けものへん)	犲		サイ	やまいぬ
	狃		ジュウ	な(れる) なら(う)
	狆		チュウ	ちん
	狄		テキ	えびす
	狎		コウ	な(れる) あなど(る) もてあそ(ぶ)

部首	標準字体	許容字体	音読み	訓読み
犬 犭	狒		ヒ	ひひ
	狢		カク	むじな
	狠		コン	か(む) もと(る) ねじ(ける) はなは(だ)
	狡☆		コウ	ずる(い) わるがしこ(い) こす(い) すばや(い) くる(う)
	狷		ケン	せま(い) かたいじ
	倏		シュク	たちま(ち) すみ(やか)
	猊		ゲイ	しし
	猗		アイ	ああ うつく(しい) たお(やか) なよ(やか)

部首	標準字体	許容字体	音読み	訓読み
犬 犭	猜	猜	サイ	そね(む) ねた(む) うたが(う)
	猖		ショウ	くる(う) たけりくる(う)
	猝		ソツ	にわ(か) はや(い)
	猋		ヒョウ	はし(る) つむじかぜ はやて
	猴		コウ	さる ましら
	猯		タン	まみ たぬき
	猩		セイ ショウ	あかいろ
	猥☆		ワイ	みだ(りに) みだ(ら)
	猾		カツ	みだ(れる) みだ(す) わるがしこ(い)

部首	標準字体	許容字体	音読み	訓読み
犬 犭	獏		バク	
犬 犭	獗		ケツ	たけ（る） くる（う）
犬 犭	獪		カイ	わるがしこ（い） ずる（い）
犬 犭	獮		セン	か（り） か（る） ころ（す）
犬 犭	獰		ドウ	わる（い） にくにく（しい）
犬 犭	獺		タツ ダツ	かわうそ おそ
玄（げん）				
玉（たま）王（おう）（おうへん）（たまへん）	玫		バイ マイ	
玉（たま）王（おう）（おうへん）（たまへん）	珈		カ	かみかざ（り）

部首	標準字体	許容字体	音読み	訓読み
玉 王	玻		ハ	
玉 王	珀		ハク	
玉 王	珥		ジ	みみだま さしはさ（む）
玉 王	珮		ハイ	おびだま
玉 王	珞		ラク	
玉 王	琅	瑯	ロウ	
玉 王	琥		コ	
玉 王	琲		ヒ ハイ	
玉 王	琺		ホウ	

部首	標準字体	許容字体	音読み	訓読み
玉 王	瑇	瑇 玳	タイ	
玉 王	瑕☆		カ	きず あやま（ち）
玉 王	瑟		シツ	おおごと
玉 王	瑙		ノウ	
玉 王	瑁		マイ	
玉 王	瑜	瑜	ユ	
玉 王	瑶		ヨウ	たま うつく（しい）
玉 王	瑩		エイ	あき（らか） つや（やか） みが（く）
玉 王	瑰		カイ	めずら（しい） すぐ（れる） おお（きい）

部首	標準字体	許容字体	音読み	訓読み
王玉	瑣		サ	ちい（さい） わずら（わしい） くさり つら（なる）
王玉	瑪		バ メ	
王玉	瑾	瑾	キン	
王玉	璋		ショウ	たま ひしゃく
王玉	璇		セン	たま
王玉	璢	瑠の異体字		
王玉	璞		ハク	あらたま
王玉	瓊	瓊	ケイ	たま に うつく（しい）

部首	標準字体	許容字体	音読み	訓読み
王玉	瓏		ロウ	
王玉	瓔		ヨウ エイ	くびかざ（り）
瓜瓜（うり）	瓠	瓠	コ カク	ひさご ふくべ
瓜瓜（うり）	瓣	瓣	ベン	うりのなかご はなびら
瓦（かわら）	瓧•			デカグラム
瓦（かわら）	瓩•			キログラム
瓦（かわら）	瓮		オウ	かめ もたい
瓦（かわら）	瓲•			トン
瓦（かわら）	瓰•			デシグラム

部首	標準字体	許容字体	音読み	訓読み
瓦	瓱•			ミリグラム
瓦	瓸•			ヘクトグラム
瓦	瓷		シ ジ	いしやき かめ
瓦	甄	甄	ケン	すえ つく（る） みわ（ける） しら（べる）
瓦	甃		シュウ	しきがわら いしだたみ
瓦	甅•			センチグラム
瓦	甌		オウ	ほとぎ かめ はち
瓦	甎	甎	セン	かわら しきがわら
瓦	甍		ボウ モウ	いらか

部首	標準字体	許容字体	音読み	訓読み
瓦	甕☆		オウ	かめ もたい みか
	甓		ヘキ	かわら しきがわら
甘（かん）（あまい）				
生（うまれる）	甦☆		ソ	よみがえ（る）
用（もちいる）				
田（た）（たへん）	畛		シン	さかい あぜ
	畚		ホン	ふご もっこ
	畤		シ ジ	まつりのにわ
	畬	畭	ヨ シャ	あらた やきはた

部首	標準字体	許容字体	音読み	訓読み
田	畸		キ	めずら（しい） のこ（り） あま（り）
	疆☆		キョウ	さかい かぎ（る） かぎ（り）
	疇☆	畴	チュウ	うね はたけ たぐい むく（いる） さき（に） むかし だれ
疋（ひき）（ひきへん）				
疒（やまいだれ）	疔		チョウ	かさ できもの
	疚		キュウ	や（む） なや（む） ながわずら（い） やま（しい）
	疝		サン セン	せんき
	疥		カイ	ひぜん はたけ おこり

部首	標準字体	許容字体	音読み	訓読み
疒	疣		ユウ	いぼ
	痂		カ ケ	かさぶた ひぜん
	疸☆		タン	おうだん
	疳		カン	
	痃		ケン ゲン	
	疵☆		シ	きず やまい そし（る）
	疽☆		ショ ソ	かさ はれもの
	疼☆	*	トウ	うず（く） うず（き） いた（む）
	疱☆		ホウ	もがさ とびひ

部首	標準字体	許容字体	音読み	訓読み
疒	痍		イ	きず きず(つく) きず(つける)
	痊		セン	い(える) い(やす)
	痒☆		ヨウ	かさ かゆ(い) や(む) やまい
	痙☆		ケイ	ひきつ(る)
	痣		シ	ほくろ あざ
	痞		ヒ	つか(え) つか(える)
	痾		ア	やまい ながわずら(い)
	痿		イ	な(える) しび(れる)
	痼		コ	ながわずら(い) しこ(り)

部首	標準字体	許容字体	音読み	訓読み
疒	瘁		スイ	つか(れる) やつ(れる) くず(れる)
	痰☆		タン	
	痹		ヒ	しび(れる) しび(れ)
	痺☆	痺	ヒ	しび(れる) うずら＝鳥の名
	痲		バ マ	しび(れる) しび(れ)
	痳		リン	せんき りんびょう
	瘋		フウ	ずつう
	瘉	瘉	ユ	い(える) い(やす)
	瘟		オン	えやみ はやりやまい

部首	標準字体	許容字体	音読み	訓読み
疒	瘧		ギャク	おこり
	瘠		セキ	や(せる)
	瘡☆		ショウ ソウ	きず かさ くさ
	瘢		ハン	きず きずあと しみ そばかす
	瘤☆		リュウ	はれもの こぶ じゃまもの
	瘴		ショウ	
	瘰		ルイ	
	瘻☆		ル ロウ	はれもの こぶ
	癇		カン	ひきつ(け)

部首	標準字体	許容字体	音読み	訓読み
疒	癈		ハイ	
	癆		ロウ	おとろえや(せる) かぶ(れ) いた(む)
	癜		テン デン	なまず
	癘		ライ レイ	えやみ はやりやまい
	癢		ヨウ	かゆ(い) はがゆ(い) もだ(える)
	癨		カク	しょきあ(たり)
	癩		ライ	
	癧		レキ	
	癪●		シャク	

部首	標準字体	許容字体	音読み	訓読み
疒	癬☆		セン	たむし ひぜん
	癭		エイ	こぶ
	癰		ヨウ	はれもの
	癲		テン	くる(う)
	癴		レン	ひきつ(る) つ(る)
癶(はつがしら)	癸		キ	はか(る) みずのと
白(しろ)	皁		ソウ	どんぐり くろ くろ(い) しもべ うまや かいばおけ
	皎		キョウ コウ	しろ(い) あか(るい) きよ(い)

部首	標準字体	許容字体	音読み	訓読み
白	皖		カン	あき(らか)
	皓		コウ	きよ(い) しろ(い) ひか(る)
	皙		セキ	しろ(い) なつめ
	皚		ガイ	しろ(い)
皮(けがわ)(ひのかわ)	皰		ホウ	にきび もがさ
	皴		シュン	ひび しわ
	皹	皸	クン	ひび あかぎれ
	皺☆		シュウ スウ	しわ しわ(む)
皿(さら)	盂☆		ウ	はち わん

部首	標準字体	許容字体	音読み	訓読み
皿	盍		コウ	おお(う) あ(う) なん(ぞ)…(ざる)
皿	盒		ゴウ	ふたもの ふた さら
皿	盞		サン	さかずき
皿	盥		カン	そそ(ぐ) すす(ぐ) たらい
皿	盧		ロ	めしびつ くろ(い) あし
皿	盪	蘯	トウ	とろ(ける) あら(う) あらいきよ(める) うご(く) うご(かす) ほしいまま(にする)
目 (め)(めへん)	盻		ケイ	にら(む) かえり(みる)
目 (め)(めへん)	眈		タン	にら(む)

部首	標準字体	許容字体	音読み	訓読み
目	眇		ビョウ ミョウ	すがめ すが(める) ちい(さい) はる(か) かす(か) おくぶか(い)
目	眄		ベン メン	み(る) ながしめ なが(める) かえり(みる)
目	眩☆		ゲン	く(れる) ま(う) くら(む) くるめ(く) まど(う) くら(ます) めまい まばゆ(い) まぶ(しい)
目	眥	眦	セイ シ サイ	まなじり にら(む)
目	眛		バイ マイ	くら(い)
目	眷		ケン	かえり(みる) こいした(う) めぐ(み) なさ(け) みうち

部首	標準字体	許容字体	音読み	訓読み
目	眸		ボウ ム	ひとみ
目	睇		ダイ テイ	ぬすみみ(る) ながしめ よこめ
目	睚		ガイ	まなじり にら(む)
目	睨☆		ゲイ	にら(む) うかが(う) かたむ(く)
目	睫☆		ショウ	まつげ
目	睛	睛	セイ	ひとみ
目	睥	睥	ヘイ	ながしめ にら(む) うかがいみ(る)
目	睾☆		コウ	さわ たか(い) ひろ(い) おお(きい) きんたま

部首	標準字体	許容字体	音読み	訓読み
目	睹		ト	み(る)
目	瞎		カツ	くら(い)
目	瞋		シン	いか(らす) いか(る)
目	瞑☆		ミョウ メイ メン	くら(い) くら(む) つぶ(る)
目	瞠		ドウ トウ	みは(る) みつ(める)
目	瞞☆		バン マン モン	だま(す) あざむ(く) くら(ます) は(じる)
目	瞰☆		カン	み(る) みお(ろす) のぞ(む)
目	瞿		ク	み(る) おそ(れる)
目	瞼☆		ケン	まぶた

部首	標準字体	許容字体	音読み	訓読み
目	瞽		コ	くら(い) おろ(か)
目	瞻		セン	み(る)
目	矇		ボウ モウ	くら(い) おろ(か)
目	矍		カク	みまわ(す) あわ(てる) はや(る) いさ(む)
目	矚		ショク ソク	み(る)
矛(ほこ)(ほこへん)	矜		カン キョウ キン	つつし(む) あわ(れむ) ほこ(る) やもお
矢(や)(やへん)	矣		イ	
矢(や)(やへん)	矮		アイ ワイ	みじか(い) ひく(い)
石(いし)(いしへん)	矼		コウ	とびいし いしばし かた(い)

部首	標準字体	許容字体	音読み	訓読み
石	矻		コツ	はたら(く)
石	砌		セイ サイ	みぎり
石	砒☆		ヒ	
石	砠		ショ ソ	いしやま つちやま
石	硅		ケイ	やぶ(る)
石	硼	硼	ホウ	
石	碚		ハイ	
石	碌		ロク	
石	碣	碣	ケツ	いしぶみ

部首	石								
標準字体	碪	磑	磋☆	磔	碾	碼	磅	磊	磬
許容字体				＊1					
音読み	チン ガン	ガイ	サ	タク	テン デン	バ マ メ	ホウ	ライ	キン ケイ
訓読み	きぬた	うす ひきうす いしうす	みが(く)	さ(く) はりつけ	うす ひ(く)	ヤード	ポンド		は(せる)

＊1 本書279頁 B-(1)参照。

部首	石								
標準字体	磧	磚	磽	磴	礒	礑	礙	礬	礫☆
許容字体		磚							
音読み	セキ	セン	キョウ コウ	トウ	ギ	トウ	ガイ ゲ	ハン バン	レキ
訓読み	かわら さばく	かわら	やせち	いしざか いしだん いしばし	いそ	そこ はた(と) はった(と)	さまた(げる) さえぎ(る) ささ(える)		こいし いしころ つぶて

部首	示（しめす） 礻（しめすへん）								
標準字体	祀☆	祠☆	祇	祟☆	祚	祓☆	祺	禊☆	禝
許容字体	祀	祠	祇		祚	祓	祺	禊	禝
音読み	シ	シ	シ	スイ	ソ	フツ	キ	ケイ	ショク
訓読み	まつ(る) まつ(り) とし	まつ(る) まつ(り) ほこら	つつし(む) ただ	たた(る) たた(り)	さいわ(い) くらい とし	はら(う) はら(い)	さいわ(い) やす(らか)	みそぎ はら(う)	

部首	標準字体	許容字体	音読み	訓読み
示 示 ネ	禧	禧	キ	さいわ(い) めでた(い) よろこ(び)
	禳	禳	ジョウ	はら(う) はら(い)
内(じゅう)	禹		ウ	
	禺		グ グウ	おながざる すみ でく
禾(のぎ)(のぎへん)	秉		ヘイ	と(る) まも(る) いねたば え
	秕	粃	ヒ	しいな くずごめ わる(い)
	秧		オウ	なえ う(える)
	秬	秬	キョ	くろきび

部首	標準字体	許容字体	音読み	訓読み
禾	秣		バツ マツ	まぐさ まぐさか(う)
	稈		カン	わら
	稍		ショウ ソウ	ちい(さい) ようや(く) やや すこ(し) ふち
	稠	稠	チュウ チョウ	しげ(る) おお(い) こ(い)
	稟	禀	リン ヒン	こめぐら う(ける) ふち もう(す)
	稷		ショク	きび たおさ
	穡		ショク	とりい(れ) とりい(れる) お(しむ)
	穢☆		ワイ アイ エ	あ(れる) けが(れる) わる(い) きたな(い)

部首	標準字体	許容字体	音読み	訓読み
穴(あな)(あなかんむり)	穹		キュウ	あな おおぞら ゆみがた おお(きい) たか(い) ふか(い)
	穽		セイ	おとしあな
	窈		ヨウ	おくぶか(い) くら(い) かす(か) おくゆか(しい) の(びやか) あで(やか)
	窕		チョウ ヨウ	ふか(い) あで(やか) おくゆか(しい)
	窘		キン	せ(まる) きわ(まる) くる(しむ) あわただ(しい) たしな(める)
	窖	窖	コウ	あなぐら むろ ふか(い)

部首	標準字体	許容字体	音読み	訓読み
穴	窩☆		カ	あな　むろ　いわや　かく(す)　かくま(う)
	窶		ク　ロウ	まず(しい)　おか　つか　やつ(れる)　やつ(す)
	窿		リュウ	ゆみがた
	竅		キョウ	あな
	竄		サン　ザン	かく(れる)　のが(れる)　に(げる)　あらた(める)　はな(す)
	竇		トウ　トク	あな　あなぐら　くぐ(り)　みぞ

部首	標準字体	許容字体	音読み	訓読み
立（たつ）（たつへん）	竍●			デカリットル
	竏●			キロリットル
	竕●			デシリットル
	竓●			ミリリットル
	站		タン	た(つ)　たたず(む)　うまつぎ　えき
	竚		チョ	たたず(む)　たちど(まる)　ま(つ)
	竟☆		キョウ　ケイ	つ(きる)　お(わる)　きわ(める)　つい(に)　さかい　わた(る)
	竡●			ヘクトリットル

部首	標準字体	許容字体	音読み	訓読み
立	竦☆		ショウ	つつし(む)　おそ(れる)　すく(む)　つま(だつ)　そび(える)　そび(やかす)
	竢		シ	ま(つ)　まちう(ける)
	竭	竭	ケツ	か(れる)　つ(きる)　つ(くす)　ことごと(く)
	竰●			センチリットル
竹（たけ）（たけかんむり）	竿		ウ	ふえ
	笏		コツ	しゃく
	笊		ソウ	ざる　す
	笆		ハ	いばらだけ　たけがき

部首	竹								
標準字体	笋	笳	笘	笙	笞	笵	笨	筐	笄
許容字体	筍の異体字							筐	笄
音読み		カ	セン チョウ	ショウ	チ	ハン	ホン	キョウ	ケイ
訓読み		あしぶえ	ふだ むち	ふえ しょうのふえ	むち しもと むちう(つ)	のり いがた	あら(い) そまつ(な) おろ(かな)	かご かたみ はこ ねだい	こうがい かんざし

部首	竹								
標準字体	筍	筌	筅	筵☆	筥	筴	筧	筰	筱
許容字体									
音読み	シュン ジュン	セン	セン	エン	キョ	キョウ サク	ケン	サク	ショウ
訓読み	たけのこ たけのかわ	うえ ふせご	ささら	むしろ せき	はこ いねたば	はし はさ(む) めどぎ はかりごと	かけい かけひ	たけなわ	しのだけ

部首	竹								
標準字体	筬	筮	筲	箝	箘	箍	箜	箚	箒☆
許容字体	筬							箚	
音読み	セイ	セイ ゼイ	ソウ ショウ	カン ケン	キン	コ	コウ ク	サツ トウ	ソウ シュウ
訓読み	おさ	めどぎ うらな(う) うらな(い)	かご ふご めしびつ	はさ(む) くびかせ つぐ(む) とざ(す)	しのだけ やだけ	たが		さ(す) もうしぶみ しる(す)	ほうき は(く) はら(う)

部首	標準字体	許容字体	音読み	訓読み
竹	箏☆	箏	ソウ ショウ	こと そうのこと しょうのこと
竹	箙	箙	フク	えびら やなぐい
竹	篋		キョウ	はこ
竹	篁		コウ	たかむら たけやぶ たけ
竹	篌		コウ ゴ	
竹	箴		シン	はり いしばり いまし(める) いまし(め)
竹	篆☆		テン	
竹	篪		チ	ちのふえ
竹	篝☆	*	コウ	かご ふせご かがり

部首	標準字体	許容字体	音読み	訓読み
竹	篩		シ	ふるい ふる(う)
竹	簑	簑	サ サイ	みの
竹	篥		リツ リキ	
竹	簀☆		サク	す すのこ
竹	簇		ソウ ソク ゾク	むら(がる) あつ(まる)
竹	篳	篳	ヒツ ヒチ	まがき いばら しば
竹	篷		ホウ	とま ふね こぶね
竹	簍		ロウ ル	たけかご
竹	簓●	簓	セン	ささら

部首	標準字体	許容字体	音読み	訓読み
竹	簗●			やな
竹	簣		キ	あじか もっこ
竹	簧		コウ	ふえ しょうのふえ した
竹	簪	簪	サン シン	かんざし かざ(す) はや(い) あつ(まる)
竹	簟	簟	テン	たかむしろ すのこ
竹	簷		エン	ひさし のき
竹	簫		ショウ	ふえ しょうのふえ
竹	簽		セン	ふだ はりふだ しる(す) みだ(し)
竹	籌		チュウ	かずとり はかりごと はか(る)

部首	標準字体	許容字体	音読み	訓読み
竹	籃		ラン	かご あじろごし
	籔		ソウ	こめあげざる
	籀	籀	チュウ	よ(む)
	籐	籐	トウ	
	籟		ライ	ふえ ひび(き)
	籙		リョク ロク	かきもの ふみ
	籡●			しんし
	籤	籖	セン	くじ うらな(う) くし ひご
	籥		ヤク	ふえ

部首	標準字体	許容字体	音読み	訓読み
竹	籬☆		リ	まがき ませがき
米(こめ)(こめへん)	籵●			デカメートル
	粏●		タ	ぬかみそ
	粤		エツ オチ	ここ(に) ああ
	粢		シ	きび こくもつ しとぎ もち
	粨●			ヘクトメートル
	粳		コウ	うるち ぬか
	粲		サン	しらげよね いい(めし) あき(らか) あざ(やか) きよ(らか) わら(う)

部首	標準字体	許容字体	音読み	訓読み
米	粱		リョウ	あわ こくもつ
	粽		ソウ	ちまき
	糀●			こうじ
	糂		サン ジン	こながき ま(じる)
	糅		ジュウ	ま(じる) まじ(える) か(てる)
	糒		ヒ ビ	ほしいい かれいい かて
	糜		ビ	かゆ ただ(れる) つい(やす) ほろ(びる)
	糝		サン シン	こながき めしつぶ ま(ぜる) まじ(える)
	糯		ダ ナ	もちごめ

部首	米				糸（いと）（いとへん）			
標準字体	糲	糵	糴	糶	糺	紆	紂	紉
許容字体								
音読み	レイ ライ ラツ	ゲツ	テキ	チョウ	キュウ	ウ	チュウ	ジン
訓読み	くろごめ あら（い） そまつ（な）	もやし こうじ	か（う） かいよね いりよね	う（る） うりよね だしよね せり	あざな（う） ただ（す）	ま（がる） ま（げる） めぐ（る） まと（う） まつ（わる） むす（ぼれる）	しりがい	なわ むす（ぶ） つづ（る）

部首	糸								
標準字体	紜	紕	紊	絅	紮☆	紲	紿	紵	絆☆
許容字体									
音読み	ウン	ヒ	ブン ビン	ケイ	サツ	セツ	タイ	チョ	ハン バン
訓読み	みだ（れる）	かざ（り） かざ（る） あやま（り）	みだ（れる） みだ（す）	うすぎぬ	たば（ねる） から（げる） とど（まる）	きずな つな（ぐ）	あざむ（く） ゆる（む）	いちび あさぬの	きずな ほだ（す） つな（ぐ）

部首	糸								
標準字体	絳	絖	絎	絨☆	絮	絏	綉	絛	綏
許容字体	＊1								
音読み	コウ	コウ	コウ	ジュウ	ショ ジョ	セツ	シュウ	トウ ジョウ	スイ タ
訓読み	あか あか（い）	わた きぬわた ぬめ	へり ぬ（う） く（ける）		わた わたいれ くど（い）	きずな しば（る）	ぬいとり	さなだ うちひも くみひも	たれひも やす（らか） やす（んずる）

＊1 本書279頁 B-(1)参照。

部首	標準字体	許容字体	音読み	訓読み
糸	絽		リョ、ロ	しまおりもの
糸	綛•	綛		かすり、かせ
糸	絣☆	絣	ホウ	かすり
糸	綺		キ	あや、うつく(しい)、いろ(う)
糸	綮	綮	ケイ	はたじるし、かなめ
糸	綦		キ	あやぎぬ、もえぎいろ、くつかざ(り)
糸	綣		ケン	まつ(わる)、ねんご(ろ)
糸	綵		サイ	あやぎぬ、あや
糸	緇		シ	くろぎぬ、くろ、くろ(い)、くろ(む)

部首	標準字体	許容字体	音読み	訓読み
糸	綽☆		シャク	ゆる(やか)、たお(やか)
糸	綫		セン	いと、すじ
糸	綢	綢	チュウ	まと(う)、まつ(わる)、こま(かい)、こみあ(う)
糸	綯		トウ	な(う)、よりあわ(せる)、なわ
糸	綸		リン、カン	いと、おさ(める)、つかさど(る)、おびひも
糸	綟	綟	ライ、レイ	もえぎいろ、もじ、もじり
糸	綰		ワン	むす(ぶ)、す(べる)、つな(ぐ)、わが(ねる)、たが(ねる)、たく(る)、たぐ(る)
糸	緘		カン	と(じる)、とじなわ、てがみ

部首	標準字体	許容字体	音読み	訓読み
糸	緝		シュウ	つむ(ぐ)、あつ(める)、とら(える)、やわ(らげる)、ひかりかがや(く)
糸	緤		セツ	きずな、つな(ぐ)
糸	緞		タン、ダン、ドン	
糸	緲		ビョウ	かす(か)、はる(か)
糸	緡		ビン、ミン	いと、さし
糸	縅•			おど(す)、おどし
糸	縊		イ	くび(る)、くび(れる)、くく(る)
糸	縕		ウン、オン	おくぶか(い)、ふるわた

常用
準1級
1級
旧字体
国字
参考資料
Q&A

部首	糸							
標準字体	縡	縒	縟	縉	縋	縢	繆	繈
許容字体					縋	縢		繦
音読み	サイ	シ サク	ジョク	シン	ツイ	トウ	ビュウ リョウ ボク キュウ	キョウ
訓読み	こと いき	ふぞろ(い) みだ(れる) よ(る) よ(り)	かざ(り) わずら(わしい) くど(い)	うすあか(い) さしはさ(む)	すが(る)	から(げる) と(じる) かが(る) むかばき	あやま(る) たが(う) もと(る) いつわ(る) まつ(わる)	せおいおび むつき

部首	糸								
標準字体	縻	縵	縹	繃	縷	縲	縺	繝	繖
許容字体				繃			縺		
音読み	ビ	バン マン	ヒョウ	ホウ	ル ロウ	ルイ	レン	ケン ゲン	サン
訓読み	きずな つな(ぐ) しば(る)	むじぎぬ ゆる(やか) つれび(き)	はなだ はなだいろ とお(い) はる(か)	たば(ねる) ま(く) つつ(む)	いと いとすじ ぼろ くわ(しい) こまか(い)	なわ しば(る) つな(ぐ)	もつ(れる) もつ(れ)	あや にしきもよう	きぬがさ あまがさ

部首	糸								
標準字体	繞	繙	繚	繧●	繹	繳	繻	繽	辮
許容字体									
音読み	ジョウ ニョウ	ハン ホン	リョウ	ウン	エキ	シャク キョウ	シュ ジュ	ヒン	ヘン ベン
訓読み	めぐ(る) めぐ(らす) まと(う) まつ(わる)	ひもと(く) ひるがえ(る) ひきつづ(く)	まと(う) まつ(わる) めぐ(る) めぐ(らす) みだ(れる)		ひきだ(す) たず(ねる) つら(なる) つら(ねる)	いぐるみ まつ(わる) かえ(す) おさ(める)	うすぎぬ しゅす		あ(む) く(む)

部首	糸								
標準字体	纃•	纊	纈	纐•	纓	纔	纛	纘	纜
許容字体								纉	
音読み		コウ	ケチ ケツ	コウ	エイ ヨウ	サイ	トウ トク	サン	ラン
訓読み	かすり	わた わたいれ	しぼ(り) しぼりぞ(め) かすみめ	しぼ(り) しぼりぞ(め)	ひも むながい まと(う)	わず(か) わず(かに)	はたぼこ	つ(ぐ) うけつ(ぐ) あつ(める)	ともづな

部首	缶(ほとぎ)						罒网(あみがしら)(あみめ)(よこめ)	
標準字体	缶	缸	罅	罌	罍	罎	罕	罔
許容字体								罔
音読み	フ	コウ	カ	オウ	ライ	ドン	カン	モウ ボウ
訓読み	ほとぎ	かめ もたい	ひび すきま	かめ もたい	さかだる	さけがめ びん	とりあみ はた まれ(に)	あみ くら(い) おろ(か) し(いる) あざむ(く) な(い)

部首	罒网								
標準字体	罘	罟	罠☆	罨	罩	罧	罹☆	羂	羆
許容字体									
音読み	フ フウ	コ	ビン ミン	アン エン	トウ	シン	リ	ケン	ヒ
訓読み	あみ うさぎあみ	あみ うおあみ	あみ わな	あみ おお(う)	かご こ(める)	ふしづけ ふし	かか(る) こうむ(る)	わな くく(る)	ひぐま

常用
準1級
1級
旧字体
国字
参考資料
Q&A

部首	標準字体	許容字体	音読み	訓読み
罒网	羃		ベキ	おお(う)
	羇		キ	たび たびびと
	羈		キ	おもがい たづな つな(ぐ) とりし(まる) たび たびびと
羊(ひつじ)(ひつじへん)	羌		キョウ	えびす
	羔		コウ	こひつじ
	羝		テイ	おひつじ
	羚		リョウ レイ	かもしか
	羯	羯	カツ	えびす

部首	標準字体	許容字体	音読み	訓読み
羊	羲		ギ	
	羹		コウ カン	あつもの
	羶		セン	なまぐさ(い)
	羸	羸	ルイ	や(せる) つか(れる) よわ(い) よわ(る)
羽(はね)	翅☆	翅	シ	つばさ はね ひれ
	翊	翊	ヨク	とびこ(える) あくるひ たす(ける)
	翕	翕	キュウ	お(こる) さか(ん) あつ(める) あつ(まる) と(じる)
	翔		ショウ	かけ(る) と(ぶ)

部首	標準字体	許容字体	音読み	訓読み
羽	翡	翡	ヒ	かわせみ
	翦	翦	セン	き(る) そ(ぐ) ほろ(ぼす) はさ(む)
	翩	翩	ヘン	ひるがえ(る)
	翳☆	翳	エイ	かげ かげ(る) かげ(り) かざ(す) かざ(し) くも(り) かす(む)
	翹	翹	ギョウ	あ(げる) つまだ(てる) すぐ(れる)
耂老(おいかんむり)(おいがしら)	耆☆		シ キ	お(いる) としよ(り) おさ たしな(む)
	耄		モウ ボウ	としよ(り) おいぼ(れる) ほう(ける)
	耋		テツ	としよ(り) お(いる)

部首	標準字体	許容字体	音読み	訓読み
而（しかして）（しこうして）				
耒（すきへん）（らいすき）	耘		ウン	くさぎ（る）　のぞ（く）
	耙		ハ	まぐわ
	耜	耜	シ	すき
	耡		ジョ　ソ	す（く）　たがや（す）　すき
	耦		グウ	たぐい　つれあい　むきあ（う）　なら（ぶ）
	耨		ドウ	くわ　す（く）　くさぎ（る）
耳（みみ）（みみへん）	耿		コウ	あき（らか）　ひか（る）　ひかり

部首	標準字体	許容字体	音読み	訓読み
耳	聊☆		リョウ	みみな（り）　たよ（る）　たの（しむ）　いささ（か）
	聆		リョウ　レイ	き（く）　さと（る）
	聒		カツ	かまびす（しい）　おろ（か）
	聘☆		ヘイ	と（う）　おとず（れる）　まね（く）　め（す）　めと（る）
	聚☆		シュウ　ジュ	あつ（まる）　あつ（める）　なかま　たくわ（え）　むらざと
	聟	壻	（婿の旧字体）の異体字	
	聢●			しか（と）

部首	標準字体	許容字体	音読み	訓読み
耳	聳☆		ショウ	おそ（れる）　つつし（む）　そび（える）　そばだ（つ）　そび（やかす）　すす（める）
	聶		ショウ　ジョウ	ささや（く）
聿（ふでづくり）	聿		イチ　イツ	ふで　の（べる）　おさ（める）　すばや（い）
	肄		イ	なら（う）　ひこばえ
	肆		シ	ほしいまま　つら（ねる）　なら（べる）　みせ
肉（にく）	肛☆		コウ	しりのあな　は（れる）
月（にくづき）	肓	肓	コウ	むなもと
	肚		ト	はら　いぶくろ

部首	標準字体	許容字体	音読み	訓読み
月肉	肭		ドツ	
	肬		ユウ	いぼ は(れる)
	胛		コウ	かいがらぼね
	胥		ショ ソ	しおから たが(いに) みな こやくにん
	胙		ソ	ひもろぎ そなえもの
	胝		チ	たこ まめ あかぎれ
	胄		チュウ	よつぎ ちすじ
	胖		ハン	ゆた(か) ふと(る)
	胚☆		ハイ	はら(む) はじ(め) きざ(し)

部首	標準字体	許容字体	音読み	訓読み
月肉	胯		コ	また また(ぐ) また(がる)
	胱☆		コウ	ゆばりぶくろ
	脛☆		ケイ	すね はぎ
	脩		シュウ	ほじし おさ(める) なが(い)
	脣		シン	くちびる
	脯		フ ホ	ほじし
	腋☆		エキ	わき わきのした
	腆		テン	あつ(い) てあつ(い) おお(いに)
	脾☆	脾	ヒ	ひぞう もも

部首	標準字体	許容字体	音読み	訓読み
月肉	腓		ヒ	こむら ふくらはぎ
	腑☆		フ	はらわた こころ
	胼	胼	ヘン	たこ まめ あかぎれ
	腱☆		ケン	すじ
	腮		サイ	あご あぎと えら
	腥		ショウ セイ	なまぐさ(い) みにく(い) けが(らわしい)
	腴	腴	ユ	こ(える) あぶら ゆた(か)
	腠		ソウ	はだ
	膃		オツ	

部首	標準字体	許容字体	音読み	訓読み
月肉	膈		カク	
月肉	膊		ハク	ほじし うで
月肉	膀☆		ホウ ボウ	ゆばりぶくろ
月肉	膂		リョ ロ	せぼね ちから
月肉	膠☆		コウ	にかわ にかわ(する) つ(く) かた(い) あや(まる) みだ(れる)
月肉	膣☆	腟	チツ	
月肉	膩		ジ ニ	あぶら あか あぶらあか なめ(らか)
月肉	膰		ハン	ひもろぎ

部首	標準字体	許容字体	音読み	訓読み
月肉	膵●☆		スイ	
月肉	膾		カイ	なます なます(にする)
月肉	臀☆		デン	しり そこ
月肉	臂☆		ヒ	うで ひじ
月肉	膺		オウ ヨウ	むね う(ける) ひきう(ける) う(つ)
月肉	臉		ケン	ほお かお
月肉	臍☆		サイ セイ	へそ ほぞ
月肉	臑		ジ ジュ ドウ	やわ(らか) に(る) すね
月肉	臘☆		ロウ	く(れ)

部首	標準字体	許容字体	音読み	訓読み
月肉	臙		エン	のど べに
月肉	臚		リョ ロ	はだ なら(べる) つた(える)
月肉	臠		レン	きりみ きりにく みそなわ(す)
臣(しん)	臧		ゾウ ソウ	よ(い) おさ(める) かく(す) まいない しもべ
自(みずから)				
至(いたる)	臻		シン	いた(る) きた(る) おお(い)
臼(うす)	臾	臾	ユ ヨウ	ひきと(める) しばら(く) わず(か) すす(める)
臼(うす)	舁	舁	ヨ	か(く) かつ(ぐ)

部首	標準字体	許容字体	音読み	訓読み
臼	舂		ショウ	うすづ(く)、つ(く)
	舅☆		キュウ	しゅうと、おじ
舌(した)	舐☆		シ	な(める)、ねぶ(る)
	舒		ショ、ジョ	の(べる)、の(ばす)、ゆる(やか)
舛(まいあし)				
舟(ふね)(ふねへん)	舫		ホウ	ふね、もやいぶね、もや(う)
	舸		カ	ふね、おおぶね
	舳		ジク、チク	へさき、とも、かじ
	艀		フ、ブ、フウ	こぶね、はしけ
舟	艙		ソウ	ふなぐら
	艘☆	艘	ソウ	ふね
	艚		ソウ、ゾウ	こぶね
	艝●			そり
	艟		トウ、ドウ	いくさぶね
	艤		ギ	ふなよそお(い)
	艢		ショウ	ほばしら
	艨		ボウ、モウ	いくさぶね
	艪		ロ	かい
舟	艫		ロ	とも、へさき
艮(ねづくり)(こんづくり)	艱		カン	なや(む)、くる(しむ)、かた(い)、むずか(しい)、けわ(しい)、なや(み)
色(いろ)				
艸 艹 艹(くさかんむり)(そうこう)	艸		ソウ	くさ
	艾		ガイ	よもぎ、もぐさ、としよ(り)、か(る)、おさ(める)
	芍	芍	シャク	
	芒☆	芒	ボウ	のぎ、けさき、きっさき、すすき、かす(か)、くら(い)、つか(れる)

部首 艹 艹 艸

標準字体	許容字体	音読み	訓読み
芸		ウン	かおりぐさ くさぎ(る)
芫		ゲン	さつまふじ ふじもどき
芟		サン セン	か(る) とりのぞ(く)
芻☆	芻	シュ ス スウ	か(る) くさか(り) まぐさ わら
芬		フン	かお(る) かお(り) こうば(しい) おお(い)
芴•			すさ
苡		イ シ	
苣	苣	キョ	たいまつ ちさ ちしゃ
苟		コウ	いやしく(も) かりそめ まこと(に)

部首 艹 艹 艸

標準字体	許容字体	音読み	訓読み
苴		ショ サ	つと あさ くろ(い) おぎな(う) ちり
苳	苳	トウ	ふき
范		ハン	いがた かた のり
苻		フ	あまかわ さや
苹		ヒョウ ヘイ	うきくさ よもぎ
苞☆		ホウ	つつ(む) つつ(み) つと みやげもの ねもと
茆		ボウ	ぬなわ じゅんさい かや

部首 艹 艹 艸

標準字体	許容字体	音読み	訓読み
苜		モク ボク	
茉		バツ マツ	
苙		リュウ	よろいぐさ
苺	苺	バイ マイ	いちご こけ
茵		イン	しとね しきもの
茴		ウイ カイ	
茱		シュ	
茲		シ ジ	しげ(る) ま(す) ますます ここ ここ(に) とし

部首	艸 艹 艹							
標準字体	荀	茹	荐	荅	茯	茫☆	茗	茘
許容字体						*		
音読み	シュン ジュン	ジョ ニョ	セン ゼン	トウ	フク ブク	ボウ モウ	メイ ミョウ	リ レイ
訓読み		く(う) くさ(る) な ゆ(でる) う(だる)	かさ(ねる) あつ(まる) しき(りに) しばしば	あずき こた(える)		とお(い) ひろ(い) はる(か)	ちゃ ちゃのめ よ(う)	おおにら

部首	艸 艹 艹								
標準字体	莅	莚	莪	莟	莢☆	莫	莎	荼☆	荳
許容字体									
音読み	リ	エン	ガ	ガン	キョウ	ゴ	サ	ト タ ダ	トウ ズ
訓読み	のぞ(む) ゆ(く) おこな(う)	の(びる) はびこ(る) むしろ	つのよもぎ きつねあざみ	つぼみ はなしべ	さや		はますげ	にがな くる(しみ)	まめ

部首	艸 艹 艹								
標準字体	荵	莠	莉	莨	菴	萁	菫	菎	菽
許容字体	荵								
音読み	ジン ニン	ユウ	リ レイ	ロウ	アン	キ	キン	コン	シュク
訓読み	しのぶ しのぶぐさ	はぐさ えのころぐさ わるいもの みにく(い)		ちからぐさ まぐさ たばこ	いおり	まめがら	すみれ とりかぶと		まめ

部首	標準字体	許容字体	音読み	訓読み
艹 艹 艸	萃		スイ	くさむら、あつ（まる）、あつ（める）、やつ（れる）
	菘		シュウ、スウ	すずな、とうな、つけな
	菁	菁	ショウ、セイ	かぶ、かぶら、かぶらな
	菠		ハ、ホウ	
	菲		ヒ	うす（い）、つ（まらない）、かんば（しい）
	莽	莽	モウ、ボウ	くさぶか（い）、くさむら、おお（きい）、ひろ（い）、あら（い）
	萍		ビョウ、ヘイ	うきくさ、よもぎ
	萢●	萢		やち、やつ

部首	標準字体	許容字体	音読み	訓読み
艹 艹 艸	萸	萸	ユ	
	葭		カ	あし、よし、あしぶえ
	萼☆		ガク	うてな、はなぶさ
	葷		クン	くさ（い）、なまぐさ
	葩		ハ	はな、はなびら
	葆		ホ、ホウ	しげ（る）、たも（つ）、つつ（む）、たから、はねかざ（り）
	葯	葯	ヤク	よろいぐさ
	萵		ワ、カ	

部首	標準字体	許容字体	音読み	訓読み
艹 艹 艸	蒹		ケン	おぎ
	蒿		コウ	よもぎ
	蒟		コン、ク	
	蓍		シ	めどはぎ、めどぎ
	蒻		ジャク、ニャク	がまのめ、むしろ
	蓁		シン	しげ（み）、おお（い）
	蓐		ジョク	しとね、しきもの
	蓆		セキ	むしろ
	蓖		ヒ	

部首：艸 艹 艹

標準字体	許容字体	音読み	訓読み
蒡		ホウ ボウ	
蓙•			ござ
蔡		サイ サツ	くさむら あくた
蓿		シュク	
蓴	蓴	シュン ジュン	ぬなわ じゅんさい
蔗		シャ ショ	さとうきび うま(い) おもしろ(い)
蔘		シン サン	にんじん ちょうせんにんじん
蔬	蔬	ソ ショ	な あおもの あら(い) こめつぶ
蔟		ソク ゾク ソウ	まぶし あつ(まる) むら(がる)

部首：艸 艹 艹

標準字体	許容字体	音読み	訓読み
蔕	蒂	タイ テイ	へた うてな とげ ねもと
蔔		フク	だいこん
蓼☆		リョウ リク	たで
蕀		キョク	
蕣	＊1	シュン	むくげ あさがお
蕘		ジョウ	しば たきぎ きこり くさか(り)
蕈	蕈	シン ジン	きのこ たけ くわたけ
蕁		ジン タン	はなすげ いらくさ もずく

＊1 本書279頁 B-(1)参照。

部首：艸 艹 艹

標準字体	許容字体	音読み	訓読み
蕕		ユウ	かりがねそう くさ(み)
蘊		ウン オン	つ(む) たくわ(える)
薤		カイ	にら おおにら らっきょう
薈		ワイ	しげ(る) くさむら
薑		キョウ	はじかみ しょうが
薊		ケイ	あざみ
薨☆		コウ	みまか(る) し(ぬ)
蕭☆		ショウ	よもぎ ものさび(しい) しず(か)
薏		ヨク	

部首	艹 艹 艸							
標準字体	薔☆	薛	薇☆	臘☆	薜	蕾☆	薐	蕷	薺
許容字体			*	臈*					
音読み	ショウ ソウ ショク	セツ	ビ	ロウ	ハク ヘイ	ライ	ロウ レン	ヨ	ザイ セイ
訓読み	みずたで ばら	かわらよもぎ はますげ	のえんどう ぜんまい	く(れ)	かずら まさきのかずら	つぼみ つぼ(む)		やまのいも じねんじょ	なずな はまびし

部首	艹 艹 艸						
標準字体	藉	藐	薹	藕	藜	藹	蘊
許容字体						藹	
音読み	シャ セキ	ビョウ ミョウ バク	タイ ダイ	グウ	レイ	アイ	ウン
訓読み	むしろ し(く) か(りる) か(す) よ(る) かこつ(ける) ふ(む)	ちい(さい) さげす(む) とお(い) はる(か) うつく(しい)	はますげ あぶらな とう	はす はすね	あかざ	さか(ん) おお(い) おだ(やか)	つ(む) たくわ(える)

部首	艹 艹 艸							虍(とらがしら)(とらかんむり)	
標準字体	蘋	藾	藺	蘆☆	蘢	蘚	蘿	虔☆	虒
許容字体				(*芦★)					
音読み	ヒン	ライ	リン	ロ	ロウ	セン	ラ	ケン	シ チ
訓読み	かたばみも うきくさ	くさよもぎ	い いぐさ	あし よし	いぬたで おおけたで	こけ	つた つたかずら つのよもぎ	つつし(む) ころ(す) うば(う)	つのとら

部首	標準字体	許容字体	音読み	訓読み
虍	虧		キ	か(ける) か(く)
虫(むし)(むしへん)	蚓		イン	みみず
	蚣		コウ ショウ	
	蚩		シ	あなど(る) おろ(か) みにく(い) みだ(れる)
	蚪		ト トウ	
	蚌	蚌	ホウ ボウ	どぶがい からすがい はまぐり
	蚶		カン	あかがい
	蚯		キュウ	
	蛄		コ	

部首	標準字体	許容字体	音読み	訓読み
虫	蛆		ショ ソ	うじ
	蚰		ユウ	
	蛉☆		レイ	
	蚫●		ホウ	あわび
	蛔		カイ	はらのむし
	蛞		カツ	おたまじゃくし
	蛩	蛩	キョウ	こおろぎ
	蛬		キョウ	きりぎりす こおろぎ
	蛟		コウ	みずち

部首	標準字体	許容字体	音読み	訓読み
虫	蛯●			えび
	蜒		エン	
	蜆		ケン	しじみ みのむし
	蜈		ゴ	
	蜀☆		ショク	いもむし あおむし とうまる
	蜃☆		シン ジン	おおはまぐり みずち
	蛻		セイ ゼイ	ぬけがら もぬけ もぬ(ける)
	蜑		タン	えびす あま
	蜉		フ	

部首	虫								
標準字体	蜓	蜍	蛹	蜊	蜴	蜿	蜷	蜻☆	蜹
許容字体								蜻	蚋
音読み	テイ	シ ジョ	ヨウ	リ	エキ	エン	ケン	セイ	ゼイ
訓読み			さなぎ	あさり			にな		ぶゆ ぶよ ぶと

部首	虫								
標準字体	蜥	蜩	蜚	蝠	蝟	蝸☆	蝌	蝎	蝴
許容字体		蜩						蝎	
音読み	セキ	チョウ	ヒ	フク	イ	カ ラ	カ	カツ	コ
訓読み		せみ ひぐらし	あぶらむし ごきぶり と(ぶ)		はりねずみ むらが(る)	かたつむり にな にし		きくいむし すくもむし さそり	

部首	虫								
標準字体	蝗	蝨	蝮	蝘	蝙	蝓	蝣	蝲	螈
許容字体		虱			蝙	蝓			
音読み	コウ	シツ	フク	エン	ヘン	ユ	ユウ	ラツ	ゲン
訓読み	いなご	しらみ	まむし	なつぜみ				さそり	なつご

部首	虫								
標準字体	螗	螟	螂	螯	蟋	螽	蟀	螫	蟄
許容字体			蜋			螽			
音読み	トウ	ミョウ メイ	ロウ	ゴウ	シツ	シュウ	シュツ	セキ	チツ チュウ
訓読み	なつぜみ	ずいむし		はさみ		いなご はたおりむし きりぎりす		さ(す) どく	かく(れる) とじこ(もる)

部首	虫								
標準字体	螳	蟇☆	螻	螾	蟎●	蟯	蟪	蟠	蟒
許容字体		蟆					蟪		蟒
音読み	トウ	バ マ バク	ル ロウ	イン		ギョウ ジョウ	ケイ	バン ハン	ボウ モウ
訓読み		がま ひきがえる	けら おけら	みみず	だに			わだかま(る) うずくま(る) ま(がる) めぐ(る)	うわばみ おろち

部首	虫								
標準字体	蠍	蠆	蠊	蟾	蟶	蟷	蠑	蠖	蠕
許容字体	蠍								
音読み	カツ ケツ	タイ	レン	セン	テイ	トウ	エイ	カク ワク	ゼン ジュ
訓読み	さそり	さそり	あぶらむし ごきぶり	ひきがえる つき みずさし	まて まてがい			しりぞ(く)	うご(く) うごめ(く) は(う)

部首	虫				血（ち）		行（ぎょう）（ぎょうがまえ）（ゆきがまえ）	
標準字体	蠢	蠡	蠱	蠹	衄	衊	衍	衒
許容字体				蠧		衊		
音読み	シュン	レイ ラ リ	コ	ト	ジク	ベツ	エン	ゲン
訓読み	うごめ（く） おろ（か）	にな ほらがい ひさご	そこ（なう） まどわ（す） まじな（い）	きくいむし しみ むしば（む） そこ（なう）	はなぢ くじ（ける）	けが（す） はずかし（める） はなぢ	はびこ（る） あふ（れる） ひろ（がる） ひろ（い） おお（きい） し（く） あま（り）	う（る） てら（う） ひけ（らかす）

部首	行		衣（ころも） 衤（ころもへん）						
標準字体	衙☆	衢	衫	衾	袞	衵	衲	袂☆	袗
許容字体					衮				
音読み	ガ	ク	サン	キン	コン	ジツ	ドウ ノウ	ベイ	シン
訓読み	つかさ あつ（まる） まい（る）	みち ちまた よつつじ わかれみち	ころも ひとえ はだぎ	ふすま よぎ かけぶとん		なれぎぬ ふだんぎ あこめ	つくろ（う） ころも そう	たもと かたわ（ら） きわ	ひとえ ぬいと（りする）

部首	衤衣								
標準字体	袒	袙	袢☆	袍	袤	袰●	袵	袿	袱
許容字体							衽		
音読み	タン	ハ バツ	ハン バン	ホウ ボウ	ボウ		ジン ニン	ケイ	フク ホク
訓読み	はだぬ（ぐ） かたぬ（ぐ）	うちかけ あこめ	はだぎ	わたいれ ぬのこ うわぎ	ひろが（り） なが（さ）	ほろ	おくみ えり しとね ねどこ	うちかけ うちぎ	ふくさ ふろしき

部首	衤衣								
標準字体	裃•	裄•	裔☆	裎	裘	裙	裹	褂	裼
許容字体				裎					
音読み			エイ	チョウ テイ	キュウ	クン	カ	カイ	セキ テイ
訓読み	かみしも	ゆき	すそ すえ はて あとつぎ	はだか ひとえ	かわごろも	も もすそ はだぎ	つつ(む) つつ(み) まと(う) たから	うちかけ はだぎ	はだぬ(ぐ) かたぬ(ぐ)

部首	衤衣							
標準字体	裨	裴	裲	褄•	褌☆	褊	褓	褞
許容字体	裨					褊		
音読み	ヒ	ハイ	リョウ		コン	ヘン	ホ ホウ	ウン オン
訓読み	おぎな(う) たす(ける) たす(け) ちい(さい) いや(しい)	たちもとお(る)	うちかけ	つま	したばかま ふんどし みつ	せま(い) きみじか	むつき かいまき	うわぎ どてら

部首	衤衣							
標準字体	褥☆	褪	褫	襁	襄	褻	褶	褸
許容字体		褪						
音読み	ジョク	タイ トン	チ	キョウ	ショウ ジョウ	セツ	チョウ シュウ	ル ロウ
訓読み	しとね ふとん	あ(せる) さ(める)	うば(う) は(ぐ)	せおいおび むつき お(う)	のぼ(る) たか(い) はら(う) ゆず(る)	はだぎ ふだんぎ な(れる) けが(れる) けが(らわしい) あなど(る) け	あわせ かさ(ねる) ひだ	つづれ ぼろ

部首	標準字体	許容字体	音読み	訓読み
衤衣	襌	襌	タン	ひとえ はだぎ
衤衣	襠		トウ	うちかけ まち
衤衣	襞☆		ヒャク ヘキ	ひだ しわ
衤衣	襦☆		ジュ	はだぎ どうぎ
衤衣	襤		ラン	つづれ ぼろ
衤衣	襭		ケツ	つまばさ(む)
衤衣	襪	襪	バツ ベツ	たび くつした
衤衣	襯		シン	はだぎ
衤衣	襴		ラン	ひとえ

部首	標準字体	許容字体	音読み	訓読み
衤衣	襷●☆			たすき
襾（おおいかんむり）西（にし）	覃	覃	タン	の(びる) ひ(く) およ(ぶ) ふか(い)
襾（おおいかんむり）西（にし）	覈	覈	カク	しら(べる) かんが(える) あき(らかにする) きび(しい)
見（みる）	覓		ベキ	もと(める)
見（みる）	覘		テン	うかが(う) のぞ(く) ぬすみ(みる)
見（みる）	覡		ケキ ゲキ	みこ かんなぎ
見（みる）	覩		ト	み(る)
見（みる）	覦	覦	ユ	ねが(う) のぞ(む) こいねが(う)
見（みる）	覬		キ	のぞ(む) ねが(う) こいねが(う)

部首	標準字体	許容字体	音読み	訓読み
見	覯	覯	コウ	あ(う) み(る) あ(わせる)
見	覲	覲	キン	まみ(える) あ(う)
見	覿		テキ	あ(う) み(る) しめ(す)
角（かく）（つの）（つのへん）	觚	觚	コ	さかずき かど ふだ
角（かく）（つの）（つのへん）	觜		シ スイ	けづの とろきぼし くちばし はし
角（かく）（つの）（つのへん）	觝		テイ	ふ(れる) さわ(る) ぶつか(る)
角（かく）（つの）（つのへん）	觥		コウ	つのさかずき
角（かく）（つの）（つのへん）	觴		ショウ	さかずき もてな(す)
言（げん）（ごんべん）	訖		キツ	お(わる) や(む) いた(る)

部首	標準字体	許容字体	音読み	訓読み
言	訐		ケツ	あば(く)
	訌		コウ	みだ(れる) も(める) うちわも(め)
	訛☆	*	カ	なま(る) なまり いつわ(る) あやま(る)
	訝☆	*1	ガ ゲン	いぶか(る) いぶか(しい)
	訥		トツ	ども(る) くちべた
	訶☆		カ	しか(る) せ(める)
	詁		コ	よ(む) よ(み) と(く) わけ
	詛		ショ ソ	のろ(う) のろ(い) ちか(う) ちか(い) そし(る) うら(む)

*1 本書279頁 B-(1)参照。

部首	標準字体	許容字体	音読み	訓読み
言	詒		タイ イ	あざむ(く) おく(る) のこ(す)
	詆		テイ	そし(る) しか(る) し(いる) はずかし(める) あば(く) あ(てる)
	詈		リ	ののし(る)
	詼	詼	カイ	たわむ(れる) おど(ける) あざけ(る)
	詭		キ	いつわ(る) あざむ(く) あや(しい) そむ(く)
	詬		コウ ク	はずかし(める) はじ ののし(る) そし(る)
	詢		シュン ジュン	と(う) はか(る) まこと
	誅☆		チュ チュウ	う(つ) せ(める) ころ(す) のぞ(く) ほろ(ぼす)

部首	標準字体	許容字体	音読み	訓読み
言	誂		チョウ	あつら(える) あつら(え)
	誄		ルイ	しのびごと いのりごと
	誨		カイ	おし(える) おし(え)
	誡		カイ	いまし(める) いまし(め)
	誑		キョウ	あざむ(く) たぶら(かす) だま(す) たら(す)
	誥	誥	コウ	つ(げる) ふ(れ) みことのり
	誚		ショウ	せ(める) しか(る) そし(る)
	誦☆		ショウ ジュ	とな(える) よ(む) そら(んずる)
	誣		フ ブ	し(いる) あざむ(く) そし(る)

部首	標準字体	許容字体	音読み	訓読み
言	諄		シュン ジュン	あつ(い) まこと ねんご(ろ) くど(い)
	諍		ショウ ソウ	いさ(める) うった(える) あらそ(う) いさか(い)
	諂		テン	へつら(う) おもね(る) こ(びる)
	諚●		ジョウ	おきて おお(せ)
	諳		アン	そら(んじる) な(れる) さと(る)
	諤☆		ガク	
	諱☆	＊1	キ	い(む) はばか(る) いみな
	謔☆		ギャク	たわむ(れる) ふざ(ける)
	諠		ケン	かまびす(しい) やかま(しい)

＊1 本書279頁 B-(1)参照。

部首	標準字体	許容字体	音読み	訓読み
言	諢		コン ゴン	たわむ(れ) おど(け)
	諷☆		フウ	そら(んじる) ほの(めかす) あてこす(る)
	諞	諞	ヘン	へつら(う)
	諛	諛	ユ	へつら(う)
	諡	謚	シ	おくりな よびな
	謌	歌の異体字		
	謇		ケン	ども(る) ただ(しい) まっすぐ
	謖		シュク ショク	た(つ) おきあ(がる)
	謐		ヒツ ビツ	しず(か) やす(らか)

部首	標準字体	許容字体	音読み	訓読み
言	謗☆		ホウ ボウ	そし(る) そし(り) うら(む)
	謳☆		オウ	うた(う) うた
	鞫		キク	ただ(す) しら(べる) きわ(める) きわ(まる)
	謦		ケイ	しわぶき せきばら(い)
	謫		タク チャク	つみ(する) なが(す) せ(める) とが
	謾		バン マン	あざむ(く) あなど(る) おこた(る)
	謨		ボ モ	はか(る) はかりごと
	譁	譁	カ	かまびす(しい) やかま(しい)
	譌		カ	なま(る) なまり いつわ(る) あやま(る)

部首	標準字体	許容字体	音読み	訓読み
言	譏		キ	そし(る) せ(める)
	譎		キツ ケツ	いつわ(る) いつわ(り) あや(しい) とおまわ(し)
	譖	譖	シン セン	そし(る) うった(える) いつわ(る)
	譚☆	*	タン ダン	はなし ものがたり
	譫		セン	たわごと うわごと
	譟		ソウ	さわ(ぐ) さわ(がしい)
	譬		ヒ	たと(え) たと(える) さと(す)
	譴	譴	ケン	とが(める) せ(める) とが(め)
	讌		エン	さか(もり) くつろ(ぐ)

部首	標準字体	許容字体	音読み	訓読み
言	讐☆	讎	シュウ	あだ むく(いる) くらべただ(す)
	讒		サン ザン	そし(る) つげぐち へつら(う) よこしま
	讖		シン	しるし
	讙		カン	かまびす(しい) やかま(しい) よろこ(ぶ)
谷(たに)(たにへん)	谺	*1	カ	こだま やまびこ
	豁	豁	カツ	ひら(ける) ひろ(い) むな(しい)
	谿		ケイ	たに たにがわ
豆(まめ)(まめへん)	豈		ガイ キ	たの(しむ) やわ(らぐ) あに
	豌		エン	

＊1 本書279頁 B-(1)参照。

部首	標準字体	許容字体	音読み	訓読み
豕(ぶた)(いのこ)	豕		シ	い いのこ ぶた
	豢		カン	やしな(う) か(う)
豸(むじなへん)	豺		サイ	やまいぬ
	貂		チョウ	てん
	貉		カク	むじな
	貊		バク	えびす
	貎		ゲイ	しし
	貘		バク	
貝(かい)(こがい)(かいへん)	貽		イ	おく(る) のこ(す)

部首	貝						
標準字体	貲	貶	賈	賁	賚	賽☆	賺
許容字体				賁			
音読み	シ	ヘン	コ カ	ヒ フン ホン	ライ	サイ	タン レン
訓読み	あがな(う) たから みのしろ	お(とす) しりぞ(ける) そし(る) おとし(める) けな(す) さげす(む) へ(らす)	あきな(う) あきな(い) う(る) か(う) あたい	かざ(る) かざ(り) あや つわもの	たま(う) たまもの	おれいまつ(り) さいころ	すか(す) だま(す)

部首	貝						
標準字体	賻	贄☆	贅☆	贇	贏	贍	贐
許容字体					贏		
音読み	フ	シ	セイ ゼイ	イン	エイ	セン ゼン	シン ジン
訓読み	おく(る) おくりもの	にえ てみやげ	いぼ こぶ むだ よけい(な) いりむこ		もう(ける) あま(る) の(びる) つつ(む) にな(う) か(つ)	た(す) た(りる) すく(う) めぐ(む)	おくりもの はなむけ

部首	貝			赤(あか)			走(はしる)(そうにょう)		
標準字体	贓	贔	贖	赧	赭	赬	赳	趁	趙☆
許容字体									
音読み	ソウ ゾウ	ヒ ヒイ	ショク	タン ダン	シャ	テイ	キュウ	チン	チョウ
訓読み	かく(す)		あがな(う) あがな(い)	あから(める) は(じる)	あかつち あか あか(い) はげやま	あか あかいろ	たけ(し)	ゆきなや(む) お(う) のりこ(む) おもむ(く)	こ(える) およ(ぶ)

部首：足（あし）（あしへん）

標準字体	許容字体	音読み	訓読み
跂		キ ギ	つまだ(てる) は(う)
趾☆		シ	あし あと ねもと
趺		フ	あし うてな あぐら
跎		タ ダ	つまず(く)
跏☆		カ	あぐら
跚	跚 跚	サン	
跖		セキ	あしのうら ふ(む)
跌		テツ	つまず(く) こ(える) あやま(つ)
跛		ハ ヒ	かたよ(る)

部首：足

標準字体	許容字体	音読み	訓読み
跋☆		ハツ バツ	ふ(む) こ(える) つまず(く) おくがき
跪		キ	ひざまず(く)
跫	跫	キョウ	あしおと
跟		コン	くびす かかと したが(う) つ(ける)
跣		セン	はだし すあし
跼		キョク	かが(む) せぐくま(る)
踉		リョウ ロウ	おど(る)
跿		ト	はだし すあし
踝		カ	くるぶし かかと くびす

部首：足

標準字体	許容字体	音読み	訓読み
踑		キ	あぐら
踞		キョ コ	うずくま(る) おご(る)
踟		チ	たちもとお(る) ためら(う)
蹂		ジュウ	ふ(む) ふみにじ(る)
踵☆		ショウ	かかと くびす きびす つ(ぐ) ふ(む) いた(る)
踰	踰	ユ	こ(える) こ(す)
踴	踴	ヨウ	おど(る) おど(り)
蹊☆		ケイ	こみち みち

部首	標準字体	許容字体	音読み	訓読み
足	蹇		ケン	なえ(ぐ) なや(む) と(まる) おご(る) かたくな ま(がる)
	蹉		サ	つまず(く) あやま(る)
	蹌		ショウ ソウ	うご(く) よろめ(く) はし(る)
	蹐		シャク セキ	ぬきあし さしあし
	蹈		トウ ドウ	ふ(む) あしぶみ(する)
	蹙		シュク セキ	せま(る) しか(める) きわ(まる) くる(しむ) つつし(む) け(る)
	蹤		ショウ	あと あしあと したが(う) ゆくえ

部首	標準字体	許容字体	音読み	訓読み
足	蹠		セキ	あしのうら ふ(む)
	蹣		ハン バン マン	よろめ(く)
	蹕	蹕	ヒツ	さきばらい
	蹻		キョウ キャク キョク	あ(げる) おご(る) かんじき
	蹶		ケツ ケイ	つまず(く) お(きる) た(つ) たお(れる) すみ(やか)
	蹲		ソン シュン	うずくま(る) つくば(う) つくば(い)
	蹼		ホク ボク	みずかき
	躁☆		ソウ	さわ(ぐ) さわ(がしい) うご(く) あわただ(しい) あらあら(しい)

部首	標準字体	許容字体	音読み	訓読み
足	躅		チョク	ふ(む)
	躇☆		チョ チャク	ふ(む) ためら(う) たちもとお(る) こ(える) わた(る)
	躄	躃	ヘキ	いざ(る)
	躋		サイ セイ	のぼ(る) のぼ(らせる)
	躊☆		チュウ	ためら(う) たちもとお(る)
	躑		テキ	ためら(う) たちもとお(る)
	躓		チ	つまず(く) しくじ(る) くじ(ける) くる(しむ)
	躔		テン	めぐ(る) ふ(む) まつ(わる) から(まる)

部首	標準字体	許容字体	音読み	訓読み
足	躡		ジョウ	ふ(む)　は(く)　お(う)　のぼ(る)
	躪	躙	リン	にじ(る)　ふみにじ(る)
身（み）（みへん）	躬☆		キュウ	み　みずか(ら)
	躮●			せがれ
	躱		タ	かわ(す)　さ(ける)
	躾●			しつけ
	軈●			やが(て)
車（くるま）（くるまへん）	軋☆		アツ	きし(る)　きし(む)　くわ(しい)　こま(かい)
	軛		アク　ヤク	くびき

部首	標準字体	許容字体	音読み	訓読み
車	軼		イツ	す(ぎる)　すぐ(れる)　う(せる)　も(れる)
	軫		シン	いた(む)　うれ(える)
	軻		カ	
	軾		ショク	しきみ　よこぎ
	輊		チ	ひく(い)　おも(い)
	輅		ロ	くるま　みくるま
	輀	轜	ジ	ひつぎぐるま
	輒	輙	チョウ	すなわ(ち)　たちま(ち)
	輓	輓	バン	ひ(く)　いた(む)　おそ(い)　ちか(い)

部首	標準字体	許容字体	音読み	訓読み
車	輜		シ	ほろぐるま　にぐるま
	輟		テツ	つづ(る)　や(める)　とど(める)
	輛	輌	リョウ	くるま
	輦		レン	てぐるま　みくるま　こし
	輳		ソウ	あつ(まる)
	輻		フク	や
	輹		フク	とこしばり　よこがみしばり
	轅		エン	ながえ
	轂		コク	こしき　くるま　あつ(める)　しめくく(る)　お(す)

部首	標準字体	許容字体	音読み	訓読み
車	輾		テン デン ネン	めぐ(る) ころ(がる) ひきうす
	轆		ロク	
	轌●			そり
	轎		キョウ	かご やまかご くるま
	轗		カン	
	轢☆		レキ	ひ(く) ふみにじ(る) きし(る)
	轤		ロ	
辛（からい）	辜		コ	つみ とが はりつけ そむ(く) ひとりじ(め)

部首	標準字体	許容字体	音読み	訓読み
辛	辟		ヘキ ヒ	きみ め(す) さ(ける) かたよ(る) よこしま ひら(く)
辰（しんのたつ）				
辶 辶 辵（しんにょう）（しんにゅう）	辷●	辷		すべ(る)
	迚●	迚		とて(も) とて
	迥	迥	ケイ	はる(か) とお(い)
	迢	迢	チョウ	はる(か) とお(い)
	迪	迪	テキ	みち みちび(く) ふ(む) すす(む)

部首	標準字体	許容字体	音読み	訓読み
辶 辶 辵	迴	迴	カイ	めぐ(る) まわ(る) さ(ける)
	逅	逅	コウ	あ(う)
	迹	迹	セキ シャク	あと あとかた おこな(い)
	逕	逕	ケイ	こみち みち ただ(ちに)
	逡	逡	シュン	ためら(う) しさ(る) しりぞ(く)
	逑	逑	キュウ	あつ(める) あ(う) つれあい
	逍☆	逍	ショウ	さまよ(う)
	逞☆	逞*	テイ	たくま(しい) たくま(しくする) こころよ(い)
	逖	逖	テキ	とお(い) はる(か)

部首	標準字体	許容字体	音読み	訓読み
辶 ⻌ 辵	逋	逋	ホ フ	に(げる) のが(れる) かく(れる) おいめ
辶 ⻌ 辵	逧●	逧		さこ
辶 ⻌ 辵	迸	迸 迸	ホウ ヘイ	はし(る) ほとばし(る) たばし(る)
辶 ⻌ 辵	逵	逵	キ	おおじ おおどおり
辶 ⻌ 辵	遏	遏	アツ	と(める) とど(める) た(つ) さえぎ(る)
辶 ⻌ 辵	遐	遐	カ	とお(い) はる(か)
辶 ⻌ 辵	遑	遑	コウ	あわただ(しい) あわ(てる) いとま ひま
辶 ⻌ 辵	遒	遒 遒	シュウ	せま(る) つよ(い) ちからづよ(い)
辶 ⻌ 辵	遉	遉	テイ	うかが(う) さぐ(る) さすが さすが(に)
辶 ⻌ 辵	逾	逾	ユ	こ(える) こ(す) いよいよ
辶 ⻌ 辵	適●	適		あっぱれ
辶 ⻌ 辵	遘	遘	コウ	あ(う) であ(う)
辶 ⻌ 辵	遨	遨	ゴウ	あそ(ぶ)
辶 ⻌ 辵	遯	遯	トン ドン	のが(れる) に(げる) かく(れる)
辶 ⻌ 辵	遶	遶	ジョウ ニョウ	めぐ(る) めぐ(らす)
辶 ⻌ 辵	邂	邂	カイ	あ(う) めぐりあ(う)
辶 ⻌ 辵	遽☆	遽	キョ	にわ(か) すみ(やか) あわただ(しい) あわ(てる) おそ(れる) せま(る)
辶 ⻌ 辵	邁☆	邁	バイ マイ	ゆ(く) す(ぎる) すぐ(れる) つと(める)
辶 ⻌ 辵	邀	邀	ヨウ	むか(える) もと(める)
辶 ⻌ 辵	邃	邃	スイ	ふか(い) おくぶか(い) とお(い)
辶 ⻌ 辵	邇☆	邇	ジ ニ	ちか(い)
辶 ⻌ 辵	邏	邏	ラ	めぐ(る) みまわ(る) みまわ(り)
阝 邑（おおざと）	邨		ソン	むら

部首	阝邑								
標準字体	邯	邱☆	邵	郢	郤	郛	鄂	鄒	鄙☆
許容字体				郢					
音読み	カン	キュウ	ショウ	エイ	ケキ ゲキ	フ	ガク	シュ スウ	ヒ
訓読み		おか			ひま すき すきま なかたが(い)	くるわ			ひな ひな(びる) いや(しい) いや(しむ)

部首	阝邑	酉(ひよみのとり)(こよみのとり)(とりへん)							
標準字体	鄲	酊	酖	酣	酥	酩	酳	醒	醋
許容字体								醒	
音読み	タン	テイ	タン チン	カン	ソ	メイ	イン	テイ	サク ソ
訓読み		よ(う)	ふけ(る)	たの(しむ) たけなわ	ちちしる	よ(う)	すす(ぐ) すす(める) すす(る) あま(り)	よ(う) あ(きる) わるよ(い)	す

部首	酉							
標準字体	醂	醢	醯	醪	醵	醴	醺	釁
許容字体			醯					釁
音読み	リン	カイ	ケイ	ロウ	キョ	ライ レイ	クン	キン
訓読み	さわ(す) あわ(す) さわしがき たるがき	ひしお ししびしお しおから	す すづけ しおから	にごりざけ どぶろく もろみ	あつ(める) つの(る)	あまざけ あま(い)	よ(う) ほろよ(い)	ぬ(る) ちぬ(る) すきま なかたが(い) きず きざ(し)

部首	標準字体	許容字体	音読み	訓読み
釆（のごめ）（のごめへん）	釉☆		ユウ	つや ひかり うわぐすり
里（さと）（さとへん）	釐		リ	おさ（める） あらた（める） たま（う） やもめ わず（か）
金（かね）（かねへん）	釵		サ サイ	かんざし
	鈞		キン	ひと（しい） はか（る） ろくろ
	釿		キン ギン	おの ておの き（る） た（つ）
	鈔☆		ショウ ソウ	かす（める） うつ（す） うつ（し） さつ
	鈕		ジュウ チュウ	つまみ とって ボタン
	鈑		ハン バン	いたがね

部首	標準字体	許容字体	音読み	訓読み
金	鉞		エツ	まさかり
	鉅	鉅	キョ	おお（きい） おお（い） とうと（い）
	鉗☆		ケン カン	くびかせ はさ（む） と（じる） かなばさみ
	鉉		ケン ゲン	つる とって
	鉈		シャ タ	ほこ なた
	鈿		デン テン	かんざし かざ（り）
	鉋		ホウ	かんな
	銕		テツ	くろがね
	銜		カン ガン	くつわ ふく（む） くわ（える） くらい

部首	標準字体	許容字体	音読み	訓読み
金	銖		シュ ジュ	わず（か） かる（い） にぶ（い）
	銓		セン	はかり はか（る） しら（べる） えら（ぶ）
	銛		セン	すき もり するど（い）
	鋏☆		キョウ	はさみ かなばさみ つるぎ つか はさ（む）
	銹		シュウ	さび さ（びる）
	銷		ショウ	と（かす） と（ける） つ（くす） つ（きる） け（す） そこ（なう） ち（る）
	鋩	鋩	ボウ モウ	きっさき

部首	金								
標準字体	錏	鋺	錙	錚	錣	錺•	錵•	錻•	鍠
許容字体									
音読み	ア	エン	シ	ソウ	テツ			ブ	コウ
訓読み	しころ	はかりざら かなまり まり	わず(か)	かね どら	しころ	かざり	にえ	ブリキ	まさかり おの

部首	金								
標準字体	鍼☆	鍮	鎰	鎬	鎹•	[金逆]•	鎺•	鏖	鏗
許容字体		鍮			鎹	[金逆]	鎺		
音読み	シン	チュウ トウ	イツ	コウ				オウ	コウ
訓読み	はり さ(す)		かぎ	なべ しのぎ	かすがい	さかほこ	はばき	みなごろし	つ(く) う(つ)

部首	金								
標準字体	鏨	鏘	鏃	鏝	鏐	鏈	鏤	鐚	鐔
許容字体						鏈			鐔
音読み	サン ザン	ショウ ソウ	ソク ゾク	バン マン	リュウ リョウ	レン	ロウ ル	ア	タン シン
訓読み	たがね え(る) ほ(る)		やじり するど(い)	こて	こがね しろがね	くさり	え(る) きざ(む) ちりば(める) かざ(る)	しころ びた	つば

部首	金							
標準字体	鐓	鐃	鐐	鐶	鐫	鐺	鑒	鑠
許容字体							鑑	
音読み	タイ	ドウ ニョウ	リョウ	カン	セン	トウ ソウ	鑑の異体字	シャク
訓読み	つち いしづき	どら	しろがね ひらがね あしかせ	たまき わ かなわ	え(る) ほ(る) うが(つ) しりぞ(ける) いまし(める)	くさり あしがなえ こじり こて		と(かす) と(ける) うつく(しい)

部首	金							
標準字体	鑢	鑞	鑪	鑰	鑵	鑷	鑽	鑼
許容字体					罐		鑚	
音読み	リョ ロ	ロウ	ロ	ヤク	(缶の旧字体)の異体字	ジョウ セツ	サン	ラ
訓読み	やすり す(る)	すず	いろり さかば ふいご	かぎ と(じる)		けぬき ぬ(く)	たがね きり のみ き(る) うが(つ) きわ(める)	どら

部首	金			長(ながい)	門(もん)(もんがまえ)				
標準字体	鑾	钁	鑿		門	閊●	閔	閘	閨☆
許容字体									
音読み	ラン	カク	サク		サン		ビン ミン	オウ コウ	ケイ
訓読み	すず	くわ	のみ うが(つ)		かんぬき	つか(える)	あわ(れむ) お(しむ) うれ(える) つと(める)	ひのくち	ねや こもん

部首	門								
標準字体	閧	閭	閼	閻☆	閹	閾☆	闊☆	闃	闍☆
許容字体			閼				闊		
音読み	コウ	リョ ロ	アツ エン ア	エン	エン	イキ ヨク	カツ	ゲキ	ト ジャ
訓読み	ちまた	ちまた さと むらざと	ふさ(ぐ) さえぎ(る)	みめうるわ(しい)	しもべ めしつかい こびへつら(う)	しきい くぎ(る)	ひろ(い) うと(い)	しず(か)	うてな ものみ まち

部首	門							阝阜（こざとへん）	
標準字体	闌	闕	闔	闖	闡	闥	闢	阡	阨
許容字体						闥			
音読み	ラン	ケツ	コウ	チン	セン	タチ タツ	ヘキ ビャク	セン	アイ ヤク
訓読み	てすり たけなわ おそ(い) た(ける)	もん か(ける) のぞ(く)	とびら もん と(じる) すべ(て)	うかが(う) ねら(う)	ひら(く) あき(らか) ひろ(める) ひろ(まる)	こもん	ひら(く) ひら(ける) しりぞ(ける)	みち あぜみち はかみち しげ(る)	せま(い) ふさ(がる) くる(しむ)

部首	阝阜								
標準字体	阮	阯	陂	陌	陋	陜	陞	陝☆	陟
許容字体					陋				
音読み	ゲン	シ	ヒ ハ	ハク バク	ロウ	キョウ	ショウ	セン	チョク
訓読み		もとい あと ふもと	つつみ さか かたむ(く) よこしま	みち あぜみち まち	せま(い) いや(しい)	せま(い) やまかい やまあい	のぼ(る) のぼ(らせる)		のぼ(る) のぼ(らせる) すす(む)

部首	標準字体	許容字体	音読み	訓読み
阜 阝	陲		スイ	ほとり さかい あやう(い)
	陬		シュ スウ	すみ くま かたいなか
	隋☆		ズイ	
	隍		コウ	ほり からぼり むな(しい)
	隘		アイ ヤク	せま(い) けわ(しい) いや(しい) ふさ(がる)
	隗		カイ	けわ(しい)
	隕☆		イン	お(ちる) お(とす) ふ(る) し(ぬ) うしな(う)
	隧☆	隧	スイ ズイ	みち

部首	標準字体	許容字体	音読み	訓読み
阜 阝	隰		シツ シュウ	さわ にいばり
	隴		リョウ ロウ	おか うね はたけ
隶(れいづくり)				
隹(ふるとり)	雎		ショ	みさご
	雋		シュン セン	すぐ(れる)
	雉☆		チ ジ	きじ
	雍		ユ ヨウ	やわ(らぐ) いだ(く) ふさ(ぐ)
	雕	雕	チョウ	わし きざ(む) ほ(る) え(る)
	霍		カク	にわ(か) はや(い)

部首	標準字体	許容字体	音読み	訓読み
隹	襍	雜 (雑の旧字体)の異体字		
	雖☆		スイ	いえど(も)
雨(あめ)(あめかんむり)(あまかんむり)	雹		ハク	ひょう
	霄		ショウ	みぞれ そら
	霆		テイ	いかずち いなずま
	霈		ハイ	おおあめ さか(ん)
	霓		ゲイ	にじ
	霎		ショウ ソウ	こさめ しば(し)
	霑		テン	うるお(う) うるお(す)

部首	雨								
標準字体	霏	霖	霙	霤	霪	霰☆	霹	霸	霽
許容字体								覇の異体字	
音読み	ヒ	リン	エイ	リュウ	イン	サン セン	ヘキ		サイ セイ
訓読み		ながあめ	みぞれ	あまだれ したた(り) のき	ながあめ	あられ	かみなり		は(れる) さわ(やか)

部首	雨					青 靑(あお)	非(あらず)(ひ)	
標準字体	霾	靄☆	靆	靂	靉		靠	靡☆
許容字体		靄	靆				靠	
音読み	バイ マイ	アイ	タイ	レキ	アイ		コウ	ミ ビ ヒ
訓読み	つちふ(る) つちぐも(り)	もや なご(やか)					たが(う) よ(る) もた(れる)	なび(く) なび(かす) ち(らす) おご(る) はな(やか) ほろ(びる) ただ(れる)

部首	面(めん)			革(かくのかわ)(つくりがわ)(かわへん)			
標準字体	靤	靦	靨	勒☆	靫	鞅	靼
許容字体							
音読み	ホウ	テン	ヨウ	ロク	サ サイ	オウ	タツ タン
訓読み	にきび	は(じる) あつ(かましい)	えくぼ	くつわ おさ(める) おさ(える) ほ(る) きざ(む)	うつぼ ゆぎ	むながい はらおび きずな うら(む) にな(う) わるがし(こい)	なめしがわ

部首	標準字体	許容字体	音読み	訓読み
革	鞁		ヒ	むながい
革	靺		マツ、バツ	かわたび
革	鞆●	鞆		とも
革	鞋☆		アイ、カイ	くつ
革	鞏	鞏	キョウ	つか(ねる)、かた(める)、かた(い)
革	鞐●			こはぜ
革	鞜		トウ	くつ、かわぐつ
革	鞨	鞨	カツ	くつ、かわぐつ
革	鞦		シュウ	しりがい

部首	標準字体	許容字体	音読み	訓読み
革	鞣		ジュウ	なめ(す)、なめしがわ
革	鞳		トウ	
革	鞴		フク、ホ、ヒ、ビ、ブ	うつぼ、ふいご
革	韆	韆	セン	
革	韈	韈	ベツ	たび、くつした
韋（なめしがわ）	韋☆	＊1	イ	なめしがわ、やわ(らかい)
韋（なめしがわ）	韞	＊1	ウン	つつ(む)、おさ(める)、かく(す)
韋（なめしがわ）	韜	＊1	トウ	ゆみぶくろ、つつ(む)、かく(す)、ゆごて
韭（にら）	齏	齏	セイ、サイ	なます、あえもの、あ(える)、くだ(く)

＊1　本書279頁　B-(1)参照。

部首	標準字体	許容字体	音読み	訓読み
音（おと）	韵	韻の異体字		
音（おと）	韶		ショウ	あき(らか)、うつく(しい)
頁（おおがい）	頏		コウ	のど、くび
頁（おおがい）	頌		ショウ、ジュ、ヨウ	ほ(める)、たた(える)、かたち、ゆる(やか)
頁（おおがい）	頤	頤	イ	おとがい、あご、やしな(う)
頁（おおがい）	頡		ケツ、キツ	みだ(れる)
頁（おおがい）	頷☆		カン、ガン	あご、うなず(く)
頁（おおがい）	頹☆	＊	タイ	くず(れる)
頁（おおがい）	顆☆		カ	つぶ

部首	頁							風（かぜ）	
標準字体	頤	顫	顬	顰	顱	顴	顳	颪●	颯
許容字体				顰					
音読み	サイ	セン	ジュ	ヒン ビン	ロ	カン ケン	ショウ ジョウ		サツ ソウ
訓読み	あご あぎと えら	ふる（える） おのの（く） おどろ（く）		ひそ（める） しか（める） ひそ（み）	かしら こうべ あたま どくろ	ほおぼね		おろし	はやて

部首	風				飛（とぶ）	食 飠 𩙿（しょく）（しょくへん）		
標準字体	颱	颶	飄	飆	飜	飩	飫☆	餃
許容字体					翻	飩	飫	餃
音読み	タイ	グ	ヒョウ	ヒョウ	（翻の旧字体の異体字）	トン ドン	オ ヨ	コウ
訓読み	たいふう	つむじかぜ	つむじかぜ はや（い） ひるがえ（る） ただよ（う） お（ちる）	つむじかぜ かぜ みだ（れる）			あ（きる） さかも（り）	あめ

部首	食 飠 𩙿							
標準字体	餉	餒	餔	餡	餞	餤	餬	饕
許容字体	餉	餒	餔	餡	餞	餤	餬	
音読み	ショウ	ダイ	ホ フ	アン カン	セン	タン	コ	テツ
訓読み	かれい かれいい かて おく（る） かたとき	う（える） くさ（る）	ゆうめし く（う） やしな（う） ゆうぐ（れ）		はなむけ おく（る）	すす（む） すす（める） く（う） く（わせる）	かゆ くちすぎ（する）	むさぼ（る）

部首	食 飠 食							
標準字体	餽	餾	饂●	饉☆	饅☆	饐	饋	饑
許容字体	餽	餾	饂	饉 饉	饅	饐	饋	饑
音読み	キ	リュウ	ウン	キン	バン マン	イ エツ	キ	キ
訓読み	おく(る) おくりもの	む(す) むしめし		う(える)	ぬた	す(える) くさ(る) むせ(ぶ)	おく(る) すす(める) おくりもの たべもの	う(える) ひだる(い)

部首	食 飠 食			首(くび)		香(か)(かおり)	馬(うま)(うまへん)
標準字体	饒☆	饌	饕	馗	馘	馥	馭
許容字体	饒	饌					
音読み	ジョウ ニョウ	サン セン	トウ	キ	カク	フク	ギョ
訓読み	ゆた(か) ゆた(かにする) おお(い) あま(る) ゆとり	そな(える) そなえもの く(う)	むさぼ(る)	みち	くびき(る) みみき(る)	かお(り) かお(る) かんば(しい)	あやつ(る) の(る) す(べる) おさ(める)

部首	馬						
標準字体	馮	駟	駛	駝	駑	駘	駭
許容字体							
音読み	ヒョウ フウ	シ	シ	タ ダ	ド ヌ	タイ ダイ	カイ ガイ
訓読み	よ(る) たの(む) かちわた(る) いか(る) つ(く)		は(せる) はや(い) にわ(か)	らくだ	にぶ(い) のろ(い) おろ(か)	ぬ(ぐ) にぶ(い) ふ(む) のど(か) みにく(い)	おどろ(く) おどろ(かす) みだ(れる) はげ(しい)

部首	標準字体	許容字体	音読み	訓読み
馬	駮		ハク バク	まだら ぶち なじ(る) といただ(す)
	駱		ラク	かわらげ らくだ
	駻		カン	あらうま
	駸		シン	はし(る) すす(む)
	騁		テイ	は(せる) の(べる) ほしいまま(にする)
	騏		キ	あおぐろ(い)
	騅		スイ	あしげ
	駢	駢	ヘン ベン	なら(ぶ) なら(べる)
	騙☆	騙	ヘン	かた(る) だま(す)

部首	標準字体	許容字体	音読み	訓読み
馬	騫		ケン	か(ける) あやま(る) と(る) かか(げる) と(ぶ)
	騭		チョク シツ	おすうま のぼ(る) さだ(める)
	驂		サン	そえうま そえの(り)
	驀		バク	の(る) のりこ(える) まっしぐら たちま(ち)
	驃		ヒョウ	しらかげ つよ(い) いさ(ましい)
	騾		ラ	らば
	驕		キョウ	おご(る) ほしいまま つよ(い) さか(ん)
	驍		キョウ ギョウ	たけ(し) つよ(い)
	驎	＊1	リン	

部首	標準字体	許容字体	音読み	訓読み
馬	驟		シュウ	はし(る) はや(い) にわ(か) しばしば
	驢		リョ ロ	ろば うさぎうま
	驥		キ	
	驤		ジョウ	あ(がる) あ(げる) はし(る) はや(い)
	驩		カン	よろこ(ぶ) よろこ(び)
	驪		リ レイ	くろうま くろ(い) なら(べる)
骨(ほね)(ほねへん)	骭		カン	はぎ すね あばら
	骰		トウ	さい さいころ
	骼		カク	ほね ほねぐみ

＊1 本書279頁 B-(1)参照。

部首	標準字体	許容字体	音読み	訓読み
骨	髀	髀	ヒ	もも もものほね
	髏		ロ ロウ	されこうべ しゃれこうべ
	髑		トク ドク	されこうべ しゃれこうべ
高（たかい）				
髟（かみがしら）（かみかんむり）	髢		テイ	かもじ
	髯	髥	ゼン	ほおひげ ひげ
	髣		ホウ	に（る） ほの（か） かす（か）
	髦		ボウ モウ	たれがみ さげがみ すぐ（れる） ぬき（んでる）
	髫		チョウ	うない たれがみ こども

部首	標準字体	許容字体	音読み	訓読み
髟	髴		フツ ヒ	に（る） ほの（か） かす（か）
	髱		ホウ	たぼ つと たぼがみ
	髷☆		キョク	まげ わげ まるまげ
	髻☆		ケイ	たぶさ もとどり みずら
	鬆		ショウ ソウ	あら（い） ゆる（い） す
	鬘☆		バン マン	かつら かずら
	鬚☆		シュ ス	あごひげ ひげ
	鬟		カン	わげ こしもと みずら
	鬢☆		ヒン ビン	

部首	標準字体	許容字体	音読み	訓読み
髟	鬣		リョウ	たてがみ
鬥（とうがまえ）（たたかいがまえ）	鬧	閙	トウ ドウ	さわ（がしい） さわ（ぐ） あらそ（う）
	鬨		コウ	たたか（う） とき さわ（ぐ） さわ（がしい）
	鬩		ケキ ゲキ	せめ（ぐ） いいあらそ（う） なかたが（い）
	鬭	鬪	（闘の旧字体の異体字）	
	鬮		キュウ	たたかいと（る） くじ
鬯（ちょう）	鬯		チョウ	においざけ の（びる）
鬲（かなえ）	鬻		イク シュク	かゆ ひさ（ぐ）
鬼（おに）（きにょう）	魃		ハツ バツ	ひでり

部首	鬼						魚（うお）（うおへん）（さかなへん）		
標準字体	魄	魏☆	魍	魎	魑	魘	魞•	魳	魴
許容字体									
音読み	ハク タク	ギ	ボウ モウ	リョウ	チ	エン		シ	ホウ
訓読み	たましい こころ	たか（い）	すだま もののけ	すだま もののけ	すだま もののけ	うな（される） おそ（われる）	えり	かます	おしきうお かがみだい

部首	魚								
標準字体	魬	鮎•	鮓	鮃	鮑	鮖•	鮗•	鮇•	⿰魚尓•
許容字体							鮗		
音読み	ハン バン		サ	ヒョウ ヘイ	ホウ				
訓読み	はまち	なまず	すし	ひらめ	あわび	かじか	このしろ	いわな	いさざ

部首	魚								
標準字体	鮠	鮨☆	鮟•	鮴•	鮲•	鮱•	鯀	鯊	鮹
許容字体									
音読み	ガイ	シ ゲイ	アン				コン	サ	ショウ ソウ
訓読み	はえ はや	すし さんしょううお		ごり	こち まて	おおぼら		はぜ	たこ

部首	魚								
標準字体	鮸	鯏●	鯑●	鯒●	鯎●	鯐●	鯣	鯢	鯤
許容字体	鮸								
音読み	ベン メン						エキ	ゲイ	コン
訓読み	にべ	うぐい あさり	かずのこ	こち	うぐい	すばしり	するめ	さんしょううお めくじら	

部首	魚								
標準字体	鯔	鯡	鯲●	鯱●	鯰●	鰕	鰔	鰉	鰓☆
許容字体			鯲						
音読み	シ	ヒ			ネン	カ	カン	コウ	サイ
訓読み	ぼら いな	はららご はらご にしん	どじょう	しゃち しゃちほこ	なまず	えび	かれい	ひがい	えら あぎと

部首	魚								
標準字体	鰌	鰆	鰈	鰒	鰊☆	鰄	鰘●	鰙●	鰚●
許容字体									
音読み	シュウ	シュン	チョウ	フク	レン	イ			
訓読み	どじょう	さわら	かれい	あわび ふぐ	にしん	かいらぎ さめ	むろあじ	はや はえ わかさぎ	はらか

部首	標準字体	許容字体	音読み	訓読み
魚	鰮	鰛	オン	いわし
魚	鰥		カン	やもお やもめ や(む) なや(む)
魚	鰤		シ	ぶり
魚	鰧	鰧	トウ	おこぜ
魚	鰰●	鰰		はたはた
魚	鱆		ショウ	たこ
魚	鰾		ヒョウ	ふえ うきぶくろ
魚	鱇●		コウ	
魚	鱏	鱏	シン ジン	ちょうざめ えい

部首	標準字体	許容字体	音読み	訓読み
魚	鱓		セン	かわへび うつぼ ごまめ
魚	鱚●			きす
魚	鱛●			えそ
魚	𩺊●	𩺊		あおさば さば
魚	鱟		ゴウ	かぶとがに
魚	鱠		カイ	なます
魚	鱧		レイ	はも
魚	鱩●			はたはた
魚	鱶		ショウ	ふか

部首	標準字体	許容字体	音読み	訓読み
魚	鱲		リョウ	からすみ
魚	鱸		ロ	すずき
鳥(とり)(とりへん)	鳧	鳬	フ	かも けり
鳥(とり)(とりへん)	鳰●			にお
鳥(とり)(とりへん)	鴉☆	*1	ア	からす
鳥(とり)(とりへん)	鴃	鴃	ゲキ ケツ	もず
鳥(とり)(とりへん)	鴆		チン	
鳥(とり)(とりへん)	鴥	鴥	イツ	はや(い)
鳥(とり)(とりへん)	鴣		コ	

*1 本書279頁 B-(1)参照。

部首	標準字体	許容字体	音読み	訓読み
鳥	鴟		シ	とび ふくろう
	鴕		タ ダ	だちょう
	鴒		レイ	
	鵄		シ	とび
	鵁	鵁	コウ	
	鴿		コウ	いえばと どばと
	鴾		ボウ ム	とき つき
	鴴●			ちどり
	鴇●			とき

部首	標準字体	許容字体	音読み	訓読み
鳥	鵝	鵞	ガ	がちょう
	鵑		ケン	ほととぎす さつき
	鵤●			いかる いかるが
	鵥●			かけす
	鵲		ジャク	かささぎ
	鶉		ジュン	うずら
	鶇		トウ	つぐみ
	鵯	鵯	ヒ ヒツ	ひよ ひよどり
	鵺		ヤ	ぬえ

部首	標準字体	許容字体	音読み	訓読み
鳥	鶄	鶄	セイ	
	鶍●			いすか
	鶎●			きくいただき
	鶪	鵙	ケキ ゲキ	もず
	鶚		ガク	みさご
	鶤		コン	とうまる しゃも
	鶩		ボク ブ	あひる か(ける)
	鶫●			つぐみ
	鶲		オウ	ひたき

部首	鳥								
標準字体	鷁	鶻	鶸	鶺	鷆	鷂	鷙	鷓	鷸
許容字体									
音読み	ゲキ	コツ	ジャク	セキ	シン テン デン	ヨウ	シ	シャ	イツ
訓読み		はやぶさ くまたか	ひわ		つつどり よたか	はしたか はいたか	あらどり あら(い) あらあら(しい) う(つ)		しぎ かわせみ

部首	鳥						鹵(しお)	
標準字体	鷦	鷭	鷯	鷽	鸛	鸞☆	鹵	鹹
許容字体								
音読み	ショウ	ハン バン	リョウ	カク ガク	カン	ラン	ロ	カン
訓読み	みそさざい			うそ	こうのとり	すず	しお しおち おろそ(か) おろ(か) たて かす(める) うば(う)	から(い) しおから(い) しおけ

部首	鹿(しか)						
標準字体	麈	麋	麌	麕	麑	麝	麤
許容字体				麏			麁
音読み	シュ ス	ビ ミ	グ ゴ	キン クン	ゲイ ベイ	シャ ジャ	ソ
訓読み	おおじか	おおじか なれしか まゆ くだ(ける) みだ(れる)	おじか	のろ くじか むら(がる)	かのこ	じゃこうじか	あら(い) あらあら(しい) おお(きい) ほぼ くろごめ

部首	標準字体	許容字体	音読み	訓読み
麦麥（ばくにょう）	麩	麸	フ	ふすま
	麭		ホウ	こなもち だんご
麻麻（あさ）（あさかんむり）	麾		キ	さしずばた さしまね（く） ふ（る）
黄黃（き）	黌		コウ	まなびや
黍（きび）	黎		レイ リ	おお（い） くろ（い） もろもろ ころあい
	黏	粘の異体字		
	黐		チ	もち とりもち
黒黑（くろ）	黔		ケン	くろ（い） くろ（む）
	黜		チュツ	しりぞ（ける） おと（す）

部首	標準字体	許容字体	音読み	訓読み
黒黑	黝		ユウ	あおぐろ（い） くろ くろ（い） くろ（む） うすぐら（い）
	黠		カツ	さと（い） さか（しい） わるがしこ（い）
	黥		ケイ ゲイ	いれずみ
	黯		アン	くろ（い） くら（い） いた（ましい）
	黴		バイ ビ ミ	かび か（びる） よご（れる）
	黶		エン	ほくろ あざ
	黷		トク	けが（す） けが（れる） よご（す） よご（れる）
黹（ふつへん）	黹		チ	ぬ（う） ぬいとり

部首	標準字体	許容字体	音読み	訓読み
黹	黻		フツ	ひざかけ ぬいとり ぬ（う）
	黼		フ ホ	あや ぬいとり
黽（べんあし）	黽		ベン ビン ボウ	あおがえる つと（める）
	鼇		ゴウ	おおうみがめ おおすっぽん
	鼈		ヘツ ベツ	すっぽん
鼎（かなえ）				
鼓（つづみ）	鼕	鼕	トウ	
鼠（ねずみ）（ねずみへん）	鼬		ユ ユウ	いたち
	鼯		ゴ	むささび

部首	標準字体	許容字体	音読み	訓読み
鼠	鼴	鼹	エン	もぐら もぐらもち
鼻（はな）（はなへん）	鼾		カン	いびき
斉齊（せい）	齋		サイ セイ シ	もたら（す） ああ たから おくりもの もちもの
歯齒（は）（はへん）	齔	齓	シン	はがわり みそっぱ おさな（い）
	齣		シュツ セキ	くぎり くさり きれめ こま
	齟☆		ショ ソ	か（む） くいちが（う）
	齠		チョウ	みそっぱ おさな（い）
	齦		ギン コン	はぐき か（む）

部首	標準字体	許容字体	音読み	訓読み
歯齒	齧	囓	ゲツ ケツ	か（む） かじ（る） くいこ（む） か（ける）
	齬☆		ゴ	くいちが（う）
	齪		サク セク シュク	せま（る） こせつ（く） つつし（む）
	齷		アク	こま（かい） せま（い） せま（る） こせつ（く）
	齲		ウ ク	むしば
	齶		ガク	はぐき
竜龍（りゅう）	龕		ガン カン	ずし か（つ）
亀龜（かめ）				
龠（やく）	龠		ヤク	ふえ

旧字体一覧表

旧字体一覧表

ここでは、その主要なものを掲載した。○印は人名用漢字。人名用漢字のなかには、常用漢字の字形にそろえて新字体を定めたものがあるため、新旧の字体が存在する。

部首	旧字体	新字体	級
ノ	乘	乗	8
乙乚	乳	乳	5
	亂	乱	5
二	亞	亜	準2
人亻𠆢	伴	伴	3
	佛	仏	6
	來	来	9
	侵	侵	4
	侮	侮	準2

部首	旧字体	新字体	級
人亻𠆢	倂	併	準2
	偉	偉	4
	假	仮	6
	偏	偏	準2
	傑	傑	準2
	傳	伝	7
	僞	偽	準2
	僧	僧	4
	價	価	6

部首	旧字体	新字体	級
人亻𠆢	儉	倹	3
儿	充	充	準2
	免	免	3
	兒	児	7
入	內	内	9
	全	全	8
	兩	両	8
八ハ	兼	兼	4
冂	册	冊	5

部首	旧字体	新字体	級
冂	冒	冒	4
冫	冴	冴○	準1
刀刂	判	判	6
	券	券	5
	割	割	5
	剩	剰	準2
	劍	剣	4
	劑	剤	4
力	勉	勉	8

部首	旧字体	新字体	級
力	勝	勝	8
	勞	労	7
	勤	勤	5
	勳	勲	準2
	勵	励	3
	勸	勧	4
勹	包	包	7
匚	區	区	8
十	半	半	9

				口	又	厶		卩	十	部首
喝	啄	啓	周	吸	及	參	卽	卷	卑	旧字体
喝	啄°	啓	周	吸	及	参	即	巻	卑	新字体
準2	準1	3	7	5	4	7	4	5	3	級

		囗							口	部首
圍	國	圈	囑	嚴	噴	器	嘆	單	喫	旧字体
囲	国	圏	嘱	厳	噴	器	嘆	単	喫	新字体
6	9	4	3	5	4	7	4	7	3	級

						土			囗	部首
墮	增	塀	塚	堯	城	坪	團	圖	圓	旧字体
堕	増	塀	塚	尭°	城	坪	団	図	円	新字体
準2	6	準2	準2	準1	7	準2	6	9	10	級

		士							土	部首
壻	壹	壯	壤	壞	壘	壓	墳	墨	墜	旧字体
婿	壱	壮	壌	壊	塁	圧	墳	墨	墜	新字体
3	4	準2	準2	4	準2	6	3	3	3	級

				女			大	夕	士	部首
孃	嫌	媛	婦	姬	奬	奧	契	夢	壽	旧字体
嬢	嫌	媛	婦	姫	奨	奥	契	夢	寿	新字体
3	準2	7	6	3	準2	4	3	6	3	級

寸							宀		子	部首
將	寶	寫	寬	寢	實	宵	害	學	孤	旧字体
将	宝	写	寛	寝	実	宵	害	学	孤	新字体
5	5	8	準2	4	8	準2	7	10	3	級

山			尸	小					寸	部首
峽	屬	層	屆	尙	導	對	尊	尋	專	旧字体
峡	属	層	届	尚	導	対	尊	尋	専	新字体
3	6	5	5	準2	6	8	5	4	5	級

		巾	己	工		巛川			山	部首
幣	帽	帶	巽	巨	巢	巡	巖	嶽	崩	旧字体
幣	帽	帯	巽○	巨	巣	巡	巌○	岳	崩	新字体
準2	4	7	準1	4	7	4	準1	3	3	級

	弓	廾	廴					广	干	部首
弱	弧	弊	延	廳	廢	廣	廊	廉	平	旧字体
弱	弧	弊	延	庁	廃	広	廊	廉	平	新字体
9	3	準2	5	5	準2	9	3	3	8	級

		小忄心				彳	彡		弓	部首
恆	急	忍	德	徵	從	徑	彥	彌	彈	旧字体
恒	急	忍	徳	徴	従	径	彦○	弥	弾	新字体
4	8	準2	7	4	5	7	準1	2	4	級

									小忄心	部首
慘	慨	愼	愉	惱	情	惠	惡	悔	悅	旧字体
惨	慨	慎	愉	悩	情	恵	悪	悔	悦	新字体
4	3	4	準2	4	6	4	8	3	3	級

戶			戈						小忄心	部首
戶	戲	戰	成	戀	懷	懲	憤	應	憎	旧字体
戸	戯	戦	成	恋	懐	懲	憤	応	憎	新字体
9	4	7	7	4	準2	準2	準2	6	3	級

				扌手					戶	部首
拂	拔	拜	拒	扱	扉	扇	戾	房	所	旧字体
払	抜	拝	拒	扱	扉	扇	戻	房	所	新字体
4	4	5	準2	4	準2	4	準2	3	8	級

									扌手	部首
搖	插	搜	揭	援	掃	捨	挾	拳	抱	旧字体
揺	挿	捜	掲	援	掃	捨	挟	拳	抱	新字体
3	準2	準2	3	4	3	5	準2	2	4	級

		攴攵							扌手	部首
敎	效	收	攝	擴	擔	擇	擊	擧	據	旧字体
教	効	収	摂	拡	担	択	撃	挙	拠	新字体
9	6	5	3	5	5	3	4	7	4	級

			日	旡	斤				攴攵	部首
晚	晝	晟	晉	旣	斷	數	敏	敕	敍	旧字体
晩	昼	晟○	晋○	既	断	数	敏	勅	叙	新字体
5	9	1	準1	3	6	9	4	準2	準2	級

木	月		曰						日	部首
條	朗	會	曾	曙	曆	曉	暖	暑	晴	旧字体
条	朗	会	曽	曙○	暦	暁	暖	暑	晴	新字体
6	5	9	2	準1	4	準2	5	8	9	級

									木	部首
樣	樞	樂	槪	槇	構	榮	棚	棧	梅	旧字体
様	枢	楽	概	槙○	構	栄	棚	桟	梅	新字体
8	準2	9	3	準1	6	7	準2	準2	7	級

	止		欠						木	部首
歷	步	歡	歐	權	欄	櫻	檢	橫	樓	旧字体
歴	歩	歓	欧	権	欄	桜	検	横	楼	新字体
6	9	4	3	5	4	6	6	8	3	級

		氺氵水	气	毋			殳	歹	止	部首
海	泡	沒	氣	每	毆	殼	殺	殘	歸	旧字体
海	泡	没	気	毎	殴	殻	殺	残	帰	新字体
9	準2	3	10	9	3	準2	6	7	9	級

氺氵水										部首
渚	港	渴	淚	淺	淸	淨	浮	涉	消	旧字体
渚°	港	渇	涙	浅	清	浄	浮	渉	消	新字体
準1	8	準2	4	7	7	準2	4	準2	8	級

氺氵水										部首
澤	潛	澁	潔	滿	滯	漢	溝	溪	溫	旧字体
沢	潜	渋	潔	満	滞	漢	溝	渓	温	新字体
4	3	準2	6	7	3	8	準2	準2	8	級

灬火				氺氵水						部首
燒	煮	煙	灰	灣	瀧	瀨	濱	濕	濟	旧字体
焼	煮	煙	灰	湾	滝	瀬	浜	湿	済	新字体
7	4	4	5	3	3	3	4	3	5	級

犭犬			牛	爪爫⺥爪			灬火			部首
猪	狹	狀	犧	爵	爲	爭	爐	營	燈	旧字体
猪°	狭	状	犠	爵	為	争	炉	営	灯	新字体
準1	4	6	3	準2	4	7	3	6	7	級

瓦	瓜瓜	王玉		犭犬						部首
甁	瓣（はなびら）	瑤	琢	獻	獵	獸	獲	獨	猶	旧字体
瓶	弁	瑶°	琢°	献	猟	獣	獲	独	猶	新字体
準2	6	1	準1	準2	3	4	4	6	準2	級

部首	生	田				疒			癶
旧字体	產	畔	異	畫	當	疊	瘦	癒	癡	發
新字体	産	畔	異	画	当	畳	痩	癒	痴	発
級	7	3	5	9	9	4	2	準2	準2	8

部首	白	皿			目		矢	石		
旧字体	皓	益	盜	盡	眞	瞬	矩	砲	硏	硝
新字体	皓°	益	盗	尽	真	瞬	矩°	砲	研	硝
級	1	6	4	4	8	4	準1	4	8	準2

部首	石		礻示					禾		
旧字体	碎	碑	示□	祕	祿	禪	禮	稅	程	稱
新字体	砕	碑	礻□	秘	禄°	禅	礼	税	程	称
級	準2	3		5	準1	準2	8	6	6	4

部首	禾						穴		立	竹
旧字体	穀	稻	穗	穩	穫	穰	突	竊	竝	節
新字体	穀	稲	穂	穏	穫	穣°	突	窃	並	節
級	5	4	3	3	3	準1	4	準2	5	7

部首	竹	米		糸						
旧字体	築	粹	精	約	級	終	絲	經	綠	緯
新字体	築	粋	精	約	級	終	糸	経	緑	緯
級	6	3	6	7	8	8	10	6	8	4

									糸	部首
繭	繪	繁	總	縱	縣	練	編	緖	緣	旧字体
繭	絵	繁	総	縦	県	練	編	緒	縁	新字体
準2	9	4	6	5	8	8	6	準2	4	級

		羽	罒网		缶				糸	部首
習	翁	羽	署	罐	缺	纖	續	繼	繩	旧字体
習	翁	羽	署	缶	欠	繊	続	継	縄	新字体
8	準2	9	5	準2	7	準2	7	4	7	級

月肉	聿			耳	耂老				羽	部首
肖	肅	聽	聰	聲	者	翼	飜	翔	翌	旧字体
肖	粛	聴	聡°	声	者	翼	翻	翔°	翌	新字体
準2	準2	3	準1	9	8	4	3	1	5	級

	臼	至	自						月肉	部首
舊	與	臺	臭	臟	膽	腦	脫	胞	肩	旧字体
旧	与	台	臭	臓	胆	脳	脱	胞	肩	新字体
6	4	9	準2	5	3	5	4	3	4	級

				艹艹艸	色		舛		舌	部首
萬	著	莊	莖	芽	艷	舞	舜	舖	舍	旧字体
万	著	荘	茎	芽	艶	舞	舜°	舗	舎	新字体
9	5	準2	準2	7	2	4	準1	4	6	級

部首	艹艹艸					虍				虫
旧字体	薰	藏	藝	藥	蘭	處	虛	號	虜	螢
新字体	薫	蔵	芸	薬	蘭°	処	虚	号	虜	蛍
級	準2	5	7	8	準1	5	3	8	準2	準2

部首	虫			行	衤衣			覀襾	見	
旧字体	蟲	蠶	蠻	衞	裝	褐	襃	▭	視	覺
新字体	虫	蚕	蛮	衛	装	褐	褒	▭	視	覚
級	10	5	3	6	5	準2	準2		5	7

部首	見		角	言						
旧字体	覽	觀	觸	評	誠	誕	請	調	謁	諸
新字体	覧	観	触	評	誠	誕	請	調	謁	諸
級	5	7	4	6	5	5	3	8	準2	5

部首	言									
旧字体	諭	謙	講	謄	謠	謹	證	譯	譽	護
新字体	諭	謙	講	謄	謡	謹	証	訳	誉	護
級	準2	準2	6	準2	4	準2	6	5	4	6

部首	言			豆	豕	貝				
旧字体	讀	變	讓	豐	豫	貳	賓	賣	賴	購
新字体	読	変	譲	豊	予	弐	賓	売	頼	購
級	9	7	3	6	8	4	準2	9	4	準2

辛				車		足	走		貝	部首
辨（わきまえる）	轉	轄	輸	輕	踐	距	赳	贈	贊	旧字体
弁	転	轄	輸	軽	践	距	赳°	贈	賛	新字体
6	8	準2	6	8	準2	4	1	4	6	級

							辶辶辵		辛	部首
遵	遙	遞	遍	遂	違	逸	辶□	辯（かたる）	辭	旧字体
遵	遥°	逓	遍	遂	違	逸	辶□	弁	辞	新字体
3	準1	準2	準2	3	4	準2		6	7	級

		酉					阝邑		辶辶辵	部首
醫	醉	酌	鄰	鄕	都	郞	邪	邊	遲	旧字体
医	酔	酌	隣	郷	都	郎	邪	辺	遅	新字体
8	3	準2	4	5	8	4	3	7	4	級

							金	釆	酉	部首
鐵	鎭	鎌	鍊	錄	錢	銳	釣	釋	釀	旧字体
鉄	鎮	鎌	錬	録	銭	鋭	釣	釈	醸	新字体
8	3	2	3	7	5	4	準2	4	準2	級

						阝阜	門		金	部首
隱	隨	險	隆	隊	陷	降	關	鑛	鑄	旧字体
隠	随	険	隆	隊	陥	降	関	鉱	鋳	新字体
4	3	6	3	7	準2	5	7	6	3	級

頁	音	靑青		雨	隹				隶	部首
頻	響	靜	靑	靈	難	雙	雜	雅	隸	旧字体
頻	響	静	青	霊	難	双	雑	雅	隷	新字体
準2	4	7	10	3	5	3	6	4	4	級

馬			飠𩙿食				頁			部首
驅	騰	騷	餠	餘	飽	[illegible]	顯	類	顏	旧字体
駆	騰	騒	餅	余	飽	[illegible]	顕	類	顔	新字体
4	準2	4	2	6	3		準2	7	9	級

鹿	鹵	鳥	魚	鬥	髟	骨		馬		部首
麟	鹽	鷄	鯛	鬭	髮	體	髓	驗	驛	旧字体
麟○	塩	鶏	鯛○	闘	髪	体	髄	験	駅	新字体
準1	7	3	準1	4	4	9	3	7	8	級

斉齊		黒黑					黄黃	麦麥		部首
齋	齊	黨	點	黛	默	黑	黃	麵	麥	旧字体
斎	斉	党	点	黛○	黙	黒	黄	麺	麦	新字体
準2	準2	5	9	準1	4	9	9	2	9	級

亀龜	竜龍	歯齒		部首
龜	龍	齡	齒	旧字体
亀	竜	齢	歯	新字体
2	準2	4	8	級

国字（和字）

国字（和字）

▲印は、辞典によって扱いの異なるもの。

部首	漢字	級	読み
亻人	俣	準1	また
	俤	1	おもかげ
	俥	1	くるま
几	凧	準1	たこ
	凪	準1	なぎ な（ぐ）
	凩	1	こがらし
勹	匁	準1	もんめ め
口	喰▲	準1	く（らう） く（う）
	噺	準1	はなし

部首	漢字	級	読み
口	噸	準1	トン
	叺	1	かます
	呎	1	フィート
	呏	1	ガロン
土	圦	1	いり
女	嬶▲	1	かか かかあ
山	屶	1	なた
弓	弖▲	1	て 例＝弖爾乎波（てにをは）
忄心	怺	1	こら（える）

部首	漢字	級	読み
扌手	扨	1	さて
	挘	1	むし（る）
木	杢	準1	もく
	栂	準1	とが つが
	柾	準1	まさ まさき
	椙	準1	すぎ
	椛	準1	もみじ
	榊	準1	さかき
	樫	準1	かし

部首	漢字	級	読み
木	杣	1	そま
	枡	1	ます
	桛	1	かせ
	梻	1	しきみ
	梺	1	ふもと
	椚	1	くぬぎ
	楾	1	はんぞう
	榁▲	1	むろ
	榀	1	こまい

部首	漢字	級	読み
毛	毟	1	むし(る)
火	熕	1	コウ おおづつ
火	燵	1	タツ 例＝炬燵(コタツ)
瓦	瓲▲	1	トン
瓦	瓩	1	キログラム
瓦	瓸	1	ヘクトグラム
瓦	瓧	1	デカグラム
瓦	瓰	1	デシグラム
瓦	甅	1	センチグラム
瓦	瓱	1	ミリグラム

部首	漢字	級	読み
田	畠	準1	はた はたけ
疒	癪	1	シャク
石	硲	準1	はざま
立	竏	1	キロリットル
立	竡	1	ヘクトリットル
立	竍	1	デカリットル
立	竕	1	デシリットル
立	竰	1	センチリットル
立	竓	1	ミリリットル
竹	笹	準1	ささ

部首	漢字	級	読み
竹	簓	1	セン ささら
竹	簗▲	1	やな
竹	籡	1	しんし
米	粂	準1	くめ
米	籾	準1	もみ
米	粏▲	1	タ ぬかみそ 例＝糂粏(ジンタ)
米	糀	1	こうじ
米	粁	準1	キロメートル
米	粨	1	ヘクトメートル
米	籵	1	デカメートル

部首	漢字	級	読み
米	糎	準1	センチメートル
米	粍	準1	ミリメートル
糸	綛	1	かすり かせ
糸	縅	1	おど(す) おどし
糸	繧	1	ウン 例＝繧繝(ウンゲン)
糸	纃	1	かすり
糸	纐	1	コウ しぼ(り) しぼりぞ(め) 例＝纐纈(コウケチ・コウケツ)
耳	聢	1	しか(と)
月肉	膵▲	1	スイ 例＝膵臓(スイゾウ)
舟	艝	1	そり

部首	艹艸			虫			衤衣			
漢字	苆	萢	蓙	蚫▲	蛯	蟎▲	袰	裃	裄	褄
級	1	1	1	1	1	1	1	1	1	1
読み	すさ	やち やつ	ござ	ホウ あわび	えび	だに	ほろ	かみしも	ゆき	つま

部首	衤衣	言	身			車	辶辵			
漢字	襷	諚	躮	躾	軈	轌	辻	辷	迚	逧
級	1	1	1	1	1	1	準1	1	1	1
読み	たすき	ジョウ おきて おお(せ)	せがれ	しつけ	やが(て)	そり	つじ	すべ(る)	とて とて(も)	さこ

部首	辶辵	金								門
漢字	遖	鋲	鑓	錺▲	錵▲	錻	鎹	⿰金逆	鎺	閊
級	1	準1	準1	1	1	1	1	1	1	1
読み	あっぱれ	ビョウ	やり	かざり	にえ	ブ ブリキ	かすがい	さかほこ	はばき	つか(える)

部首	雨	革		風	𩙿食	魚				
漢字	雫▲	鞆	鞐	颪	饂	鰯	鱈▲	魞	⿰魚片	鮖
級	準1	1	1	1	1	準1	準1	1	1	1
読み	ダ しずく	とも	こはぜ	おろし	ウン 例＝饂飩(うどん・ウンドン)	いわし	セツ たら	えり	なまず	かじか

部首	漢字	級	読み
魚	鮗	1	このしろ
魚	▲鮇	1	いわな
魚	鮖	1	いさざ
魚	▲鮟	1	アン
魚	鮴	1	ごり
魚	鮲	1	こち まて
魚	鮱	1	おおぼら
魚	鯏	1	うぐい あさり
魚	鯑	1	かずのこ
魚	鯒	1	こち

部首	漢字	級	読み
魚	鯎	1	うぐい
魚	鯐	1	すばしり
魚	鯲	1	どじょう
魚	鯱	1	しゃち しゃちほこ
魚	鯰	1	ネン なまず
魚	鰘	1	むろあじ
魚	鰙	1	はや はえ わかさぎ
魚	鰚	1	はらか
魚	鰰	1	はたはた
魚	鱇	1	コウ 例＝鮟鱇(アンコウ)

部首	漢字	級	読み
魚	鱚	1	きす
魚	鱛	1	えそ
魚	[illegible]	1	あおさば さば
魚	鱩	1	はたはた
鳥	鴫	準1	しぎ
鳥	鳰	1	にお
鳥	鵆	1	ちどり
鳥	鴾	1	とき
鳥	鵤	1	いかる いかるが
鳥	鵥	1	かけす

部首	漢字	級	読み
鳥	鶍	1	いすか
鳥	鶎	1	きくいただき
鳥	鶫	1	つぐみ
麻	麿	準1	まろ

※常用漢字表にある国字
働・匂・塀・峠
▲搾・枠・栃・畑
腺・込

時刻・方位表

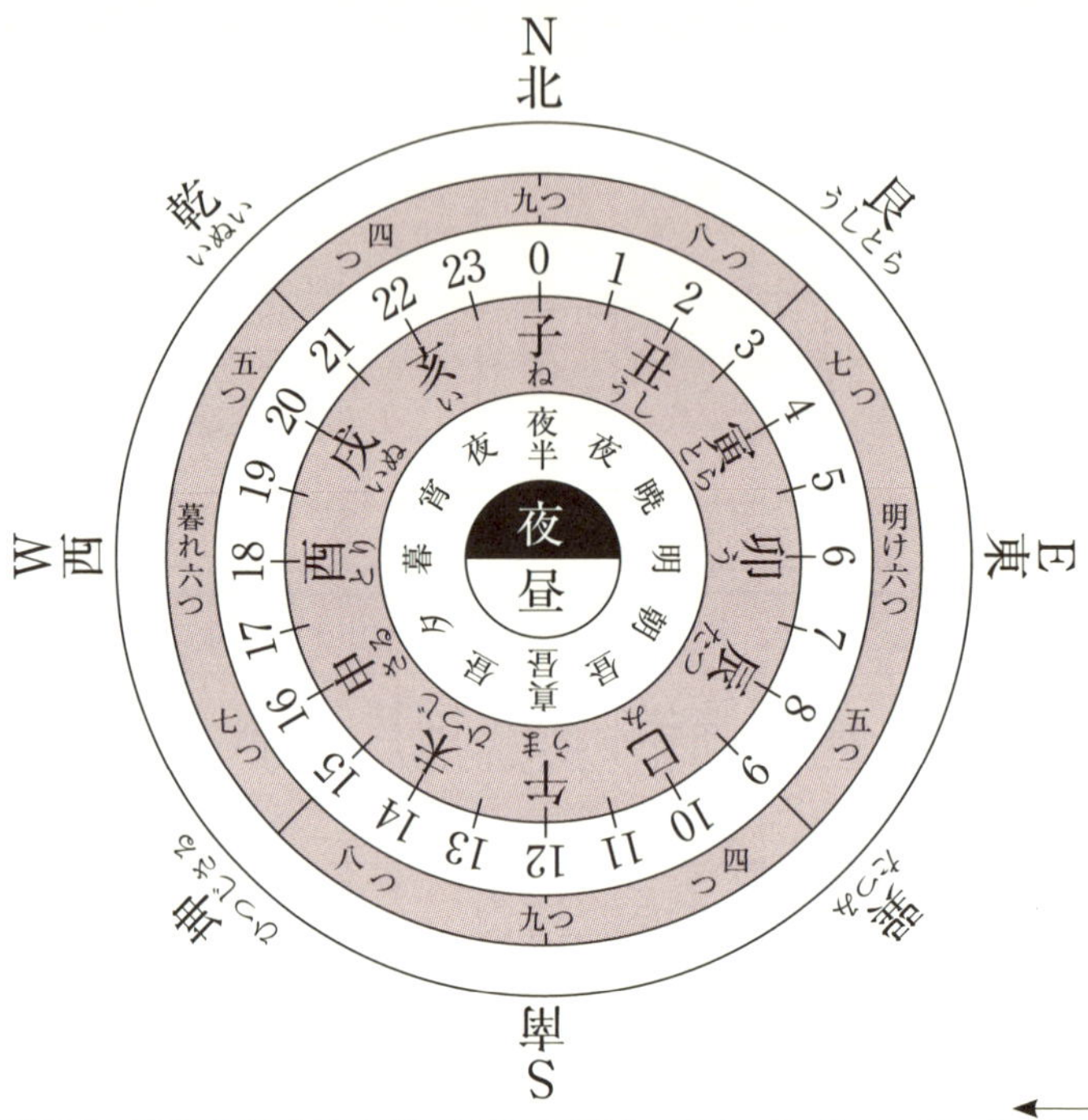

干支順位表

甲子 きのえね	乙丑 きのとうし	丙寅 ひのえとら	丁卯 ひのとう	戊辰 つちのえたつ	己巳 つちのとみ	庚午 かのえうま	辛未 かのとひつじ	壬申 みずのえさる	癸酉 みずのととり
甲戌 きのえいぬ	乙亥 きのとい	丙子 ひのえね	丁丑 ひのとうし	戊寅 つちのえとら	己卯 つちのとう	庚辰 かのえたつ	辛巳 かのとみ	壬午 みずのえうま	癸未 みずのとひつじ
甲申 きのえさる	乙酉 きのととり	丙戌 ひのえいぬ	丁亥 ひのとい	戊子 つちのえね	己丑 つちのとうし	庚寅 かのえとら	辛卯 かのとう	壬辰 みずのえたつ	癸巳 みずのとみ
甲午 きのえうま	乙未 きのとひつじ	丙申 ひのえさる	丁酉 ひのととり	戊戌 つちのえいぬ	己亥 つちのとい	庚子 かのえね	辛丑 かのとうし	壬寅 みずのえとら	癸卯 みずのとう
甲辰 きのえたつ	乙巳 きのとみ	丙午 ひのえうま	丁未 ひのとひつじ	戊申 つちのえさる	己酉 つちのととり	庚戌 かのえいぬ	辛亥 かのとい	壬子 みずのえね	癸丑 みずのとうし
甲寅 きのえとら	乙卯 きのとう	丙辰 ひのえたつ	丁巳 ひのとみ	戊午 つちのえうま	己未 つちのとひつじ	庚申 かのえさる	辛酉 かのととり	壬戌 みずのえいぬ	癸亥 みずのとい

参考資料

同音の漢字による書きかえ

▲印は準1級配当漢字
▲印は1級配当漢字
※印は常用漢字
＊印は漢検配当外の漢字

国語審議会報告「同音の漢字による書きかえ」（昭和31年）による。

あ

愛慾▲ → 愛欲
闇※ → 暗
安佚▲ → 安逸
暗翳▲ → 暗影
暗誦▲ → 暗唱
按▲分 → 案分
闇※夜 → 暗夜

い

意嚮▲ → 意向
慰藉▲料 → 慰謝料
衣裳▲ → 衣装
遺蹟▲ → 遺跡
一挺▲ → 一丁
陰翳▲ → 陰影

え

叡▲智▲ → 英知
穎▲才 → 英才
焰▲ → 炎
掩▲護 → 援護
苑▲地 → 園地

お

臆※説 → 憶説
臆※測 → 憶測
恩誼▲ → 恩義

か

誡▲ → 戒
廻▲ → 回
外廓▲ → 外郭
快闊▲ → 快活
皆既蝕▲ → 皆既食
誡▲告 → 戒告
開鑿▲ → 開削
廻▲送 → 回送
蛔▲虫 → 回虫
廻▲転 → 回転
恢▲復 → 回復
潰※滅 → 壊滅
潰※乱 → 壊乱
廻▲廊 → 回廊
火焰▲ → 火炎
劃▲ → 画
廓▲ → 郭

劃▲然 → 画然
廓▲大 → 郭大
挌▲闘 → 格闘
劃▲期的 → 画期的
活潑▲ → 活発
旱▲害 → 干害
間歇▲ → 間欠
管絃▲楽 → 管弦楽
肝腎※ → 肝心
旱▲天 → 干天
乾溜▲ → 乾留

き

畸▲ → 奇
稀▲ → 希

気焔▲ → 気炎
饑▲餓 → 飢餓
企劃▲ → 企画
畸▲形 → 奇形
稀▲元素 → 希元素
稀▲釈 → 希釈
稀▲少 → 希少
徽▲章 → 記章
奇蹟▲ → 奇跡
稀▲代 → 希代
綺▲談 → 奇談
機智▲ → 機知
吃▲水 → 喫水
稀▲薄 → 希薄

糺▲ → 糾
糺▲弾 → 糾弾
糺▲明 → 糾明
旧蹟▲ → 旧跡
馭▲ → 御
兇▲ → 凶
兇▲悪 → 凶悪
饗▲応 → 供応
教誨▲ → 教戒
兇▲漢 → 凶漢
兇▲器 → 凶器
鞏▲固 → 強固
兇▲行 → 凶行
兇▲刃 → 凶刃

兇▲変 → 凶変
兇▲暴 → 凶暴
馭▲者 → 御者
漁撈▲ → 漁労
稀▲硫酸 → 希硫酸
技倆▲ → 技量
吟誦▲ → 吟唱

く

区劃▲ → 区画
掘鑿▲ → 掘削
訓誡▲ → 訓戒
燻▲製 → 薫製

け

繋▲船 → 係船

繫▲争 → 係争
繫▲属 → 係属
繫▲留 → 係留
下剋▲上 → 下克上
決潰※ → 決壊
蹶▲起 → 決起
月蝕▲ → 月食
訣▲別 → 決別
絃▲ → 弦
絃▲歌 → 弦歌
元兇▲ → 元凶
嶮▲岨▲ → 険阻
研磨※ → 研摩
儼▲然 → 厳然

こ

倖▲ → 幸
宏▲ → 広
礦▲ → 鉱
交驩▲ → 交歓
礦▲業 → 鉱業
鯁*骨 → 硬骨
交叉▲ → 交差
扣▲除 → 控除
甦▲生 → 更生
礦▲石 → 鉱石
宏▲壮 → 広壮
宏▲大 → 広大
香奠▲ → 香典

昂▲騰 → 高騰
広汎※ → 広範
昂▲(亢)▲奮 → 興奮
弘▲報 → 広報
曠▲野 → 広野
昂▲揚 → 高揚
強慾▲ → 強欲
媾▲和 → 講和
涸▲渇 → 枯渇
古稀▲ → 古希
古蹟▲ → 古跡
骨骼▲ → 骨格
雇傭▲ → 雇用
混淆▲ → 混交

根柢▲ → 根底
昏▲迷 → 混迷

さ

坐▲ → 座
醋▲酸 → 酢酸
坐▲視 → 座視
坐▲礁 → 座礁
坐▲洲▲ → 座州
雑沓▲ → 雑踏
讚▲ → 賛
三絃▲ → 三弦
讚▲仰 → 賛仰
讚▲辞 → 賛辞
撒▲水 → 散水

讃▲嘆 → 賛嘆
讃▲美 → 賛美
撒▲布 → 散布

し

色慾▲ → 色欲
刺戟▲ → 刺激
史蹟▲ → 史跡
屍▲体 → 死体
七顛▲八倒 → 七転八倒
死歿▲ → 死没
射倖▲心 → 射幸心
車輛▲ → 車両
洲▲ → 州
輯▲ → 集

蒐▲荷 → 集荷
蒐▲集 → 収集
終熄▲ → 終息
聚▲落 → 集落
手蹟▲ → 手跡
駿▲才 → 俊才
陞▲ → 昇
銷▲ → 消
銷▲夏 → 消夏
銷▲却 → 消却
障碍▲ → 障害
情誼▲ → 情義
称(賞)讃▲ → 称(賞)賛
陞▲叙 → 昇叙

焦躁▲ → 焦燥
銷▲沈 → 消沈
牆▲壁 → 障壁
蒸溜▲ → 蒸留
書翰▲ → 書簡
蝕▲甚 → 食尽
食慾▲ → 食欲
抒▲情 → 叙情
試煉▲ → 試練
鍼▲術 → 針術
侵蝕▲ → 侵食
浸蝕▲ → 浸食
真蹟▲ → 真跡
伸暢▲ → 伸長

滲▲透 → 浸透
侵掠▲ → 侵略
訊▲問 → 尋問

す

衰頽▲ → 衰退

せ

制馭▲(禦▲) → 制御
棲▲(栖▲)息 → 生息
性慾▲ → 性欲
蹟▲ → 跡
絶讃▲ → 絶賛
尖▲鋭 → 先鋭
全潰※ → 全壊
銓▲衡 → 選考

常用
準1級
1級
旧字体
国字
参考資料
Q&A

煽▲情 → 扇情
洗滌▲ → 洗浄
戦々兢▲々 → 戦々恐々
船艙▲ → 船倉
尖▲端 → 先端
擅▲断 → 専断
煽▲動 → 扇動
戦歿▲ → 戦没

そ

沮▲ → 阻
惣▲ → 総
象嵌▲ → 象眼
蒼▲惶▲ → 倉皇
綜▲合 → 総合
相剋▲ → 相克
惣▲菜 → 総菜
装釘▲（幀▲） → 装丁
剿▲滅 → 掃滅
簇▲生 → 族生
沮▲止 → 阻止
疏▲水 → 疎水
沮▲喪 → 阻喪
疏▲通 → 疎通
疏▲明 → 疎明

た

褪▲色 → 退色
頽▲勢 → 退勢
頽▲廃 → 退廃
颱▲風 → 台風
大慾▲ → 大欲
奪掠▲ → 奪略
歎▲ → 嘆
歎▲願 → 嘆願
炭礦▲ → 炭鉱
端坐▲ → 端座
短篇▲ → 短編
煖▲房 → 暖房
煖▲炉 → 暖炉

ち

智▲ → 知
智▲慧▲ → 知恵
智▲能 → 知能
智▲謀 → 知謀
註▲ → 注
註▲解 → 注解
註▲釈 → 注釈
註▲文 → 注文
長篇▲ → 長編
沈澱▲ → 沈殿

て

彽▲徊▲ → 低回
牴▲（觝▲）触 → 抵触
鄭▲重 → 丁重
叮▲嚀▲ → 丁寧
碇▲泊 → 停泊
手帖▲ → 手帳

顛▲倒 → 転倒
顛▲覆 → 転覆

と

蹈▲ → 踏
倒潰※ → 倒壊
蹈▲襲 → 踏襲
特輯▲ → 特集
杜▲絶 → 途絶

に

日蝕▲ → 日食

は

悖▲徳 → 背徳
破毀※ → 破棄
曝▲露 → 暴露
破摧▲ → 破砕
醱▲酵 → 発酵
薄倖▲ → 薄幸
抜萃▲ → 抜粋
叛▲ → 反
叛▲旗 → 反旗
叛▲逆 → 反逆
蕃▲殖 → 繁殖
蕃▲族 → 蛮族
反撥▲ → 反発
叛▲乱 → 反乱

ひ

蜚▲語 → 飛語
筆蹟▲ → 筆跡
病歿▲ → 病没

ふ

諷▲刺 → 風刺
腐蝕▲ → 腐食
符牒▲ → 符丁
物慾▲ → 物欲
腐爛▲ → 腐乱

へ

篇▲ → 編
辺疆▲ → 辺境
編輯▲ → 編集

ほ

輔▲ → 補
哺※育 → 保育
崩潰※ → 崩壊
妨碍▲ → 妨害
抛▲棄 → 放棄
防禦▲ → 防御
繃▲帯 → 包帯
厖▲大 → 膨大
庖▲丁 → 包丁
抛▲物線 → 放物線
輔▲佐 → 補佐
鋪▲装 → 舗装
歿▲ → 没
輔▲導 → 補導
保姆▲ → 保母

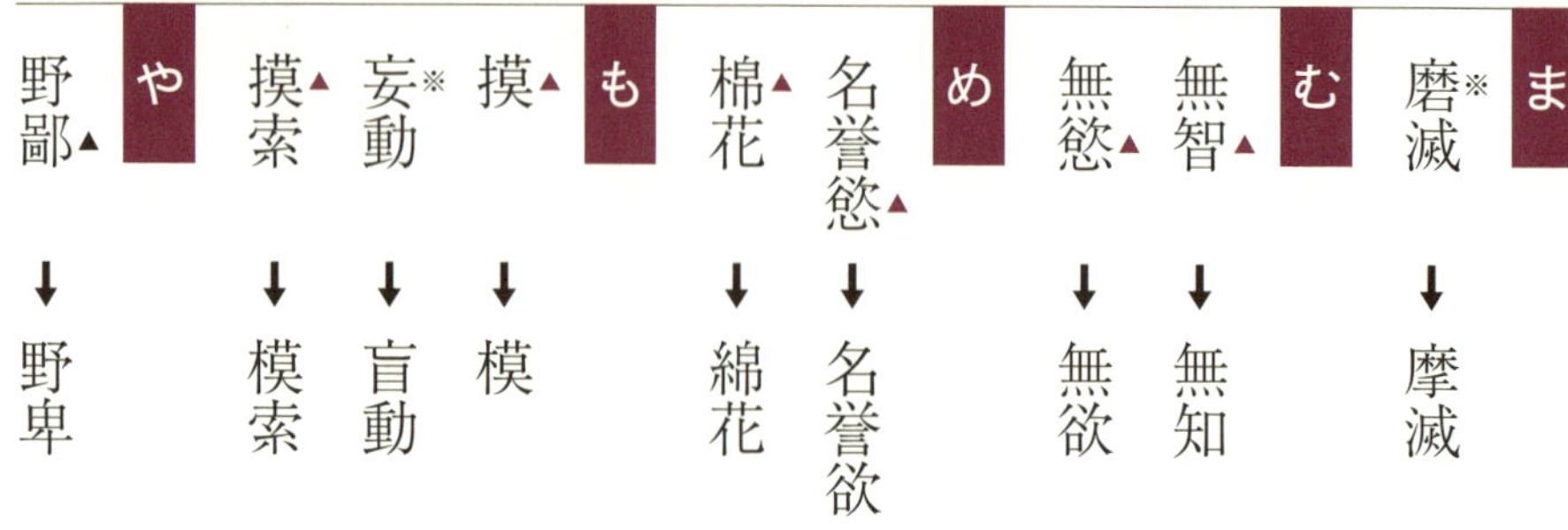

ま

磨※滅 → 摩滅

む

無智▲ → 無知
無慾▲ → 無欲

め

名誉慾▲ → 名誉欲
棉▲花 → 綿花

も

摸▲ → 模
妄※動 → 盲動
摸▲索 → 模索

や

野鄙▲ → 野卑

よ

熔▲・鎔▲ → 溶
鎔▲解 → 溶解
熔▲岩 → 溶岩
鎔▲鉱炉 → 溶鉱炉
熔▲接 → 溶接
慾▲ → 欲

ら

落磐▲ → 落盤

り

理窟※ → 理屈
俐▲巧 → 利口
理智▲ → 理知
離叛▲ → 離反

掠▲ → 略
掠▲奪 → 略奪
俚▲謡 → 里謡
諒▲ → 了
輛▲ → 両
諒▲解 → 了解
諒▲承 → 了承
輪廓▲ → 輪郭

れ

聯▲ → 連
連繋▲ → 連係
聯▲合 → 連合
連坐▲ → 連座
聯▲想 → 連想
聯▲珠 → 連珠
煉▲炭 → 練炭
煉▲乳 → 練乳
聯▲邦 → 連邦
聯▲盟 → 連盟
聯▲絡 → 連絡
聯▲立 → 連立

わ

彎▲ → 湾
彎▲曲 → 湾曲
彎▲入 → 湾入

(付) 字体についての解説

平成28年2月に「常用漢字表の字体・字形に関する指針」が、文化審議会国語分科会より報告されました。資料の内容は、文化庁ホームページ(https://www.bunka.go.jp/)にてご確認ください。

第1　明朝体のデザインについて

常用漢字表では、個々の漢字の字体（文字の骨組み）を、明朝体のうちの一種を例に用いて示した。現在、一般に使用されている明朝体の各種書体には、同じ字でありながら、微細なところで形の相違の見られるものがある。しかし、各種の明朝体を検討してみると、それらの相違はいずれも書体設計上の表現の差、すなわちデザインの違いに属する事柄であって、字体の違いではないと考えられるものである。つまり、それらの相違は、字体の上からは全く問題にする必要のないものである。以下に、分類して、その例を示す。

なお、ここに挙げているデザイン差は、現実に異なる字形がそれぞれ使われていて、かつ、その実態に配慮すると、字形の異なりを字体の違いと考えなくてもよいと判断したものである。すなわち、実態として存在する異字形を、デザインの差と、字体の差に分けて整理することがその趣旨であり、明朝体字形を新たに作り出す場合に適用し得るデザイン差の範囲を示したものではない。また、ここに挙げているデザイン差は、おおむね「筆写の楷書字形において見ることができる字形の異なり」と捉えることも可能である。

1　へんとつくり等の組合せ方について

(1)　大小、高低などに関する例

硬 硬　吸 吸　頃 頃

(2)　はなれているか、接触しているかに関する例

睡 睡　異 異　挨 挨

2　点画の組合せ方について

(1)　長短に関する例

雪　雪　雪　満　満

無　無　斎　斎

(2)　つけるか、はなすかに関する例

発　発　備　備　奔　奔

溺　溺　空　空　湿　湿

吹　吹　冥　冥

(3)　接触の位置に関する例

岸　岸　家　家　脈　脈　脈

蚕　蚕　印　印　蓋　蓋

(4)　交わるか、交わらないかに関する例

聴　聴　非　非　祭　祭

存　存　孝　孝　射　射

(5)　その他

芽　芽　芽　夢　夢　夢

3　点画の性質について

(1)　点か、棒(画)かに関する例

帰　帰　班　班　均　均

麗　麗　蔑　蔑

(2)　傾斜、方向に関する例

考　考　値　値　望　望

(3) 曲げ方、折り方に関する例

勢－勢　頑－頑－頑　競－競　災－災

(4) 「筆押さえ」等の有無に関する例

芝－芝　更－更　伎－伎　八－八－八　公－公－公　雲－雲

(5) とめるか、はらうかに関する例

環－環　泰－泰　談－談　医－医　継－継　園－園

(6) とめるか、ぬくかに関する例

耳－耳　邦－邦　街－街　餌－餌

(7) はねるか、とめるかに関する例

四－四　配－配　換－換　湾－湾

(8) その他

次－次　姿－姿

4　特定の字種に適用されるデザイン差について

「特定の字種に適用されるデザイン差」とは、以下の(1)～(5)それぞれの字種にのみ適用されるデザイン差のことである。したがって、それぞれに具体的な字形として示されているデザイン差を他の字種にまで及ぼすことはできない。

なお、(4)に掲げる「叱」と「叱」は本来別字とされるが、その使用実態から見て、異体の関係にある同字と認めることができる。

(1) 牙・牙・牙

(2) 韓・韓・韓

(3) 茨・茨・茨

(4) 叱・叱

(5) 栃・栃

第2　明朝体と筆写の楷書との関係について

常用漢字表では、個々の漢字の字体（文字の骨組み）を、明朝体のうちの一種を例に用いて示した。このことは、これによって筆写の楷書における書き方の習慣を改めようとするものではない。字体としては同じであっても、1、2に示すように明朝体の字形と筆写の楷書の字形との間には、いろいろな点で違いがある。それらは、印刷文字と手書き文字におけるそれぞれの習慣の相違に基づく表現の差と見るべきものである。

さらに、印刷文字と手書き文字におけるそれぞれの習慣の相違に基づく表現の差は、3に示すように、字体（文字の骨組み）の違いに及ぶ場合もある。

以下に、分類して、それぞれの例を示す。いずれも「明朝体―手書き（筆写の楷書）」という形で、上に明朝体、下にそれを手書きした例を示す。

1　明朝体に特徴的な表現の仕方があるもの

(1) 折り方に関する例

衣－衣　去－去　玄－玄

(2) 点画の組合せ方に関する例

人－人　家－家

北－北

(3) 「筆押さえ」等に関する例

芝－芝　史－史

入－入　八－八

(4) 曲直に関する例

子－子　手－手

了－了

(5) その他

辶・辶－辶　竹－竹

心－心

2　筆写の楷書では、いろいろな書き方があるもの

(1) 長短に関する例

雨－雨雨　戸－戸戸戸

無－無無

(2) 方向に関する例

風－風風　比－比比

仰－仰仰　糸－糸糸

ネ－ネネ　衤－衤衤

主－主主　言－言言言

年－年年年

(3) つけるか、はなすかに関する例

又－又又　文－文文
月－月月
条－条条　保－保保

(4) はらうか、とめるかに関する例

奥－奥奥　公－公公
角－角角　骨－骨骨

(5) はねるか、とめるかに関する例

切－切切切
改－改改改

(6) その他

酒－酒酒　陸－陸陸陸
穴－穴穴穴
木－木木　来－来来
糸－糸糸　牛－牛牛
環－環環

令－令令　外－外外外
女－女女　叱－叱叱叱

3　筆写の楷書字形と印刷文字字形の違いが、字体の違いに及ぶもの

以下に示す例で、括弧内は印刷文字である明朝体の字形に倣って書いたものであるが、筆写の楷書ではど

ちらの字形で書いても差し支えない。なお、括弧内の字形の方が、筆写字形としても一般的な場合がある。

(1) 方向に関する例

淫－淫（淫）　恣－恣（恣）
煎－煎（煎）　嘲－嘲（嘲）
溺－溺（溺）　蔽－蔽（蔽）

(2) 点画の簡略化に関する例

葛－葛（葛）　嗅－嗅（嗅）
僅－僅（僅）　餌－餌（餌）
箋－箋（箋）　塡－填（塡）
賭－賭（賭）　頰－頬（頰）

(3) その他

惧－惧（惧）　稽－稽（稽）
詮－詮（詮）　捗－捗（捗）
剝－剥（剝）　喩－喩（喩）

表外漢字字体表における字体の違いとデザインの違い

国語審議会答申「表外漢字字体表」（平成12年）「Ⅲ参考」による。

表外漢字字体表においても、常用漢字表の考え方を基本的に踏襲する。以下、常用漢字表でデザインの違いとするそれぞれの例に該当する表外漢字の例を、表外漢字字体表に掲げられた一〇二二字の中から選んで示す。また、表外漢字だけに適用するデザイン差の例も併せて示す。（※印は現在は常用漢字。）

1　へんとつくり等の組合せ方について

(1)　大小、高低などに関する例

甥　甥　頃※　頃

(2)　はなれているか、接触しているかに関する例

曖※　曖　弄※　弄

2　点画の組合せ方について

(1)　長短に関する例

撫　撫　撫　諏　諏　睾　睾　禽　禽

(2)　つけるか、はなすかに関する例

潑　潑　竈　竈　幌　幌　腔　腔　冥※　冥　蕨　蕨　蜃　蜃

(3) 接触の位置に関する例

粕 粕 濠 濠 閃 閃 閃

套 套 蔓 蔓

(4) 交わるか、交わらないかに関する例

餌※ 餌 誹 誹 銚 銚

寓 寓 胚 胚 軀 軀

(5) その他

訝 訝 訝 聚 聚 聚

3 点画の性質について

(1) 点か、棒(画)かに関する例

(該当例なし)

(2) 傾斜、方向に関する例

蠅 蠅 遁 遁 紐 紐

(3) 曲げ方、折り方に関する例

甑 甑 攢 攢 頓※ 頓

撈※ 撈

(4) 「筆押さえ」等の有無に関する例

廻 廻 咬 咬

噂 噂 噂 溢 溢 溢

雫 雫

(5) とめるか、はらうかに関する例

揆　揆　　遽　遽　　毯　毯

咽※　咽　　憫　憫　　爛　爛

(6) とめるか、ぬくかに関する例

葺　葺　　訊　訊　　頷　頷

(7) はねるか、とめるかに関する例

洒　洒　　醱　醱　　鄭　鄭

隙※　隙

4　表外漢字だけに適用されるデザイン差について

(漢字使用の実態への配慮から、字体の差と考えなくてもよいと判断したもの)

A　画数の変わらないもの

(1) 接触の位置・有無に関する例

虻　虻　　茫　茫　　炬　炬

渠　渠　　倶　倶

(2) 傾斜、方向に関する例

芦　芦　　篇　篇　　闇※　闇

蹄　蹄　　籠※　籠　　喰　喰

煎※　煎　　廟　廟　　逞　逞

疼　疼

(3) 点か、棒(画)かに関する例

茨※　茨　　灼　灼　　蔑※　蔑

筑 筑 註 註

(4) 続けるか、切るかに関する例

薇 薇 頽 頽 譚 譚

(5) 交わるか、交わらないかに関する例

訛 訛 篝 篝 珊 珊

恢 恢 鴇 鴇

(6) その他

囀 囀 饗 饗 挺 挺

柵※ 柵

B 画数の変わるもの

(1) 接触の位置に関する例

牙※ 牙 牙 穿 穿 穿

漑 漑 漑 漑

葦 葦 葦 憐 憐 憐

(2) 続けるか、切るかに関する例

叟 叟 瘦※ 瘦 嘩 嘩

畢 畢 兎 兎 稗 稗

笈 笈

C　特定の字種に適用されるもの（個別デザイン差）

卉－卉　荊－荆　稽※－稽

腔－腔　叱※－叱

鞦－鞧－鞦　脆－脆

呑－吞　蘠－藹

印刷文字字形（明朝体字形）と筆写の楷書字形との関係

国語審議会答申「表外漢字字体表」（平成12年）「I前文」による。
（一部、平成22年告示「常用漢字表」に合わせて改変。）

常用漢字表「（付）字体についての解説」の「第2　明朝体と筆写の楷書との関係について」で「字体としては同じであっても、1、2に示すように明朝体の字形と筆写の楷書の字形との間には、いろいろな点で違いがある。それらは、印刷文字と手書き文字におけるそれぞれの習慣の相違に基づく表現の差と見るべきものである。」と述べられているように、同じ字体であっても、印刷文字字形（ここでは明朝体字形）と筆写の楷書字形とは様々な点で字形上の相違が見られる。表外漢字についても、常用漢字ほど手書きをする機会はないと思われるが、楷書で筆写する場合には上記「明朝体と筆写の楷書との関係について」が参考になる。

ただし、表外漢字における印刷文字字形と筆写の楷書字形との相違は、常用漢字以上に大きく、常用漢字表でいう字体の違いに及ぶものもあるので、この点については特に留意する必要がある。そのような字形の相違のうち、幾つかを例として掲げるが、これは、手書き上の習慣に従って筆写することを、この字体表が否定するものではないことを具体的に示すためである。以下、「明朝体字形」を先に掲げ、次に対応する「楷書字形の例（明朝体字形に倣ったものの例／手書き上の習慣に従ったものの例）」という順に並べて示す。

（※印は現在は常用漢字。）

(1) 薩－薩／薩　諺－諺／諺

(2) 墟－墟／墟　嘘－嘘／嘘

(3) 噂－噂／噂　溢－溢／溢

(4) 翰－翰／翰　鰯－鰯／鰯

(5) 噌－噌／噌　甑－甑／甑

(6) 猜－猜／猜　錆－錆／錆

(7) 喩※－喩／喩　楡－楡／楡

(8) 葛※－葛／葛　偈－偈／偈

(9) 顛－顛／顛　塡※－塡／塡

(10) 遡※－　／遡　腿－　／腿

(11) 祇－祇／祇　榊－榊／榊

(12) 飴－飴／飴　饉－饉／饉

＊(10)で「明朝体字形に倣った例」を省略したのは、楷書字形としては一般的でないという判断に基づいたものである。

漢検Q＆A

表記と読みに関すること

1 「熟字訓」「当て字」とは?

「熟字訓」とは、熟字（「熟語」と同義）の訓読みの意で、熟字を構成する漢字表記の全体に、一字一字の訓とは別に、一つの訓を対応させたものをいいます。

例 灰汁（あく） 女形（おやま） 雑魚（ざこ）
足袋（たび） 雪崩（なだれ） 早稲（わせ）
明後日（あさって） 紫陽花（あじさい）
十六夜（いざよい） 七五三縄（しめなわ）

「当て字」とは、漢字本来の意味とは関係なく、その音や訓を借りて和語・外来語の表記に当てたものです。

例 素敵（すてき） 矢鱈（やたら）
十露盤（そろばん） 背広（せびろ）
珈琲（コーヒー） 亜米利加（アメリカ）
浦塩斯徳（ウラジオストク）

2 「現代仮名遣い（かなづかい）」「歴史的仮名遣い」とは?

国語の仮名による表記の決まりは、平安時代に形作られ、江戸時代前期には、国学者の契沖（けいちゅう）が平安時代中期以前の文献を基に定めた仮名遣いが、よりどころとなりました。また、漢字の音については、江戸時代に中国の音韻書に基づく仮名表記を定める研究が進みました。この字音の仮名遣いと契沖以来の仮名遣いとを合わせて、「歴史的仮名遣い」と呼んでいます。

明治時代以降、公用文や教科書には「歴史的仮名遣い」が主として用いられるようになり、約80年間は社会一般の表記の基準となりました。

しかし、その間、表音主義による仮名遣いへの改定がしばしば論議され、昭和21（1946）年に「現代かなづかい」が制定、さらに昭和61（1986）年に改定「現代仮名遣い」が制定されて現在に至っています。

3 「現代仮名遣い」の内容はどのようなものか？

「現代仮名遣い」は、法令、公用文書、新聞、雑誌、放送など、一般の社会生活において、現代の国語を書き表すための仮名遣いのよりどころを示しています。「現代仮名遣い」は、主として現代文のうち口語体のものに適用されます。語を現代語の音韻に従って書き表すことを原則としていますが、一方、慣習を尊重して次のものについては特例を設けています。

①「お」「わ」「え」と発音するもののうち、助詞は「を」「は」「へ」と書く
②動詞「言う」は「ユー」と発音するが、「いう」と書く
③「じ・ぢ」「ず・づ」の使い分け
④エ列の長音は「え」を添える（例おねえさん）が、次のような語は「い」を添える（例せい〔背〕、とけい〔時計〕）
⑤オ列の長音は「う」を添える（例とうだい〔灯台〕）が、歴史的仮名遣いで「ほ」「を」を添えていたものは「お」を添える（例おおかみ、とおい）

4 現代語の表記と読みに関して注意することは？

①発音のとおりに表記しないものがある
「3 『現代仮名遣い』の内容はどのようなものか？」と、「現代仮名遣い」（『漢検要覧 2～10級対応』に収録）を参照してください。
②発音の変化が生じるものがある
「楽」は「がく」、「器」は「き」と読みますが、「楽器」は「がくき」ではなく「がっき」と読みます。このように語が連接するときに、ある条件のもとに発音が変化するものがあります。
詳しくは、次の「5 『音便』とは？」「6 『連濁』とは？」「7 『連声』とは？」をご覧ください。

常用
準1級
1級
旧字体
国字
参考資料
Q&A

5 「音便（おんびん）」とは？

ことばを発音しやすいように、語中・語尾の音が他の音に変化することがあります。これを「音便」といいます。

和語では、以下のように発音が変化するものがあります。

例 ききて（聞きて）→きいて（イ音便）
しろく（白く）→しろう（ウ音便）
のりて（乗りて）→のって（促音便（そくおんびん））
とびて（飛びて）→とんで（撥音便（はつおんびん））

漢語の音読では、以下のように発音が変化するものがあります。

①前の語尾が「く」＋後の語頭が「か行」
→前の語尾が促音化

例 がく（学）＋こう（校）→がっこう（学校）
ふく（復）＋かつ（活）→ふっかつ（復活）

②前の語尾が「ち・つ」＋後の語頭が「か・さ・た行」
→前の語尾が促音化

例 にち（日）＋き（記）→にっき（日記）
かつ（滑）＋そう（走）→かっそう（滑走）
はつ（発）＋てん（展）→はってん（発展）

③前の語尾が「ち・つ」＋後の語頭が「は行」
→前の語尾が促音化して後の語頭が半濁音化

例 はち（八）＋ほう（方）→はっぽう（八方）
いつ（逸）＋ひん（品）→いっぴん（逸品）

④前の語尾が「ん」＋後の語頭が「は行」
→後の語頭が半濁音化

例 さん（散）＋はつ（髪）→さんぱつ（散髪）
しん（新）＋ひん（品）→しんぴん（新品）

6 「連濁（れんだく）」とは？

語と語が接続するとき、後の語頭の音が清音から濁音に変化するものがあります。これを「連濁」といいます。

和語では以下のように濁音化するものがあります。

例 いろ（色）＋かみ（紙）→いろがみ（色紙）

こ（小）＋くま（熊）→こぐま（小熊）

漢語の音読では、以下のように濁音化するものがあります。

①前の語尾が「ん」＋後の語頭が清音
→後の語頭が濁音化

例 てん（天）＋こく（国）→てんごく（天国）
にん（忍）＋しゃ（者）→にんじゃ（忍者）

②前の語尾が「う」＋後の語頭が清音
→後の語頭が濁音化

例 みょう（明）＋しょう（星）→みょうじょう（明星）
こう（洪）＋すい（水）→こうずい（洪水）

7 「連声（れんじょう）」とは？

語と語が接続するとき、前の語尾の音が後の語頭に影響して、音が変化するものがあります。これを「連声」といいます。

漢語の音読では、以下のように発音が変化するものがあります。

①前の語尾が「ち・つ」＋後の語頭が「あ行・や行・わ行」
→後の語頭が「た行」に変化

例 せつ（雪）＋いん（隠）→せっちん（雪隠）

②前の語尾が「ん」＋後の語頭が「あ行・や行」
→後の語頭が「な行」または「ま行」に変化

※これは、「ん」で表される音に、昔は「n」「m」の区別があったことの名残です。

例 「n」音
いん（因）＋えん（縁）→いんねん（因縁）
かん（観）＋おん（音）→かんのん（観音）
「m」音
さん（三）＋い（位）→さんみ（三位）
おん（陰）＋よう（陽）→おんみょう（陰陽）

音便、連濁、連声とも、現代語では上記の条件を満たすすべての場合に現れるわけではありません。

準1級用漢字音訓表・1級用漢字音訓表に関すること

1 「準1級用漢字音訓表」（本書97頁）と「1級用漢字音訓表」（本書135頁）にある白い☆印や赤い★印は何を表しているのか？

いずれも、国語審議会答申「表外漢字字体表」（平成12年）に示された字体につけており、白い☆印は「印刷標準字体」、赤い★印は「簡易慣用字体」を表しています。

「表外漢字字体表」は、法令、公用文書、新聞、雑誌、放送など、一般の社会生活において、表外漢字を使用する場合の印刷文字字体選択のよりどころを示しています。

この「表外漢字字体表」によれば、「印刷標準字体」とは、「明治以来、活字字体として最も普通に用いられてきた印刷文字字体で、現在も頻度高く用いられている字体」であるとされています。また、「簡易慣用字体」は、「現在の文字生活の中で十分に定着していると考えられる俗字体・略字体等」であるとされています。なお、本書掲載の「準1級用漢字音訓表」「1級用漢字音訓表」では、「表外漢字字体表」に掲載のある字について、「印刷標準字体」は「標準字体」、「簡易慣用字体」は「許容字体」として、それぞれ採用しています。

2 「準1級用漢字音訓表」「1級用漢字音訓表」の訓読みの欄に、漢和辞典には載っていない読みがあるのはなぜか？

「準1級用漢字音訓表」「1級用漢字音訓表」に掲載している訓読みは、その字義を知る上で有用と考えられるものを幅広く含んでいます。これは、それぞれの漢字が持つ多様な意味を学んでいただけるよう意図しているためです。

学習の際には漢和辞典を利用し、字義を解説した箇所も確認するようにしましょう。

３　「１級用漢字音訓表」に載っている「予」という漢字は、常用漢字の「予」と全く同じ形に見えるが、どのように違うのか？

1級配当漢字「予」は、「われ・あたえる・ゆるす」という字義を持っており、常用漢字の「予（かねて・あらかじめ）」とは、成り立ち・字義の異なる別の字ですが、字体上は見分けがつきません。

常用漢字「予（かねて）」の旧字体は「豫」で、1級配当漢字「予（われ）」とは本来別の字でしたが、新字体では「予」に統一して表記され、形の上では区別することができなくなりました。そのため、文中に「予」という字があるときは、前後の文脈などから、どのような意味で使われているかを判断して、その訓を考える必要があります。

なお、この「予」のように、常用漢字と同じ形を持った1級配当漢字は、他にも次の五字があります。

1級配当漢字	常用漢字	常用漢字の旧字体
余（われ）	余（あまる）	餘
弁（かんむり）	弁	辨（わきまえる） 辯（かたる） 瓣（はなびら） ※このすべてが、新字体では「弁」に統一して表記されました。
欠（あくび）	欠（かける）	缺
缶（ほとぎ）	缶（かま）	罐
芸（かおりぐさ）	芸（わざ）	藝

検定問題の解答のしかた

1　標準解答の見方は？

例

匙・匕

「匙」「匕」どちらでも正解とします。

天佑
　祐

「天佑」「天祐」どちらでも正解とします。

凄（悽・淒）絶

「凄絶」「悽絶」「淒絶」どれでも正解とします。

準1級では、右の例のように、（　）で示した標準解答があります。（　）内の字は1級配当漢字です。準1級の解答では、1級配当漢字で答えてもかまいません。

2　標準解答に、複数の答えが示されている場合、そのすべてを答えないと正解にならないのか？

標準解答に、複数の答えが示されている場合、そのうちどれか一つが正しく書けていれば正解とします。すべてを書く必要はありません。

なお、答えを複数書いた場合、そのなかの一つでも間違っていれば不正解としますので、注意してください。

例　問題　次の傍線部分のカタカナを漢字で記せ。

同じ穴のムジナ。

標準解答　狢・貉

解答例　狢……………〇

貉……………〇

狢・貉……○
狢・貂……×

３　答えを漢字で書く際に注意することは？

漢字は、楷書で丁寧に、解答欄内に大きくはっきりと書いてください。くずした字や乱雑な字は採点の対象になりません。

特に、次に示す点に注意してください。

①字の骨組みを正しく書く

例

碌……○　碌……×　疏……○　疏……×

蟎……○　蟎……×

②突き出るところ、突き出ないところを正しく書く

例

凄……○　凄……×　甫……○　甫……×

夷……○　夷……×

③字の組み立てを正しく書く

例

渠……○　渠……×　羨……○　羨……×

筏……○　筏……×

④一画ずつ丁寧に書く

例

佑……○　佑……×　嘔……○　嘔……×

辻……○　辻……×

⑤よく似た別の字（または字の一部分）と区別がつくように書く

例

劫／却　干／于／千

4　答えをひらがなで書く際に注意することは？

漢字を書くときと同様に、はっきりと丁寧に書いてください。

特に、次に示す点に注意してください。

①バランスがくずれると区別がつきにくくなる字は、区別がつくように丁寧に書く

例　い／り　か／や　く／し
　　て／へ　ゆ／わ　い／こ

②拗音（ようおん）「ゃ」「ゅ」「ょ」や促音（そくおん）「っ」は小さく右に寄せて書く

例　いしゃ…○　いしや…×
　　がっこう…○　がつこう…×

③濁点「゛」や半濁点「゜」をはっきり書く

例　ず…○　す゛…×　ず…×
　　ぱ…○　ば…×　ぱ…×

5　1・準1級の検定で、旧字体を用いて答えてもよいか？

問題文にとくに指定がなければ、新字体・旧字体いずれを用いてもかまいません。指定がある場合は、それに従って答えてください。

例　問題　次の傍線部分の**カタカナ**を**漢字**で記せ。
　　仏前に**ハイキ**して一心に念ずる。

　　解答例　拝跪……○
　　　　　　拜跪……○　「拜」は旧字体

6　1・準1級の書き取りの場合、「3画くさかんむり／4画くさかんむり」「1点しんにょう／2点しんにょう」のどちらを書けばよいか。

1・準1級の書き取りでは、「くさかんむり」は「艹（3画くさかんむり）」「艹・艹（4画くさかんむり）」のどちらを書いても正解とします。

また「しんにょう・しんにゅう」についても、「⻌（1点しんにょう）」「⻍（2点しんにょう）」のどちらを書いても正解とします。

7　次の例ではどちらが正しい書き方か？

①

言「言」か「言」か

条「条」か「条」か

令「令」か「令」か

どちらの書き方でも正解とします。

こうした違いについては、「常用漢字表」の「（付）字体についての解説」（本書269頁）に、「印刷文字と手書き文字におけるそれぞれの習慣の相違に基づく表現の差と見るべきもの」として例示されており、字体としては同じ（どちらで書いてもよい）とされています。

②

溢「溢」か「溢」か

猜「猜」か「猜」か

祇「祇」か「祇」か

どちらの書き方でも正解とします。

これらのように、印刷文字と手書き文字におけるそれぞれの習慣の相違に基づく表現の差が、字体（文字の骨組み）の違いに及ぶ場合もあります。詳しくは、本書掲載の「印刷文字字形（明朝体字形）と筆写の楷書字形との関係」（本書281頁）をご覧ください。

8　「比」「衣」「越」などは「𠃊」と書くのか「乚」と書くのか？

「比」「衣」「越」などの「𠃊」の部分は、活字のデザインにおいて、一画で書く「乚」の折れを強調したものです。

検定では、次に示す例のように、「乚」と一画で書いてください。

例　衣　越　仰　氏　比　留　良

麓　攘　狼　祇　滾　褻　鉞

9　解答方法で注意することは？

問題文をよく読んで答えましょう。答える部分や答え方など、問題文に指定がある場合は、必ずそれに従って答えてください。問題文の指定に合っていない答えは不正解とします。

特に、次に示す点に注意してください。

①「常用漢字で記せ」と指定があれば常用漢字で答える

例　問題　次の各組の二文の（　）には共通する漢字が入る。その読みを後の□から選び、**常用漢字（一字）**で記せ。

（複数の裁判所に（　）属する事件だ。
（（　）累のない自由な身になる。

けい・こう・しゅう・そう

解答例　係……◯

繫……×　「繫」は表外漢字

②読み問題で、「音読み」「訓読み」の指定があれば、その指定どおりに答える

例　問題　次の傍線部分の読みをひらがなで記せ。
1～20は音読み、21～30は訓読みである。
17　転倒して肋骨にひびが入った。
解答例　ろっこつ………〇
あばらぼね……×　「あばら」も「ぼね（ほね）」も訓読み

③「国字で記せ」と指定があれば「国字」で答える

例　問題　次の傍線部分のカタカナを国字で記せ。
庭のトチの実が大きくなった。
解答例　栃…………〇
橡…………×　「橡」は国字ではない

10　1・準1級の検定で、歴史的仮名遣い（かなづかい）を用いて答えてもよいか？

解答には現代仮名遣いを用いてください。歴史的仮名遣いを用いた解答は不正解とします。

例　問題　次の傍線部分の読みをひらがなで記せ。
義務を抛擲する。
解答例　ほうてき……〇
はうてき……×　「はうてき」は歴史的仮名遣い

十二月と二十四節気

十二月					二十四節気	
月		十二支	異名		名称	陽暦月日
一	孟春	寅	睦月	正月・初月・元月・初春月　など	立春	二月四日・五日
					雨水	二月十九日・二十日
二	仲春	卯	如月	仲陽・梅見月・雪消月・令月　など	啓蟄	三月五日・六日
					春分	三月二十一日・二十二日
三	季春	辰	弥生	桜月・花見月・嘉月・禊月　など	清明	四月五日・六日
					穀雨	四月二十日・二十一日
四	孟夏	巳	卯月	首夏・夏初月・花残月・陰月　など	立夏	五月六日・七日
					小満	五月二十一日・二十二日
五	仲夏	午	皐月	橘月・早苗月・田草月・雨月　など	芒種	六月六日・七日
					夏至	六月二十一日・二十二日
六	季夏	未	水無月	葵月・風待月・常夏月・且月　など	小暑	七月七日・八日
					大暑	七月二十三日・二十四日
七	孟秋	申	文月	新秋・七夕月・初秋・涼月　など	立秋	八月八日・九日
					処暑	八月二十三日・二十四日
八	仲秋	酉	葉月	清秋・月見月・桂月・竹春　など	白露	九月八日・九日
					秋分	九月二十三日・二十四日
九	季秋	戌	長月	菊月・寝覚月・紅葉月・暮秋　など	寒露	十月八日・九日
					霜降	十月二十三日・二十四日
十	孟冬	亥	神無月	陽月・時雨月・初霜月・小春　など	立冬	十一月七日・八日
					小雪	十一月二十二日・二十三日
十一	仲冬	子	霜月	陽復・神楽月・雪見月・子月　など	大雪	十二月七日・八日
					冬至	十二月二十二日・二十三日
十二	季冬	丑	師走	極月・梅初月・春待月・臘月　など	小寒	一月六日・七日
					大寒	一月二十日・二十一日

綟	196	賺	218	楞	169	崙	153	鑒	227
	羚	199	輦	221	椰	170	淪	175	鑪	227
	聆	200	鏈	226	櫟	171	**ワ**		隙 △	130
	苓 △	123	鰊	237	潦	177	ワ 倭 △	100	襖	229
	茘	205			牢 △	115	哇	144	霸	230
	莉	205	**ロ**		狼 △	116	窪 △	119	韵	231
	藜	208	ロ 廬	155	琅	182	薀	206	飜	232
	蠣 △	126	檑	112	瓏	183	蛙 △	125	鬪	235
	蛉	209	栳	168	痩	185	ワイ 匯	143	麺 △	134
	蠡	212	榔	171	澇	186	歪 △	112	黏	241
	醴	224	櫨	171	稜 △	118	猥	181		
	驪	234	滷	177	竇	191	矮	188		
	鱧	238	濾	178	簍	193	穢	190		
	鴒	239	盧	187	縷	197	薈	207		
	黎	241	絽	196	聾	121	隈 △	130		
レキ	擽	164	臍	202	臘	202	わかさぎ 鰙	237		
	櫟	171	臚	202	莨	205	ワク 或	107		
	櫪	171	艪	203	簏	208	蠖	211		
	瀝	178	艫	203	稜	208	ワン 彎	155		
	癧	186	蕗 △	125	籠	208	椀 △	111		
	礫	189	蘆	208	蠟	126	碗 △	118		
	轢	222	輅	221	螂	211	綰	196		
	靂	230	轤	222	螻	211				
レツ 冽	141	鏤	227	褸	213	**異体字**				
	捩	162	鑢	227	踉	219	卻	143		
	洌	174	閭	228	醪	224	呪 △	102		
レン 奩	143	顱	232	鏤	226	囹	147			
	憐 △	107	驢	234	鑞	227	埀 △	103		
	攣	164	髏	235	陋	228	堊	148		
	歛	164	魯	132	隴	229	崕 △	105		
	梀	169	鱸	238	髏	235	欝	112		
	漣 △	114	鷺 △	133	ロク 仂	137	棊	168		
	瀲	178	鹵	240	朸	166	遡 △	114		
	煉 △	115	ロウ 僂	140	漉 △	114	澂	177		
	攣	186	哢	145	烙	178	烟	178		
	簾 △	120	塿	148	硌	188	瑠	183		
	縺	197	壟	149	禄 △	118	篭	120		
	聯	121	婁 △	104	簏	194	筝	192		
	臠	202	寵	155	肋 △	121	智	200		
	蓮 △	124	摺 △	108	轆	222	盖 △	124		
	蘞	208	撈	163	勒	230	詞	216		
	蠊	211	朧	166	ロン 崙	138

リ

ル

レ

蝸	210		籃	194	リャク	掠	108		燎	179		躙	221	
	蠡	212		纜	198		擽	164		稜	118		酳	224	
	邐	223		蘭	△	125	リュウ	劉	101	梁	194		霖	230	
	钃	227		襤	214		嚠	147	綾	120		驎	234		
	驪	234		襴	214		旒	165	繆	197		鱗	△	133	
ライ	儡	140		鑾	227		榴	170	繚	197		麟		134	
	擂	163		闌	228		溜	△	114	羚	199			ル	
	癘	186		鸞	240		瀏	178	聊	200		ル	僂	140	
	癩	186					犂	180	聆	200		塿	148		
	磊	189			リ		琉	116	苓	123		婁	△	104	
	籟	194		リ	俚	138	瘤	185	菱	123		屢	△	105	
	耒	195		俐	138		窿	191	蓼	207		廬		155	
	綟	196		哩	△	102	笠	119	褵	213		琉	△	116	
	罍	198		悧	157		苙	204	諒	127		瘻		185	
	莱	△	123	李	110		鏐	226	踉	219		簍		193	
	蕾	208		栗	110		霤	230	輛	221		縷		197	
	藾	208		浬	113		餾	233	遼	△	128	螻		211	
	賚	218		漓	177		リョ	廬	155	鏐	226		褸		213
	醴	224		犁	180		梠	168	鐐	227		鏤		226	
ラク	擽	164		狸	116		欐	171	龍	229		ルイ	泪	174	
	洛	△	113	籬	194		濾	178	鼇	235		瘰		185	
	烙	178		罹	198		紹	196	黽	236		縲		197	
	犖	181		荔	205		膂	202	鱲	238		羸		199	
	珞	182		莅	205		臚	202	鷄	240		誄		215	
	駱	234		莉	205		鑢	227	リョク	仂	137				
ラチ	捋	148		蜊	210		閭	228	朸	166			レ		
ラツ	剌	141		蠡	212		驢	234	録	194					
	喇	146		裡	△	126	リョウ	亮	△	99	リン	侖	138		
	捋	148		罿	215		倆	139		凜	141				
	溂	176		釐	225		凌	100		吝	144				
	糲	195		驪	234		嘹	146		廩	155				
	蝲	210		鯉	△	132	壟	149		恪	157				
ラン	婪	150		黎	241		寮	152		懍	159				
	嬾	151					嶺	△	105	淋	△	113			
	巒	154		リキ	仂	137	峻	153		淪	175				
	懶	160		朸	166		廖	155		燐	△	115			
	攬	164		リク	勠	142	掠	108		琳	116				
	欒	172		戮	160		撩	163		痳	△	118			
	欖	172		蓼	207		梁	△	111	稟	190				
	瀾	178		リツ	栗	110	椋	△	111	綾	△	120			
	爛	179		篥	193		楞	169		綸	196				
	燗	180		葎	△	124	檁	172		藺	208				

レ | 伶 | △ | 99 |
儷	140	
厲	143	
唳	145	
囹	147	
嶺	△	105
怜	107	
捩	162	
櫺	172	
澪	177	
犁	180	
玲	△	116
癘	186	
礪	△	118
禰	195	

298

1／準1級用漢字音順索引

め	刎 △	101		虻 △	125	ユ	俞	140	釉	225	
メイ	暝	166		蟒	211	ユ	愈	107	鮪 △	132	
	溟	176		鋩	225		揄	162	黝	241	
	瞑	188		髦	235		柚 △	110	貐	241	
	茗	205		魍	236		楡	169	ゆき 裄	213	
	蟆	211	モク 沐	173		渝	176				
	酩	224		穆	118		瑜	182	ヨ		
メン 偭	138		苜	204		瘉	185	ヨ	予	137	
	棉 △	111	もく 杢 △	110		腴	201		余	138	
	泯	174	モチ 勿 △	101		臾	202		咰	145	
	湎	176	もみ 籾 △	120		萸	206		歟	172	
	眄	187	もみじ 椛 △	111		蝓	210		淤	175	
	瞑	188	モン 們	139		覦	214		畬	184	
	緬 △	120		悶	107		諛	216		昪	202
	鮸	237		懣	159		踰	219		蘱	208
				捫	162		逾	223		輿 △	128
モ				瞞	188		雍	229		飫	232
モ	姥 △	104		もんめ 匁 △	101		鼬	241	ヨウ 傭 △	100	
	姆	150				ユイ 惟 △	107		佯	138	
	媽	150	ヤ			ユウ 佑 △	99		俑	138	
	麿	154	ヤ	也 △	99		侑	138		厭 △	101
	懋	159		埜	148		囿	147		咬	144
	摸 △	108		揶	162		宥	105		壅	149
	莫 △	123		椰	169		尤	105		夭	149
	謨	216		爺 △	115		悒	157		姚	150
モウ 儚	140		耶 △	128		挹	108		孕	151	
	孟 △	104		鵺	239		柚 △	110		幺	154
	惘	158	やがて 軈	221		楢 △	111		廱	155	
	旄	164	ヤク 奕	149		涌 △	113		徭	156	
	曚	166		扼	160		游	176		徹	156
	朦	166		搤	162		牖	180		快	156
	檬	171		籥	194		猷 △	116		恙	157
	氓	173		葯	206		疣	184		慂	158
	濛	177		軛	221		祐 △	118		慵	159
	薨	183		鑰	227		肬	201		拗	161
	曚	188		阨	228		莠	205		杳	165
	冏	198		隘 △	229		蚰	209		旸	165
	耄	199		龠	242		蝣	210		暉	166
	艨	203	やち 埜	148		邑	111		楊	170	
	蒙 △	124		湛	176		酉	128		殀	172
	茫	205	やつ 埜	148		西	129		榕	172	
	莽	206	やな 簗	193							
			やり 鑓 △	130							

涌 △	113			
漾	177			
瀁	178			
熔 △	115			
煬	179			
燿	180			
瑶	182			
瓔	183			
痒	185			
癢	186			
癰	186			
窈	190			
窕	190			
纓	198			
耀 △	121			
膺	202			
臾	202			
蓉 △	124			
蠅	126			
蛹	210			
踴	219			
遥 △	128			
邀	223			
銚 △	129			
雍	229			
饔	230			
頁 △	131			
頌	231			
鷹 △	133			
鷂	240			
ヨク 峪	153			
弋	155			
慾 △	107			
杙	167			
翊	199			
薏	207			
闠	228			
ラ				
ラ	喇	146		
	蘿	208		
	螺 △	126		

299

マ

ミ

ム

メ

読み	漢字		頁
	殍		172
	溥		176
	甫	△	116
	缶		198
	罘		198
	脯		201
	腑		201
	艀		203
	芙	△	122
	蒲	△	124
	苻		204
	蜉		209
	誣		215
	賻		218
	趺		219
	輔	△	128
	逋		223
	郛		224
	餔		232
	鮒	△	132
	鳧		238
	麩		241
	黼		241
ブ	嘸		146
	坿		148
	巫		154
	廡		155
	憮		159
	撫	△	108
	柎		167
	毋		173
	艀		203
	葡	△	124
	蒲	△	124
	蔀	△	124
	蕪	△	125
	誣		215
	鉽		226
	鞴		231
	鵡	△	133
	鶩		239
フィート	呎		144
フウ	楓	△	111
	瘋		185
	罘		198
	艀		203
	諷		216
	馮		233
ブウ	鳳	△	133
フク	匐		142
	愎		158
	箙		193
	茯		205
	蔔		207
	蝠		210
	蝮		210
	袱		212
	輻		221
	輹		221
	鞴		231
	馥		233
	鰒		237
ブク	茯		205
フツ	弗	△	106
	彿		155
	怫		156
	祓		189
	髴		235
	黻		241
ブツ	勿	△	101
ふもと	梺		168
フン	刎		141
	吻	△	102
	吩		144
	忿		156
	扮	△	108
	枌		167
	氛		173
	濆		177
	焚	△	115
	糞	△	120
	芬		204
	賁		218
ブン	刎		141
	紊		195

へ

読み	漢字		頁
ヘイ	僻	△	100
	俾		139
	娉		150
	嬖		151
	屛		152
	幷		154
	憊		159
	敝		164
	斃		164
	枋		167
	炳		178
	睥		187
	秉		190
	箆	△	119
	聘		200
	苹		204
	萍		206
	薜		208
	迸		223
	鮃		236
ベイ	袂		212
	麑		240
ヘキ	僻	△	100
	劈		142
	甓		184
	碧	△	118
	襞		214
	躄		220
	辟		222
	闢		228
	霹		230
ベキ	冪		141
	幎		154
	汨		173
	羃		199
	覓		214
ヘクトグラム	瓸		183
ヘクトメートル	粨		194
ヘクトリットル	竡		191
ヘツ	鼈		241
ベツ	捌	△	108
	瞥	△	117
	蠛		212
	韈		214
	韤		231
	鼈		241
ヘン	扁		160
	抃		161
	篇	△	119
	辮		197
	翩		199
	胼		201
	蝙		210
	褊		213
	諞		216
	貶		218
	鞭	△	131
	駢		234
	騙		234
ベン	俛		138
	冕		141
	娩	△	104
	弁		155
	抃		161
	沔		174
	湎		176
	瓣		183
	眄		187
	緬	△	120
	辮		197
	鞭	△	131
	駢		234
	鮸		237
	黽		241

ホ

読み	漢字		頁
ホ	匍		142
	哺		144
	圃	△	103
	堡		148
	甫	△	116
	脯		201
	菩	△	123
	葡	△	124
	蒲	△	124
	葆		206
	褓		213
	輔	△	128
	逋		223
	鋪	△	129
	鞴		231
	餔		232
	黼		241
ボ	姥	△	104
	姆		150
	媽		150
	戊	△	107
	摸	△	108
	拇		161
	牡	△	115
	莫	△	123
	菩	△	123
	謨		216
ホイ	焙		179
ホウ	亨	△	99
	匏		142
	匚		142
	呆	△	102
	咆		144
	堋		148
	堡		148
	娉		150
	峯	△	105
	幇		154
	庖	△	106
	龐		155
	弸		155
	彭		155
	彷		155
	怦		156
	捧	△	108
	抔		161
	抛		161

ヒ

フ

絆	195	俾	139	陂	228	闢	228	檳	171
	繙	197	匕	142	霏	230	ヒョウ 彪	106	殯	173
	胖	201	匪 △	101	靡	230	ビュウ 繆	197	瀕 △	114
	膰	202	噽	147	皷	231	謬	127	牝 △	115
	蕃 △	124	坡	148	轡	231	ヒョウ 凭	141	稟	190
	范	204	妣	150	髀	235	剽	142	繽	197
	蟠	211	婢	150	髟	235	嫖	151	蘋	208
	袢	212	屁	152	鮍	237	彪	106	顰	232
	蹣	220	庇 △	106	鶚	239	怦	156	鬢	235
	鈑	225	怫	156	ビ 媚	150	慓	159	ビン 愍	158
	飯	236	斐 △	109	寐	152	憑	159	憫	159
	鷭	240	朏	166	嵋	153	杓 △	110	旻	165
バン 卍	143	枇	110	弭	155	猋	172	檳	171	
	幔 △	154	榌	170	梶 △	110	孨	181	泯	174
	挽 △	108	毘 △	113	楣 △	111	瓢	116	秤 △	118
	播 △	108	沸	181	毘 △	113	縹	197	絭	195
	旙	165	琲	182	瀰	177	苹	204	緡	196
	曼	166	痞	185	瀰	178	豹 △	127	罠	198
	槃	170	痺	185	琵 △	116	飄	232	閔	227
	瞞	188	砒	185	糜	194	飆	232	顰	232
	磐 △	118	秕	188	糜	194	馮	233	鬢	235
	礬	189	粃	190	薇	197	驃	234	齓	241
	絆	195	糒	194	薇	208	鮃	236		
	縵	197	緋 △	120	靡	230	鰾	238	**フ**	
	蔓 △	124	紕	195	轐	231	ビョウ 屏	152	フ 仆	137
	蕃 △	124	罷	198	麋	240	廟	106	俘	138
	蟠	211	翡	199	黴	241	猫	155	俛	138
	袢	212	脾	201	ヒイ 贔	218	杪	167	俯	139
	謾	216	腓	201	ヒチ 篳	193	渺	176	傅	140
	蹣	220	臂	202	ヒツ 弼 △	106	眇	187	咐	144
	鞶	221	菲	206	畢 △	117	緲	196	埠 △	103
	鈑	225	蔽	206	疋 △	117	萍	206	坿	148
	鏝	226	蜚	210	筆	193	藐	208	孚	151
	饅	233	裨	213	諡	216	鋲	129	孵	151
	鬘	235	誹 △	127	蹕	220	錨	130	巫	154
	鰻 △	133	譬	217	鵯	239	ヒョク 愎	158	撫 △	108
	飯	236	貢	218	檜	170	逼	128	拊	161
	鷭	240	贔	218	ビツ 樒	170	ヒン 嬪	147	斧 △	109
はんぞう 楾	169	跛	219	謐	216	儐	151	枹	167	
			轡	222	ヒャク 佰	138	彬	107	柎	167
ヒ			辟	224	襞	214	擯	163	桴	168
ヒ 丕	137	鄙			ビャク 柏 △	110	斌 △	109	榑	170

302

準1級用漢字音順索引

	飩	232	ヌ			笆	191	玫	182	はざま 俗 △ 117		
ナ			ヌ 努	151		耙	200	眛	187	はた 畠 △ 117		
ナ	儺	140	駑	233		芭 △	122	苺	204	はたけ 畠 △ 117		
	娜	150	ネ			菠	206	邁	223	はたはた 鰰	238	
	拿	161	ネ 涅	175		萢	206	霾	230		鱈	238
	梛	168	禰 △	118		袙	212	黴	241	ハチ 捌	108	
	糯	194	ネイ 佞	138		跛	219	はえ 鮠	237		撥 △	163
ナイ	乃 △	99	嚀	147		陂	228	ハク 佰	138	バチ 撥 △	163	
	廼 △	128	檸	171	バ	頗 △	131	帛	154	ハツ 捌 △	108	
なぎ	凪	101	濘	177		麼	154	怕	156		撥 △	163
なぐ	凪 △	101	ネツ 捏	161		瑪	183	搏	163		潑 △	114
なた	屶	152	涅 △	175		痲	185	擘	163		筏	119
ナツ	捺 △	108	ネン 冉	140		碼	189	柏 △	110		跋	219
なまず	鯰	236	撚 △	108		芭 △	122	樸	171		醱 △	129
ナン	喃	146	拈 △	161		蟇	211	檗	171		魃	235
	楠 △	111	稔 △	118	ハイ	佩	138	狛 △	115	バツ 秣	190	
	煖	179	輾 △	222		吠	102	珀	182		筏 △	119
			鮎 △	132		坏	148	璞	183		茉	204
ニ			鯰	237		孛	151	箔	119		袙 △	212
ニ	弐	137	ノ			徘	156	粕	120		襪	214
	爾 △	115	ノウ 儂	140		怫	156	膊	202		跋 △	219
	膩	202	嚢 △	103		悖	157	薜	208		鞁	231
	邇	223	曩	166		憊	159	陌	228		魃 △	235
にえ	鈕	226	瑙	182		擺	164	雹	229	はなし 噺	103	
にお	鳰	238	膿 △	122		旆	164	駮	132	はばき 鈿	226	
ニク	宍	104	衲	212		沛	173	駁 △	234	はや 鮠	237	
ニャク 搦	206	ノン 嫩 △	151		湃	176	魄	236	はらか 鰚	237		
ニョ	茹	205				焙	179	バク 寞	152	ハン 叛 △	102	
ニョウ 仍	137	ハ			牌 △	115	摸 △	108		幡 △	106	
	橈	171	ハ 叭	143		珮	182	擘 △	163		扮	108
	繞	197	哈	144		琲	182	曝 △	109		拌	161
	遶	223	坡	148		癈	186	瀑	178		攀	164
	鐃	227	巴 △	105		盃 △	117	獏	182		旛	165
	饒	233	怕 △	156		碚	188	莫 △	123		槃	170
ニン 壬 △	103	播 △	108		稗	118	貘	208		樊	170	
	妊	150	杷 △	110		裴	213	驀	211		泛	174
	恁	157	爬 △	180		霈	229	貊	217		潘	177
	稔 △	118	琶	116	バイ	吠 △	102	貘	217		燔	179
	荏 △	123	玻	182		楳	111	陌 △	228		瘢	185
	葱	205	簸 △	119		煤	115	駁	132		磐 △	118
	衽	212				狽	116	駮 △	234		攀 △	189
								鵬	234		笵	192

ト

甜	△	116	肚		200	沓	△	109	螳		211	とが	栂	△	110
瘀		186	菟	△	123	桐		110	襠		214	とき	鴇		239
癲		186	荼		205	桶		111	蹈		220	トク	啄		102
碾		189	蚪		209	樋	△	112	逗	△	128		慝	△	159
篆		193	蠹		212	檮	△	112	鐙	△	130		瀆	△	114
簟		193	覩		214	棹		169	鑢		226		牘		180
纏		121	跿		219	棠		169	鐺		227		犢		181
腆		201	鍍	△	130	榻		170	鞜		231		禿	△	118
覘		214	闍		228	橙		171	鞳		231		簀		191
諂		216	呶	△	144	樟		171	韜		231		竺	△	119
躔		220	孥		151	檔		171	饕		233		纛		198
輾		222	帑		154	權		171	骰		234		髑		235
迍	△	128	弩		155	淘	△	113	鬧		235		黷		241
鈿		225	駑		233	濤	△	114	鯛	△	132	ドク	髑		235
霑		229	トウ 俑		138	洶		175	䑥	△	238	どじょう	鯲		237
靦		230	偸		139	滔		176	鶇		239		吶		144
顛	△	131	僮		140	滕		176	鼕		241	トツ	咄		144
鸇		240	儻		140	潼		176	ドウ 僮		140		柮		167
デン 佃	△	99	兜	△	100	疼		184	儂		140		訥		215
甸		142	剳		142	盪		187	囊	△	103	トッ	吶		144
奠		149	叨	△	102	瞠		188	呶	△	144		肭		201
捻	△	108	叩		143	磴		189	幢		154	とて	迚		222
拈		161	啅		145	磽	△	118	恫		157	とても	迚		222
畋		164	塘	△	103	禱		191	慟		159	とも	鞆		231
淀	△	113	套	△	104	簹		192	撞	△	108	トン 吞	△	102	
澱	△	114	宕	△	105	籘		194	曩		163		噸	△	103
癜		186	嶋	△	105	絛		195	桐	△	110		惇	△	107
碾		189	嶝		153	綯		196	棠		169		敦	△	109
臀		202	帑		154	縢		197	橈		171		暾		166
輾		222	幢		154	纛		198	檸		171		沌	△	113
鈿		225	恫		157	罩		198	獰		182		燉		179
鮎	△	132	慟		159	幢		154	瞠		188		豚		183
鸇		240	撞	△	108	罩		198	耨		200		褪		213
			抖		161	董		123	臑	△	122		遁	△	128
ト			掏		162	蕩		124	臑		202		遯		223
ト 兎	△	100	掉		162	苳		204	艟		203		飩		232
兜	△	100	揄		162	蒼		205	萄	△	123	ドン 吞	△	102	
堵	△	103	搗		163	荳		205	衲		212		壜		149
屠		152	掬		163	蚪		209	蹈		220		嫩		151
抖		161	撓		163	螗		211	鐃		227		緞		196
杜	△	110	擣		163	螳		211	鬧		235		罎		198
睹		188											遜		223

304

音訓	漢字		頁
チュウ	丑	△	99
	偸		139
	儔		140
	冑		141
	厨	△	101
	惆		157
	狆		181
	疇		184
	稠		190
	籌		193
	籀		194
	紐	△	120
	紬	△	120
	紂		195
	綢		196
	胄		201
	蛛	△	125
	蟄		211
	註	△	126
	誅		215
	躊		220
	鈕		225
	鍮		226
チュツ	朮		166
	黜		241
チョ	儲	△	100
	佇		138
	樗	△	112
	杼		167
	楮		169
	瀦	△	114
	猪	△	116
	竚		191
	紵		195
	苧	△	123
	躇		220
チョウ	佻		138
	冢		141
	凋	△	100
	吊	△	102
	喋	△	102
	寵	△	105
	帖	△	106
	幀		154
	悵		158
	挺	△	108
	掉		162
	暢	△	109
	祧		165
	晁		165
	梃		168
	沾		174
	渫		175
	漲		177
	牒	△	115
	疔		184
	稠		190
	窕		190
	笘		192
	糶		195
	肇	△	121
	脹	△	122
	蔦	△	124
	蝶	△	126
	蜩		210
	裎		213
	褶		213
	諜	△	127
	誂		215
	貂		217
	趙		218
	輒		221
	迢		222
	釘	△	129
	銚	△	129
	雕		229
	髫		235
	鬯		235
	鯛	△	132
	鰈		237
	齠		242
チョク	飭		142
	躅		220
	陟		228
	隲		234
チン	抻		161
	椿	△	111
	椹		169
	湛	△	114
	砧	△	117
	碪		189
	趁		218
	酖		224
	闖		228
	鴆		238

ツ

音訓	漢字		頁
ツイ	槌	△	111
	縋		197
	鎚	△	130
つが	栂	△	110
つかえる	閊		227
ツク	筑	△	119
つぐみ	鶫		239
つじ	辻	△	128
つま	褄		213

テ

音訓	漢字		頁
て	弖		155
テイ	剃	△	101
	剔		142
	叮		143
	啼		146
	嚔		147
	幀		154
	彽		155
	悌	△	107
	挺	△	108
	掟		162
	梯	△	111
	柢		167
	梃		168
	棣		169
	汀	△	113
	洟		174
	涕		175
	渟		176
	牴		180
	睇		187
	碇	△	117
	禎	△	118
	綴	△	120
	羝		199
	薙	△	125
	蔕		207
	蜓		210
	蟶		211
	裎		213
	裼		213
	觝		214
	詆		215
	赬		218
	蹄	△	127
	逞		222
	遉		223
	鄭	△	128
	醍	△	129
	酊		224
	酲		224
	釘	△	129
	霆		229
	騁		234
	髢		235
	鵜	△	133
	鼎	△	134
デイ	佞		138
	濔		177
	禰	△	118
デカグラム	瓧		183
デカメートル	籵		194
デカリットル	竍		191
テキ	俶		139
	剔		142
	擢	△	108
	擲		163
	狄		181
	糴		195
	荻	△	123
	覿		214
	躑		220
	迪		222
	逖		222
	鏑	△	130
デキ	滌		177
デシグラム	瓰		183
デシリットル	竕		191
テツ	佚		138
	咥		144
	啜		145
	垤		148
	姪	△	104
	屮		152
	畷	△	117
	綴	△	120
	耋		199
	蛭	△	125
	跌		219
	轍	△	128
	輟		221
	銕		225
	錣		226
	饕		232
デツ	捏		161
	涅		175
テン	佃	△	99
	甸		142
	唸		145
	囀		147
	奠		149
	巓		154
	廛		155
	忝		156
	恬		157
	畋		164
	槙	△	111
	椽		169
	殄		172
	淀	△	113
	澱	△	114
	沾		174

栗 △ 120
蔟 207
鏃 226
ソツ 倅 139
啐 △ 102
猝 181
そま 杣 167
そり 艝 203
轌 222
ソン 噂 △ 103
巽 △ 106
忖 156
拵 161
樽 △ 112
栫 168
洒 174
蹲 220
邨 223
鱒 △ 133
ゾン 鱒 △ 133

タ

タ 佗 138
侘 138
咤 145
岔 152
柁 △ 110
朶 166
沱 174
粏 194
綏 195
舵 △ 122
荼 205
詑 △ 126
詫 △ 126
跎 219
躱 221
鉈 225
陀 △ 130
驒 △ 132
駝 233
鮀 239
ダ 儺 140
兌 140
娜 150
懦 159
拏 161
柁 △ 110
楕 △ 112
朶 166
梛 168
沱 174
糯 194
舵 △ 122
荼 205
跎 219
陀 △ 130
雫 △ 131
驒 △ 132
駝 233
鮀 239
タイ 兌 140
呆 △ 102
岱 △ 105
擡 163
梯 △ 111
棣 169
殆 △ 112
瑇 182
碓 △ 117
紿 195
腿 △ 122
苔 △ 123
蔕 207
薹 208
蠆 211
褪 213
詒 215
鎚 △ 130
鐓 227
鬀 230
頽 231
颱 232
駘 233
黛 △ 134
ダイ 乃 △ 99
悌 △ 107
擡 163
棣 169
睇 187
薹 208
迺 △ 128
醍 △ 129
餒 232
駘 233
タク 倬 139
啄 △ 102
啅 145
戳 160
托 △ 107
擢 △ 108
拆 161
柝 167
棹 169
琢 △ 116
磔 189
謫 216
鐸 △ 130
魄 236
ダク 搦 162
たこ 凧 △ 101
たすき 襷 214
タチ 闥 228
タツ 呾 145
怛 156
撻 163
梲 168
燵 179
獺 182
闥 228
韃 △ 131
靼 230
ダツ 妲 150
怛 156
捺 △ 108
獺 182
韃 △ 131
だに 蟎 211
タン 亶 137
啖 145
坦 △ 103
壜 149
怛 156
憚 159
憺 159
摶 163
攤 164
椴 △ 111
檀 △ 112
檐 171
歎 △ 112
殫 173
毯 173
湛 △ 114
灘 △ 114
湍 176
潭 177
澹 177
猯 181
疸 184
痰 185
眈 187
站 191
簞 △ 119
緞 196
耽 △ 121
蕈 207
蛋 △ 125
蜑 209
袒 212
襌 214
覃 214
譚 217
賺 218
赧 218
鄲 224
酖 224
鐔 226
靼 230
餤 232
驒 △ 132
ダン 喃 146
椴 △ 111
檀 △ 112
灘 △ 114
煖 179
緞 196
譚 217
赧 218

チ

チ 峙 153
弛 △ 106
智 △ 109
笞 192
篪 193
胝 201
薙 △ 125
虒 208
蜘 △ 125
褫 213
踟 219
躓 220
輊 221
雉 229
馳 △ 132
魑 236
黐 241
黹 241
チク 筑 △ 119
舳 203
チツ 帙 154
膣 202
蟄 211
ちどり 鵆 239
チャク 擲 163
謫 216
躇 220
チュ 蛛 △ 125
誅 215

索引

ソ

漢字	頁	漢字	頁	漢字	頁	漢字	頁	漢字	頁	
賤	180	雋	229	鋤	200	慥	159	蒼	124	
獮	182	霰	230	胥	201	懆	159	藪△	125	
璿	183	韉	231	胙	201	搔△	108	艸	203	
甎	183	顫	232	蘇△	125	找	161	蔟	207	
疝	184	餞	232	蔬	207	抓	161	薔	208	
痊	185	饌	233	爼	209	搜	162	蚤△	125	
癬	186	鱣	238	詛	215	搶	162	諍	216	
瞻	188	ゼン	冄	140	酥	224	槍△	111	譟	217
磚	189	喘	146	醋	224	棕	169	贓	218	
穿△	119	嬋	151	麤	240	棗	169	蹌	220	
箭△	119	擅	163	鼠△	134	槭	170	躁	220	
筅	192	涎	175	齟	242	歃	172	輳	221	
筌	192	苒	122	ソウ	俰	139	湊	113	鎗	130
笊	192	荐	205	刔	141	漕	114	鈔	225	
籛	193	蟬△	126	剿	142	淙	175	鉾	226	
簽	193	蠕	211	勦	142	滄	176	鏘	226	
籤	194	賤△	127	匆	142	溲	176	鎗	227	
綫	196	瞻	218	卅	143	漱	176	霎	229	
氈	199	髯	235	叢	102	澡	177	颼	232	
翦	199	センチグラム 瓱	183	叟	143	炒	178	鬆	235	
舛△	122	センチメートル 糎	120	嚶	103	牀	180	鯦△	133	
苫△	122	センチリットル 竰	191	哈	144	甑	116	鯼	236	
茜△	123	ソ			噪	146	瘡	185	鮲△	149
苾	204	ソ 俎	138	嗽	146	皁	186	慥	159	
荐	205	噌△	103	噪	147	稍	190	橡△	112	
蘚	208	咀	144	囃	147	竈	119	臓	202	
蟬△	126	姐	104	奘	149	笊	191	艚	203	
蟾	211	岨	105	妝	149	筝	192	贓	218	
譖	217	徂	155	娵	150	箒	192	ソク 仄	137	
譫	217	怎	156	嫂	150	筝	193	喞	146	
賤△	127	愬	158	孀	151	簇	193	嗽	146	
贍	218	楚△	111	宋△	104	籔	194	惻	158	
跣	219	梳	168	崢	152	糟	120	昃	165	
釧△	129	泝	174	崎	153	粽	194	燭	115	
銑△	129	沮	174	匝	106	綜	121	熄	179	
銓	225	甦	184	帚	154	聰	201	囑	188	
銛	225	疋△	117	庄	106	臟	202	簇	193	
鑷	227	疏△	117	廂	154	艙	203	粟△	120	
閃△	130	疽	184	惣	107	艘	203	蔟	207	
闡	228	砠	188	怱	156	槽	203	趨△	127	
阡	228	祚	189	憯	158	葱		鏃	226	
陝	228				憎△	124	ゾク 簇	193		

307

燼	180	觜	214	栖	110	せがれ 倅	221	薛	208		
稔	118	邃	223	棲	111	セキ 勣	142	蘖	213		
椪	194	錘	△ 129	樞	171	晳	165	鑞	227		
紉	195	錐	△ 129	橇	173	槭	170	鱈	△ 133		
荏	△ 123	陲	229	灑	△ 114	汐	113	セン 亙	△ 99		
蕊	205	隧	229	洒	174	淅	175	亶	137		
薹	207	雖	229	淒	175	炙	178	仟	137		
蕁	207	雛	234	犀	115	瘠	185	佺	139		
蠁	209	ズイ 惴	158	猩	181	晳	186	僉	140		
衹	212	瑞	△ 116	甥	116	碩	118	僖	140		
訊	△ 126	蕊	124	皆	△ △	磧	189	僭	140		
賮	218	隋	229	睛	187	蓆	206	刋	141		
靱	△ 131	隧	229	砌	188	藉	208	剪	142		
鱒	238	スウ 嵩	△ 105	穽	190	蜥	210	簒	143		
しんし 篆	194	皺	186	靖	119	螫	211	呟	144		
		芻	204	筴	192	褯	213	喘	146		
ス		菘	206	笹	192	蹟	△ 127	塹	148		
ス 笥	119	趨	127	脆	122	跖	219	嬋	151		
蘇	125	鄒	224	腥	201	蹠	220	孅	151		
芻	204	陬	229	臍	202	蹟	220	尖	△ 105		
諏	△ 127	雛	△ 131	菁	206	迹	222	尠	152		
雛	△ 131	すぎ 椙	111	薺	208	錫	△ 130	孱	152		
鬚	235	すさ 苆	204	蛻	209	鶺	240	愃	158		
塵	240	すばしり 鯐	237	蜻	210	齣	242	夋	160		
鼠	△ 134	すべる 辷	222	貰	△ 127	齦	242	揃	△ 108		
ズ 厨	△ 101	スン 吋	△ 102	贅	218	セツ 啜	145	撰	△ 108		
杜	△ 110	駿	132	躋	220	屑	△ 105	摶	163		
荳	205			鉦	△ 129	截	160	擅	163		
逗	△ 128	**セ**		錆	130	掣	162	旃	164		
スイ 崔	153	セイ 倩	139	霽	230	晳	165	暹	166		
彗	155	儕	140	齎	231	梲	168	梅	△ 110		
忰	157	淸	141	鯖	△ 132	楔	168	栴	168		
惴	158	嘶	146	鶺	239	蕺	169	槧	170		
捶	162	噬	147	齎	242	楔	169	殱	173		
榱	170	悽	157	ゼイ 噬	147	歔	172	甄	173		
燧	179	惺	158	橇	171	洩	△ 113	氈	174		
瘁	185	掣	162	氎	173	泄	174	洒	174		
祟	189	撕	163	筮	192	浙	175	涎	175		
綏	195	擠	163	脆	122	渫	175	潺	177		
翠	△ 121	旌	165	蛻	209	緤	195	濺	177		
膵	202	晳	165	螠	210	絏	195	煽	△ 115		
萃	206	晳	165	贅	218	緤	196	燹	180

懾	160	篠	△ 119	霎	229	遶	223	沁	173
捷	△ 108	笙	192	鞘	△ 131	鄭	△ 128	滲	176
摺	△ 108	筱	192	韶	231	鏕	227	潯	177
拯	161	筲	192	頌	231	顥	232	瀋	177
搶	162	箏	193	顋	232	饒	233	眕	184
椿	163	簫	193	餉	232	驤	234	疹	△ 117
敞	164	翔	199	鬆	235	ショク 仄	137	瞋	188
旌	165	聳	200	鯖	△ 132	唧	146	矧	△ 117
昌	△ 109	聶	200	鮹	236	嗇	146	秦	△ 118
梢	△ 111	腥	201	鱆	238	埴	△ 103	筬	193
樟	△ 112	春	203	鱶	238	寔	152	簪	193
樵	△ 112	艟	203	鷯	240	惻	158	糂	194
橡	△ 112	菖	△ 123			昃	165	縉	197
椒	169	蔣	△ 124	ジョウ 丞	99	燭	△ 115	罧	198
楼	169	蕉	△ 124	仍	137	矚	188	脣	201
楫	169	菁	206	仗	137	禝	189	臻	202
樅	170	蕭	207	嘗	△ 102	稷	190	蓁	206
槭	170	薔	208	囁	147	穡	190	蔘	207
樟	171	蛸	△ 125	嬈	149	粟	△ 120	藎	207
檣	171	蚣	209	孃	150	薔	208	蝨	209
殤	172	裳	△ 126	嬲	151	蝕	△ 125	袗	212
湘	△ 113	襄	213	帖	△ 106	蜀	209	襯	214
浹	174	觴	214	擾	△ 108	謖	216	訊	△ 126
淙	175	誚	215	拯	161	贖	218	譜	217
淌	175	誦	215	掟	162	軾	221	識	217
湫	175	諍	216	擾	164			賑	△ 127
漿	176	踵	219	杖	△ 110	ジョク 溽	176	贐	218
瀟	178	蹌	220	橈	171	縟	197	齔	221
炒	178	蹤	220	瀞	△ 114	蓐	206	辰	△ 128
烝	178	逍	222	滌	177	褥	213	鍼	226
炑	180	邵	224	烝	178			鐔	226
牆	180	醬	△ 129	牒	115	シン 呻	144	駸	234
狷	181	鉦	△ 129	禳	190	哂	145	鱏	238
猩	181	鋳	130	穰	118	嗔	146	鶉	240
璋	183	鍬	130	條	195	宸	152	鳦	242
甥	△ 116	鍾	130	繞	197	岑	152		
瘡	185	鎗	130	聶	200	忱	156	ジン 儘	△ 100
瘴	185	鈔	225	茸	207	忰	156	仞	137
睫	187	銷	225	蕘	211	抻	161	塵	△ 103
秤	△ 118	鏘	226	襄	213	斟	164	壬	△ 103
稍	190	陞	228	饒	216	晋	△ 109	恁	157
竦	191	霄	229	躡	221	榛	△ 111	椹	169
				錠	216	槙	△ 111	潯	177

鬚	235	繡	△	謖	216	惇	△	雎	229
塵	240	綉	195	蹙	220	恂	157	黍	△
ジュ 儒	140	緝	196	鬻	235	楯	111	鼠	△
嬬	△	聚	200	醜	242	淳	113	齟	242
孺	151	脩	201	ジュク 孰	151	洵	174	ジョ 恕	△
儒	159	萩	△	忸	157	筍	192	抒	161
戌	160	葺	△	朮	166	荀	205	杼	167
濡	114	蒐	△	蟀	211	蕈	207	汝	△
竪	119	蓊	206	齠	242	詢	215	絮	195
綬	△	螽	211	ジュツ 忸	157	諄	216	耡	200
繻	197	襵	213	戌	160	遁	△	舒	203
聚	200	讐	217	朮	166	醇	129	薯	125
臑	202	輯	△	シュン 儁	140	閏	130	茹	205
蠕	211	遒	223	吮	144	隼	130	蜍	210
襦	214	酋	△	峻	△	馴	132	鋤	△
誦	215	鍬	129	徇	156	鶉	239	ショウ 丞	99
銖	225	鏽	130	恂	157	ショ 俎	138	倡	139
頌	231	隰	225	悛	157	咀	144	剏	141
顒	232	鞦	229	惷	158	墅	148	剿	142
鷲	△	騶	231	洵	174	嶼	153	劭	142
シュウ 售	133	鰍	234	浚	174	恕	△	勦	142
啾	145	鰌	△	濬	177	抒	161	夑	143
娶	146	鵞	132	皴	186	曙	109	哨	102
嵩	150	ジュウ 什	237	竣	119	杼	110	嘗	102
岫	105	廿	99	筍	192	梳	168	嘯	147
帚	153	忸	101	舜	122	渚	113	囁	147
愀	154	戎	156	荀	205	沮	174	妾	△
愁	158	揉	△	蕈	207	疋	117	娼	104
慴	159	狃	107	蕣	207	疏	117	妝	149
揖	△	糅	162	蠢	212	疽	184	峭	153
搊	108	絨	181	詢	215	砠	188	嶂	153
柊	162	紐	194	蹲	216	絮	195	庄	△
楢	110	蹂	120	遵	220	胥	201	廠	△
楸	111	鈕	195	遁	128	舒	203	庠	154
楫	169	輮	219	逡	222	薯	125	廁	154
洲	169	鞣	225	醇	129	藷	125	悚	157
泅	113	シュク 俶	231	隼	130	苴	204	悄	157
湫	174	夙	139	雋	229	蔬	207	愀	158
溲	175	椒	△	馴	132	蛆	207	慫	159
甃	176	倏	104	駿	132	詛	209	慴	159
皴	183	淑	170	鰆	237	諸	215	慵	159
穐	186	粥	181	ジュン 徇	156	鋤	△	憔	159
箒	192	菽	120				129		
	119	蓿	205

索引

1／準1級用漢字音順索引

	墊	148	撕	163	諡 豕	216	シキ	仄	137	麝	240	
	嶄	153	孜 △	109	豕	217	しぎ	鴫 △	133	シャク 勺	101	
	巉	153	斯 △	109	貲	218	しきみ	梻	168	嚼	147	
	慙	159	梓 △	111	贄	218	ジク	宍 △	104	妁	149	
	懺	160	束 △	166	趾	219		忸	156	斫 △	164	
	戔	160	枳	167	輜	221		笁 △	119	杓 △	110	
	槧	170	此 △	168	錫	226		舳	203	灼 △	114	
	竄	191	泚	112	鎡	226		衄	212	爍	180	
	讒	217	泚	173	趾	228		嘯	147	癪	186	
	鏨	226	泗	174	駟	233	シツ	悉	107	綽	196	
			滓	176	駛	233		櫛	112	繳	197	
	シ		熾	179	髭	236		桎	168	芍	203	
シ	之 △	99	獅	116	鮨	236		瑟	182	蹟	127	
	仔 △	99	瓷	183	鯔	237		蛭	125	蹐	220	
	偲 △	100	時 △	184	鰤	238		叠	210	迹	222	
	侈	138	時	184	鴟	239		蟋	211	錫	130	
	俟	138	疵	185	鳲	239		隰	229	鑠	227	
	匙 △	101	痣	187	鷥	240		鷙	234	ジャク 惹 △	107	
	卮	143	皆 △	117	鷙	242		昵	165	搦	162	
	只 △	102	砥	189	ジ	弍 △	137		祖	212	蒻	206
	呰	144	祀	189	墹	148		躾	221	雀 △	130	
	咨	144	祇	189	莩	151	しつけ	䐗	139	鵲	239	
	呎	145	竢	191	峙	153	シャ	叉 △	101	鷚	240	
	啻	145	笥	119	恃	156		奢	149	鷚	237	
	嗜	146	篩	193	侍	157		姐 △	104	しゃち 魳	237	
	嚆	146	枲	194	爾 △	115		娑	150	しゃちほこ 鯱	138	
	嘴	146	緇	196	珥	182		柘 △	110	シュ 侏	150	
	址	148	縒	197	瓷	183		洒	174	娵	150	
	埠	148	翅	199	時	184		瀉	177	娶 △	108	
	孳	151	耆	199	痔	117		灑	178	撞 △	108	
	屍 △	105	耜	200	而	121		炙	178	掫	162	
	尸	152	肆	200	膩	202		畬	184	棕	169	
	屎	152	舐	203	膩	202		紗 △	120	溲	176	
	巳 △	105	蒔 △	124	胔	202		蔗	207	炷	178	
	幟	154	芴	204	孳	124		藉	208	繻	197	
	廁	154	茲	204	茲	204		赭	218	蒭	204	
	廝	155	蓍	206	輜	221		這 △	128	茱	204	
	弒	155	虒	208	邇	223		鉈	225	蛛	125	
	弛 △	106	蚩	209	雉	229		鷓	240	諏	127	
	徙	156	蜄	210	馳 △	132		麝	240	趨	127	
	恃	157	覗 △	126	弑	155	ジャ 惹 △	107	鄒	224		
	揣	162	觜	214	シイ 柂	200		闍	228	銖	225	
					しかと					陬	229

サ

毫	173		梶	169		簑	193		蔡	207		刪	141
	濠 △	114		渾	175		紗 △	120		犲	217		篡	143
	熬	179		涸	176		簔	124		賽	218		屧	152
	盒	187		滾	176		苴	204		躋	220		嶄	153
	螯	211		焜	179		莎	205		釵	225		巉	153
	轟 △	128		狠	181		裟 △	126		霽	230		懺	160
	遨	223		艮 △	122		蹉	220		靫	230		戔	160
	鷔	238		菎	205		釵	225		齋	231		撰 △	108
	鼇	241		蒟	206		靫	230		頤	232		撒 △	108
こうじ	糀	194		衮	212		鮓	236		鰓	237		攅	164
こがらし	凩	141		褌	213		鯊	236		齋	242		槧	170
コク	剋	141		諢	216	ザ	坐 △	103	ザイ	薺	208		汕	173
	哭	145		跟	219	サイ	倅	139	さかき	榊	112		澪	177
	斛	164		鯀	236		哉	140	さかほこ	鎩	226		潸	177
	梏	168		鯤	237		哉 △	102	サク	做	139		燦	115
	槲	170		鶤	239		啐 △	102		嘖	146		爨	180
	縠	221		鶤	242		崔	153		愬	158		珊 △	116
	鵠 △	133	ゴン	憖	159		摧	163		朔 △	109		疝	184
ござ	蓙	207		欣 △	112		擠	163		柞	167		盞	187
こち	鮌	236		艮 △	122		晒 △	109		槊	170		竄	191
	鯒	237		諢	216		曬	166		炸	178		簪	193
コツ	兀	140					柴 △	110		窄	119		粲	194
	忽 △	107		サ			栖 △	110		笮	192		糂	194
	惚 △	107	サ	乍 △	99		寨	170		筰	192		糝	194
	榾	170		些 △	99		洒	174		簀	193		纂 △	121
	汩	173		做	139		漼	175		縒	197		纉	197
	矻	188		叉 △	101		漼	176		醋	224		纘	198
	笏	191		嗟	146		灑	178		鑿	227		蒜 △	124
	鶻	240		嘎	146		焠	179		齪	242		芟	204
ゴツ	兀	140		娑	150		犀	115	さこ	廹	223		蔘	207
このしろ	鮗	236		嵯 △	105		犲	181	ささ	笹	119		衫	212
こはぜ	鞐	231		岔	152		猜	181	サツ	刷	142		譛 △	127
こまい	梲	169		扠	160		皆	187		撒	108		訕	217
こらえる	怺	156		搓	162		砦 △	117		扎	160		跚	219
ごり	鮴	236		柤	167		砌	188		箚	192		鏨	226
コン	坤 △	103		梭	168		簀	193		紮	195		鑽	227
	壺	149		槎	170		綵	196		薩 △	125		閂	227
	崑	153		渣	175		縡	197		颯	207		霰	230
	很	156		炸	178		纔	198	さて	扨	160		餐 △	131
	悃	157		瑳 △	116		腮	201	さば	鯖	238		饌	233
	昏 ·	109		瑣	183		臍	202		鰶	238		騬	234
	梱 △	111		磋	189		蓑 △	124	サン	傪	140	ザン	儳	140

312

準1級用漢字音順索引

漢字	頁	漢字	頁	漢字	頁	漢字	頁	漢字	頁
瓠	183	醐	129	恍	157	皓	186	裕	△126
痼	185	夔	240	悾	158	盍	187	覯	214
瞽	188	鼇	241	惶	158	睾	187	觚	214
箍	192	齲	242	慷	158	礦	△118	訌	215
糊	△120	コウ		攪	△109	砿	188	訐	215
罟	198	亙	△99	扣	160	礫	189	誥	215
胡	△122	亘	△99	扛	160	窖	190	逅	222
胯	201	亨	△99	搆	162	箜	192	遑	223
菰	△123	仱	137	摎	163	篁	193	遘	223
蛄	209	佼	△100	撓	163	篌	193	釦	△129
蝴	210	倖	△100	敲	164	簧	193	鉤	△129
蠱	212	伉	137	昂	△109	糠	△120	鍠	226
袴	△126	佝	138	晃	△109	粳	194	鎬	226
觚	214	倥	139	杲	165	紘	△120	鏗	226
詁	215	傚	139	昊	165	縞	195	閤	△130
賈	218	冓	141	晧	165	絳	195	閘	227
跨	△127	凰	△101	曠	166	絖	195	閧	228
踞	219	劫	△101	杭	△110	紲	198	閫	228
辜	222	匣	143	杠	166	繦	198	隍	229
醐	△129	叩	△101	枸	167	繧	198	靠	230
鈷	△129	吭	143	栲	168	缸	△198	頏	231
鋼	232	吼	143	桄	168	羔	199	餃	232
鶻	238	呷	144	槁	169	羹	199	鬨	235
ゴ		咬	144	槹	170	耿	200	鮫	△132
伍	△99	哄	144	浩	△113	肴	△121	鰉	237
冴	△100	哈	144	汞	173	肱	121	鱇	238
迂	141	哽	145	洽	174	腔	△122	鴻	△133
吾	△102	哮	145	洸	174	膏	122	鵠	△133
晤	145	嚆	147	淆	175	肓	200	鴿	239
囿	147	垢	△103	溘	176	胼	200	鳩	239
圄	147	塙	△103	滉	176	胛	201	鸚	241
寤	152	壙	149	汯	178	胱	201	ゴウ	
忤	156	姮	150	煌	179	膠	202	劫	△101
晤	165	媾	150	煩	179	藁	△125	嚙	△103
梧	△110	宏	△104	犒	181	苟	204	吽	143
檎	△112	寇	152	狗	181	蒿	206	哈	144
汧	173	巷	106	狎	181	薨	207	嗷	146
悟	180	幌	106	狡	181	蛤	△125	囂	147
珸	△116	庚	106	猴	△115	蚣	209	壕	△103
筽	193	弘	106	皐	△117	蛟	209	壕	159
胡	△122	彽	156	皎	186	蝗	210	傲	164
莫	205	怯	107					敖	△109
蜈	209	恰	107					栲	168

コ

冏	141		迥	222		拮	161		捲	108		黔	241	
到	141		逈	222		挈	161		拑	161	ゲン	修	139	
勁	142		醯	224		桔	△	110	掀	162		儼	140	
勍	142		閨	227		桀	168		搴	162		呟	144	
卿	△	101	頸	△	131	楔	169	喧	166		妍	150		
圭	△	103	馨	△	131	歇	172	枅	168		彦	△	106	
夐	149		鬐	235		獗	182		欠	172		愿	158	
奎	149		鮭	△	132	碣	188		歉	172		痃	184	
奚	149		鯢	241		竭	191		澗	114		眩	187	
彗	155	ゲイ	倪	139		繣	198		涓	174		硯	△	117
慧	△	107	囈	147		蕨	211		牽	115		絃	120	
憩	158		猊	181		蠍	214		狷	181		絹	197	
挂	161		睨	187		襭	△	124	甄	183		芫	204	
挈	161		貎	217		訣	126		痃	184		蜿	210	
桂	△	110	霓	229		譎	215		眷	187		衒	212	
枅	168		鮨	236		蹶	217		瞼	188		諺	△	127
榮	171		鯢	237		闋	220		硯	△	117	訐	215	
炯	178		魔	240		頁	228		筧	192		鉉	225	
煢	179		鯢	241		頡	△	131	筬	192		阮	228	
珪	△	116	ゲキ	戟	△	107	齾	231	絢	△	120			
瓊	183		檄	171		齾	238		綣	196			コ	
畦	△	117	澥	174		齾	242		綱	197	コ	乎	△	99
痙	185		覡	214		ゲツ	孑	151	絹	198		估	138	
盻	187		鄴	224		孽	152		腱	201		冱	141	
硅	188		鬩	235		櫱	171		臉	202		涸	141	
磬	189		鵙	239		糵	195		萱	△	123	刳	141	
稧	189	ゲキ	戟	△	107	齧	242	蒹	206		呱	144		
竟	191		檄	171		ケン	卯	137	虔	208		壺	△	104
笄	192		覡	214		倦	△	100	蜎	125		夸	149	
繋	△	121	鄴	224		倪	138		蜆	209		姑	△	104
絅	195		闃	228		喧	△	102	蜷	210		怙	156	
綮	196		鬩	235		燻	149		諠	216		尻	160	
罫	△	121	鵙	239		妍	150		蹇	216		杞	166	
脛	△	123	齧	240		娟	150		譴	217		沍	173	
荊	207		纐	198		嶮	153		褰	220		沽	174	
蛍	211	ケチ	偈	139		忄	154		鉗	225		涸	175	
袿	212	ケツ	刔	141		悁	157		鉉	225		滬	176	
謦	216		厥	143		悁	157		顴	232		滸	176	
谿	217		夬	149		愆	158		騫	234		炬	178	
蹊	219		孑	151		悁	158		鰹	△	133	狐	△	115
蹶	220		抉	160		慳	158		鵑	239		瑚	△	116
						慳	158		鹻	△	134	琥	182	

314

ク

ケ

ギュウ	岌	152		怯	107	ギョウ	僥	140		觀	214	グ	倶 △	100
キョ	倨	139		悁	157		堯 △	103		釁	224		劬	142
	噓 △	103		愜	157		嶢	153		鈞	225		寓	105
	呿	143		慊	158		徼	156		釿	225		嵎	153
	墟	148		拱	161		澆	177		饉	233		弘 △	106
	欅	172		杏 △	110		翹	199		麕	240		懼	160
	歔	172		橿	112		嶢	211	ギン	垠	148		禺	190
	渠 △	113		框	167		驍	234		岑	152		颱	232
	炬	178		梟	168	キョク	亟	137		崟	153		麌	240
	秬	190		橇	171		勖	142		愁	159	クウ	腔	122
	筥	192		橇	171		旭 △	109		沂	173	くう	喰 △	102
	萱	204		歔	172		棘	169		釿	225	グウ	寓 △	105
	踞	219		洶	174		樺	171		齦	242		嵎	153
	遽	223		彊	184		蕀	174					禺	190
	醵	224		皎	186		蕀	207		ク			耦	200
	鋸 △	129		矜	188		跼	219	ク	于	137		藕	208
	鉅	225		礒	189		蹻	220		倶 △	100		倨	139
ギョ	圄	147		礙	191		髷	235		佝	138	クツ	厥	143
	圉	147		竟	191	ギョク	嶷	153		劬	142		崛	153
	禦 △	118		筐	192	キログラム	瓩	183		呿	143	くぬぎ	椚	169
	馭	233		筴	192	キロメートル	粁	120		吼	143	くめ	粂	120
キョウ	亨	99		篋	193	キロリットル	竏	191		嘔	146	くらう	喰 △	102
	俠 △	100		繦	197	キン	听	143		垢 △	103	くるま	俥	139
	僑 △	100		繈	197		噤	146		嶇	153	クン	燻	180
	僵	140		羌	199		忻	156		懼	160		輝	186
	兇 △	100		蕎 △	124		勤	159		枸	167		葷	206
	兢	140		莢	205		掀	162		栩	167		裙	213
	冏	141		薑	207		擒	163		煦	179		醺	224
	劫 △	101		蛩	209		檎	112		狗	115		馴 △	132
	匈	142		蛬	209		槿	170		玖	116		麕	240
	匡 △	101		襁	213		欣	112		瞿	188			
	卿 △	101		誑	215		欽	112		矩	117		ケ	
	叶 △	102		跫	219		瑾	183		竇	191	ケ	卦 △	101
	喬 △	102		蹻	220		矜	188		筇	192		懈	159
	嚮	147		轎	222		磐	189		蒟	206		痂	184
	彊	147		鋏	225		禽	118		衢	212		稀	118
	夾 △	149		陜	228		窘	190		訛	215		芥 △	122
	姜	150		韁	231		笒	192		軀	127		袈	126
	嬌	151		饗 △	131		芹	122		鈎	129	ゲ	偈	139
	孑	151		馨	131		菫	205		駈	132		碍 △	117
	彊	106		驕	234		衿	212		鳩	133		礙	189
	徼	156		驍	234		崟	212		齲	242		偈	139
												ケイ		

315

キ

橄	171	顴	232	贔	152	詭	215		吃	△ 102
檻	171	餡	232	徽	△ 107	諱	216		屹	152
歛	172	騂	234	悸	157	譏	217		拮	161
澗	△ 114	驪	234	愾	158	豈	217		桔	△ 110
灌	△ 114	骭	234	愧	158	忮	219		橘	△ 112
浣	174	鬟	235	掎	162	跪	219		訖	214
涵	175	鹹	237	晞	162	跽	219		譎	217
渙	175	鰥	238	暉	165	逵	223		迄	△ 128
湲	175	鸛	240	曁	165	餽	233		頡	231
潅	177	鹼	240	曦	166	饋	233	キャ	伽	△ 99
瀚	178	骭	242	芞	166	饑	233	キャク	蹻	220
煥	179	龕	242	槻	△ 112	馗	233	ギャク	瘧	185
瘝	184	ガン 僴	139	杞	166	騏	234		謔	216
癇	185	啣	145	枳	167	驥	234	キュウ	仇	△ 99
皖	186	嚴	△ 105	櫃	171	鰭	132		厩	101
盥	187	嵒	153	欷	172	麒	134		咎	144
瞰	188	癌	△ 117	歔	172	麾	241		岌	152
矜	188	礒	189	欹	△ 112	匱	143		摎	163
稈	190	甎	121	毅	173	ギ 妓	104		樞	167
竿	△ 119	莟	205	沂	179	嵬	153		樛	170
箝	192	贋	127	熙	179	巇	153		歙	172
緘	196	銜	225	熹	179	嶷	153		毬	173
繊	196	雁	130	燨	179	巍	154		汲	△ 113
罕	198	頷	231	畸	184	曦	166		灸	△ 114
羹	199	龕	242	癸	186	沂	173		烋	178
翰	△ 121			磯	△ 118	礒	189		玖	△ 116
舘	△ 122	キ		祁	△ 118	祇	118		疚	184
艱	203	キ 巫	137	祺	189	義	199		穹	190
莞	△ 123	倚	139	禧	190	儀	203		笈	△ 119
菅	△ 123	僖	140	稀	△ 118	蛾	125		糺	195
萱	△ 123	其	△ 100	窺	119	蟻	126		繆	197
蚶	209	冀	140	箕	119	誼	126		翕	199
諫	127	几	141	簣	193	跂	219		舅	203
謹	217	刉	142	綺	196	魏	236		韮	△ 123
豢	217	匱	143	綦	196	キク 掬	108		蚯	209
轗	222	卉	143	羈	199	椈	168		裘	213
邯	224	咥	144	羇	199	鞠	216		赳	218
酣	224	唏	145	耆	199	鞫	216		遒	221
鉗	225	唁	145	葵	199	麹	131		邱	222
銜	225	坏	148	萁	205	麴	134	きく〈いただ	鬮	224
鐶	227	奎	149	犧	209	鵠	239	きす〉	鳩	235
頷	231	嬉	△ 104	覬	214	鱚	238		鷲	△ 133

1／準1級用漢字音順索引

裏	213	廨	155	哇	145	貉	217	谿	217
訛	215	廻	106	垓	148	赫	△ 127	闊	228
訶	215	徊	156	孩	151	鑊	227	鞨	231
諱	216	恢	△ 107	崕	153	霍	229	黠	241
譌	216	愒	158	愾	158	馘	233	カツ 恰	△ 107
谺	217	懷	158	溉	△ 114	骼	234	かます 叺	143
賈	218	懈	159	皚	186	鶴	240	かみしも 裃	213
跏	219	挂	161	睚	187	ガク 咢	144	ガロン 呏	144
踝	219	揩	162	碍	△ 117	堊	149	カン 卝	137
軻	221	晦	△ 109	磑	189	愕	158	侃	△ 100
迦	△ 128	檜	△ 112	礙	189	萼	206	函	△ 101
遐	223	栩	167	艾	122	諤	216	咸	144
霞	△ 131	槐	169	艾	203	鄂	224	啣	145
顆	231	溎	△ 114	豈	217	鍔	△ 130	喊	145
鰕	237	獪	182	鎧	△ 130	鰐	132	圜	148
ガ 伽	△ 99	瑰	182	骸	233	鱷	239	坎	148
俄	△ 100	疥	184	鮠	236	鸚	240	坩	148
哦	145	膾	202	かか 嬶	151	鸛	242	奐	149
娥	150	芥	△ 122	かかあ 嬶	151	かけす 鵥	239	姦	△ 104
峨	△ 105	茴	204	カク 劃	101	かざり 錺	226	奸	149
臥	△ 122	薤	207	喀	145	かし 樫	△ 112	嫺	151
莪	205	蟹	△ 126	壙	103	かじか 鮖	236	嫻	151
蛾	△ 125	蛔	209	堝	148	かすがい 鎹	226	宦	152
蝦	△ 125	掛	213	幗	154	かずのこ 鯑	237	寰	152
衙	212	詼	215	廓	△ 106	かすり 絣	196	嵌	153
訝	215	誨	215	恪	157	縑	198	悍	157
駕	△ 132	誡	215	愨	158	かせ 桛	168	慳	158
鵞	239	迴	222	擖	108	綛	196	懽	160
カイ 丐	137	邂	223	攪	109	カツ 刮	141	戡	160
乖	137	醢	224	挌	161	劼	142	扞	160
价	137	鎧	△ 130	擱	163	愒	158	拑	161
偕	139	陔	229	攫	164	戛	160	捍	161
傀	139	鞋	231	楹	168	曷	166	揀	162
凱	△ 101	骸	233	槨	168	歇	172	撼	163
匯	143	魁	△ 132	椰	171	猾	181	斡	△ 109
咳	△ 102	鮭	△ 132	狢	181	瞎	188	旱	165
喙	145	繪	238	瓠	183	筈	△ 119	旰	165
堺	△ 103	ガイ 乂	137	癨	186	羯	199	柑	△ 110
垓	148	亥	△ 99	矍	188	聒	200	桓	△ 110
夬	149	凱	△ 101	蠖	211	蛞	209	杆	166
孩	151	剴	142	覈	214	蝎	210	柬	167
崔	153	咳	△ 102			蠍	211	栞	167

317

エ

オ

カ

齲	242		盈 △	117		檐 △	171		
ウイ	茴	204		穎 △	118		淵 △	113		
うぐい	鯏	237		纓	198		涎	175		
	鯎	237		翳	199		淹	175		
ウツ	尉	179		蠑	211		渓	175		
	苑 △	122		裔	213		焔 △	114		
	蔚 △	124		贏	218		燕 △	115		
ウン	云 △	99		鄂	224		焉	178		
	吽	143		霓	230		爰	180		
	慍	158		エキ	亦 △	99		筵	192	
	暈	165		奕	149		簷	193		
	紜	195		懌	159		罨	198		
	縕	196		掖	162		臙	202		
	縕	197		繹	197		苑 △	122		
	耘	200		腋	201		薗 △	125		
	芸 △	204		蜴	210		莚	205		
	蘊 △	207		鯣	237		蜒	209		
	蘊 △	208		えそ	鱛	238		蜿	210	
	縕 △	213		エツ	兌	140		蝘	210	
	韞	231		噎	146		衍	212		
	饂	233		嚥	147		讌	217		
				戉	160		豌	217		
	エ			日	166		轅	221		
エ	廻 △	106		粤	194		鋺	226		
	彗	155		鉞	225		闕	228		
	慧 △	107		饐	233		閼	228		
	穢	190		えび	蛯	209		閹	228	
エイ	兌	140		えり	魞	236		魘	236	
	叡 △	102		エン	偃	139		鳶 △	133	
	咏	144		冤	141		鴛 △	133		
	瑩	148		厭 △	101		鶯	241		
	嬰	104		嚥	147		鼈	242		
	曳	109		圜	148					
	榎	169		堰 △	103		オ			
	殪	172		奄 △	104		オ	唹	145	
	洩 △	113		娟	150		嗚	146		
	泄	174		婉	150		噁	146		
	瀛	178		嫣	151		於 △	109		
	瑛 △	116		悁	157		淤	175		
	瑩	182		掩 △	108		烏	114		
	瓔	183		捐	161		飫	232		
	瘦	186		摝	162		オウ	凰 △	101	

	嘔	146		瘟	185
	嫗	147		縕	196
	姶 △	104		苑 △	122
	嫗	150		薗 △	125
	嫗	151		薀 △	207
	快	156		縕	213
	懊	159		鰛	238
	拗	161			
	枉	167		カ	
	殃	172	カ	伽 △	99
	汪	173		卦 △	101
	泓	174		嘉 △	102
	澳	177		嘩 △	103
	燠	179		呵	144
	瓮	183		哥	145
	甌	183		囮	147
	甕	184		堝	148
	秧	190		夥	149
	罌	198		夸	149
	膺	202		廈	155
	襖 △	126		戈	160
	謳	216		找	161
	邑	128		榎 △	111
	鏖	226		樺 △	112
	閒	227		枷	167
	鞅	230		柯	167
	鴨 △	133		珂 △	116
	鶯 △	133		珈	182
	鷗 △	133		瑕	182
	鷹 △	133		瓜 △	116
	鸚 △	133		痂	184
	鶯	239		禾 △	118
おおほら	鮱	236		窩	191
オチ	粤	194		笳	192
オツ	膃	201		鏵	198
おどし	縅	196		軻	203
おどす	縅	196		茄 △	122
おもかげ	俤	139		葭	206
おろし	颪	232		蒿	206
オン	厭	101		蝦 △	125
	慍	158		蝸	210
				蚌	210

318

付録 1／準1級用漢字音順索引

「準１級用漢字音訓表」「１級用漢字音訓表」（本書97頁、135頁）に掲載している漢字を、音によって五十音順に配列した（音のない漢字のみ訓によった）。同じ音（または訓）のなかでは、部首順に並べた。また、音訓の表示のない「異体字」については、索引の最後（本書297頁）に配置した。

△印は準１級配当漢字、印のないものは１級配当漢字。右の数字は掲載頁。

ア			アク	偓	△	100		佗		138		飴	△	131		寅	△	105
ア	丫		137		啞	△	102		倚		139		饐		233		尹		152
	啞	△	102		噁		146		噫		146		鮪	△	132		恁		157
	哇		144		堊		148		夷	△	104		鱗		237		慇		158
	埡		148		幄		154		姨		150	いかる	鵤		239		殞		172
	娃	△	104		扼		160		已		154	いかるが	鵤		239		殷		173
	婀		150		搤		162		帷		154	イキ	閾		228		氤		175
	椏		168		渥	△	113		幃		154	イク	澳		177		胤	△	121
	猗		181		軛		221		彝		155		燠		179		蔭	△	124
	痾		185		齷		242		惟	△	107		粥	△	120		茵		204
	窪	△	119	あさり	蜊		237		怡		156		郁	△	128		蚓		209
	蛙	△	125	アツ	斡		109		恚		157		鬻		235		螾		211
	錏		226		軋		221		懿		160	いさざ	鮊		236		贇		218
	鐚		226		遏		223		敧		172	いすか	鶍		239		酳		224
	閼		228		閼		228		洟		174	イチ	弌		137		隕		229
	阿	△	130	あっぱれ	遖		223		渭		175		聿		200		霪		230
	鴉		238	アン	庵	△	106		尉		179	イツ	弌		137		鸚	△	133
アイ	哇		144		按		108		猗		181		佚		138				
	噫		146		晏		165		痍		185		噎		146		ウ		
	噯		147		杏	△	110		痿		185		溢	△	114	ウ	于		137
	埃		148		殷		173		矣		188		聿		200		佑	△	99
	娃	△	104		罨		198		縊		196		軼		221		侑		138
	欸		172		菴		205		肆		200		鎰		226		傴		140
	矮		188		諳		216		葦		123		馹		238		嫗		151
	穢		190		鞍		131		蔚		124		鷸		240		椪		168
	藹		208		餡		232		苡		204	いり	圦		148		烏	△	114
	阨		228		鮟		236		蝟		210	いわし	鰮		133		盂		186
	隘		229		黯		241		謂		215	いわな	鮇		236		禹		190
	靄		230						詒		215	イン	允	△	100		竽		191
	靉		230		イ				貽		217		喑		145		紆		195
	鞋		231	イ	伊	△	99		韋		231		堙		148		胡	△	122
あおさば	鯘		238		倭	△	100		頤		231		姪		150		迂	△	128

319

■編集協力―株式会社日本レキシコ
■制作協力―有限会社東京タイプレスセンター・SATO DESIGN・
株式会社渋谷文泉閣・株式会社イシワタグラフィックス

漢検要覧 1／準1級対応

2020年11月30日　第1版第5刷　発行
編　者　公益財団法人 日本漢字能力検定協会
発行者　髙坂　節三
印刷所　株式会社太洋社

発行所　公益財団法人 日本漢字能力検定協会
ホームページ https://www.kanken.or.jp/

Printed in Japan
ISBN978-4-89096-214-3 C0081

部首索引

赤字は準1級用漢字音訓表の頁
黒字は1級用漢字音訓表の頁